Für meinen Zwillingsbruder

Hans-Peter (Pit)

3. überarbeitete Auflage
6.001 - 9.000 Januar 2013
Copyright © 2009-2013 by Alsterverlag Hamburg
Umschlagsentwurf und Foto von Hartmut Rinsch
Layout Michael Veuskens
Druck Advantage Printpool Gilching
Printed in Germany
ISBN 978-3-941808-00-3

Jörgen Bruhn

Blicke
hinter den
Horizont

Nahtodeserlebnisse: Deutung - Bedeutung

Alsterverlag
Hamburg ®

Vorwort

„Mitten wir im Leben sind mit dem Tod umfangen." Wie wahr dieser Satz aus dem 11. Jahrhundert ist, schildert Jörgen Bruhn in diesem Buch auf eindrückliche Weise. Er erschließt den Lesern und Leserinnen einen Bereich unseres Lebens, dem in der Gesellschaft immer noch mit Scham und Angst begegnet wird. Viele trauen sich nicht, über den Tod zu reden, geschweige denn über Nahtoderfahrungen. Im Vorraum des Todes, im Vorraum des Unfassbaren, ist es schwer, eine Sprache zu finden, die auch nur annähernd beschreibt, was da geschieht. Jörgen Bruhn ermutigt, sich dem Thema zu stellen, indem er vielfältige Zugänge ermöglicht: Von persönlichen, sehr unterschiedlichen Erfahrungen bis hin zu philosophischen und theologischen Einsichten.

Denn - so seine Erfahrungen in Schulklassen ebenso wie in Gemeindeseminaren - wen beschäftigt es nicht, dass und wie der Mensch lebt und stirbt? Besonders dicht rückt die Frage, wenn man selbst betroffen ist: durch eine Diagnose, eine Todesnachricht, durch die Sterbebegleitung eines Menschen, der einem nahe ist. Und eben auch durch die Erfahrung, die Grenze des Todes überschritten zu haben und wieder „zurückgekehrt" zu sein. All diese Erfahrungen machen uns bewusst, dass es letztlich das *Sterben* ist, das uns ängstigt. Es ängstigt der Schmerz, die Hilflosigkeit, das Ausgeliefertsein. Es ängstigt die Aussicht, anderen zur Last zu fallen. Es ängstigt, nicht zu wissen, wie es *wirklich* ist, wenn es soweit ist. Auch als Christenmensch, der ich im Blick auf den mitleidenden Christus auf ein gnädiges Ende hoffe und mich im Tode von meinem Schöpfer aufgehoben weiß, kann ich diese Ängste haben.

Nahtoderlebnisse ernst zu nehmen, sie als Grenzerfahrungen einordnen zu können und ins eigene Leben zu integrieren, kann eine wichtige Hilfe sein - beim Sterben ebenso wie zum Leben. Deshalb muss man über sie reden, muss man eine dem Thema angemessene Sprache einüben. Dieses Buch ist im besten Sinne eine Sprachhilfe, und ich wünsche ihm und seinem Autor, den ich als einen engagierten, von seinem Anliegen erfüllten Menschen schätze, viel Resonanz!

Bischöfin für Hamburg und Lübeck Kirsten Fehrs

Einleitung

Seit vielen Jahrzehnten haben mich die Fragen nach den „Letzten Dingen" interessiert. Und das hängt mit meiner Biographie zusammen. Als ich drei Jahre alt war, fiel mein Vater im Krieg. Mit 16 Jahren verlor ich meine Mutter. Immer wieder stellte ich mir schon als Kind die Frage nach dem Sinn solcher Ereignisse und konnte mir nur weniges und das auch nur bruchstückhaft zusammenreimen. Ich studierte dann u.a. Theologie und Philosophie. Als ich 1968 das Fach Religion zu unterrichten begann, wurde ich zu meinem eigenen Erstaunen immer wieder nach „eschatologischen", d.h. endzeitlichen Themen befragt. Wie ist es eigentlich mit dem Lebensende bestellt? Wie verhält es sich mit „Himmel" und „Hölle"? Gibt es eine Seele und ist diese möglicherweise unsterblich? Solche Phänomene interessierten meine Schülerinnen und Schüler sehr. So etwas wurde von diesen noch jungen Menschen als „existenziell" empfunden. Nur: Im Theologiestudium hatte ich mir weitgehend anderes anzueignen gehabt. Von derartigen Gedanken war dort kaum die Rede gewesen. Mit theologischen Fachbegriffen, die allenfalls einmal in Vorlesungen oder Seminaren fielen, konnte ich kaum jemanden erreichen. Und so machte ich mich denn auf die Suche, las Bücher des Psychologen Carl Gustav Jung (1875 - 1961), auch Elisabeth Kübler-Ross' (1926 - 2005) Werke „Interviews mit Sterben-den" und „Was können wir noch tun?" wurden von mir ver-schlungen. Ich gelangte so schließlich zur damals vor allem in Amerika gerade entstehenden Literatur über die Nahtod-erlebnisse, die oft auch mit anderen Begriffen bezeichnet werden. Hier fand ich Gedanken, die dem sehr nahe kamen, was ich im Religions- und später dann auch im Philosophie-unterricht zum Thema „Ende des Erdenlebens" sagen wollte. Wie hilfreich dies alles mir einmal selber werden sollte, erfuhr ich, als mein Zwillingsbruder 1990 an einem Gehirntumor starb.

Der Kenntnisstand auf diesem Gebiet ist auch heute noch bei weitem nicht so groß und vor allem auch nicht so klar, wie man es nach der Zahl der bisherigen Veröffentlichungen doch schon recht vieler Bücher und anderer Texte zum Thema eigentlich erwarten sollte. Angeblich leben wir in einer „tabulosen" Zeit.

Wenn es aber um Grenzsituationen wie die des Lebensendes und aller damit zusammenhängenden Fragen geht, wird oft höchstens nur halb hingehört, schnell wieder vergessen und kaum etwas durchdacht. D.h. hier wird verdrängt, und zwar in gewaltigem Ausmaße.

Wurde ich gebeten, einen Vortrag zum Thema der Nahtod-erlebnisse zu halten, so signalisierte man mir manchmal, ich möge doch das Wort „Tod" irgendwie aus der Themenstellung herausnehmen. Es würde sich auf den auszuhängenden Plakaten nicht so gut „machen" und wohl auch manchen abschrecken zu kommen.

Sicherlich ist hier auch vieles verständlich. Ein schwerer Schicksalsschlag, wie z.B. der Tod eines nahen Angehörigen, ist noch nicht verkraftet und man fürchtet vielleicht, Wunden, die gerade zu heilen beginnen, könnten wieder aufreißen. Und wer kann dafür schon die Verantwortung übernehmen? Da wartet man lieber den Verlauf des begonnenen Heilungsprozesses ab und versucht nicht weiter an das Geschehene zu denken.

Es kann aber auch etwas ganz anderes geschehen. Vor einer meiner Veranstaltungen sagte mir der Pastor des Ortes, er habe eine Familie, deren etwa 25 Jahre alter Sohn einige Wochen zuvor tödlich verunglückt sei, auf meinen Vortrag hingewiesen. Vielleicht könne es tröstlich sein, sich etwas über Erlebnisse im Sterben anzuhören. In der Familie war man zunächst über dieses Angebot recht ratlos gewesen. Aber 10 Minuten vor dem Beginn, so sagte mir die Mutter hinterher, sei sie aufgestanden und habe fast befohlen: „Wir gehen da jetzt alle hin!" Und so geschah es dann auch. Am Ende gestand sie mir, wie glücklich sie und auch die übrigen mitgekommenen Familienmitglieder über die vorgetragenen Gedanken seien. Trost hatte sich tatsächlich eingestellt. Zu diesem Entschluss der Trauernden gehörte Mut. Aber dieser Mut hatte sich gelohnt.

Viel tabuisierendes Verdrängen, aber auch manches mutige Annehmen der Erkenntnis, dass unser Erdendasein endlich ist und einmal losgelassen werden muss, das sind die beiden Pole, zwischen denen sich die gedankliche Auseinandersetzung mit dem Thema „Tod" und damit auch dem der Nahtoderlebnisse abspielt. Mein Wunsch ist es, durch dieses Buch dafür zu sorgen, dass mit Hilfe sachlicher Aufklärung, aber auch durch mitfühlendes Erleben der berichteten Erfahrungen unser aller Sterben auf dieser Welt immer mehr der Tabuzone entrissen wird und sich durch die Kenntnis der Nahtoderlebnisse eine begründete Hoffnung einstellt, dass nämlich das Leben mehr ist als nur ein kurzes Gastspiel auf dieser kleinen Erde. Weiter möchte ich zeigen, dass es verschiedene Herangehensweisen an diese Thematik gibt.

Und ein weiterer Teil soll deutlich machen, dass in sehr vielen Lebensbereichen die Kenntnis der Nahtoderlebnisse geradezu notwendig ist. Ich denke hierbei z.B. an die eigene Lebensorientierung, an einen möglichen Wertewandel, eine vielleicht neue Sinnfindung im Leben. Die Hospizarbeit, die Palliativmedizin, ja, jede Art medizinischer oder pflegerischer Betreuung eines Menschen kann aus den Nahtodeserlebnissen Gewinn ziehen.

Wichtig ist mir auch unter dem Gesichtspunkt der Nahtoderlebnisse der Blick auf jede Form von Erziehung bis hinein in die Schulpädagogik. Last but not least wird sich der Umgang mit der eigenen Lebensangst und auch der Todesfurcht günstig beeinflussen lassen. Absichten, einen Suizid zu begehen, werden deutlich reduziert. Muss ein solcher Versuch seelisch und geistig verarbeitet werden, gelingt das durch die Kenntnis der Erlebnisse in Todesnähe erfahrungsgemäß besonders gut, wie Untersuchungen in Amerika ergeben haben.

Eine der wichtigsten Lebensfragen, nämlich das Wissen um die eigene Endlichkeit unseres Erdenlebens mit allen Konsequenzen, muss endlich aus der Tabuzone, aus der Verdrängung, soweit es geht, herausgeholt werden.

1. Kapitel: Geschichtliches

Bevor die Nahtoderfahrungen genau dargestellt und bedacht werden sollen, scheint mir ein kurzer Blick in die Vergangenheit sinnvoll und notwendig zu sein. Und das nicht deswegen, weil man gerade den Deutschen gern nachsagt, sie begännen häufig bei Adam und Eva, wenn sie etwas mitzuteilen hätten. Nein, der Grund ist ein ganz anderer. Meiner Erfahrung nach hält noch so mancher die Berichte über Erlebnisse in Todesnähe für eine kurze, aus den USA kommende Modeerscheinung. Eine solche Ansicht wird mir bisweilen entgegengehalten. Nahtoderlebnisse, dahinter verberge sich nichts anderes als eine „sektiererische Heilslehre ohne Zukunft", wie mir einmal ein junger Theologe unter dem Beifall seiner Kolleginnen und Kollegen sagte. Er machte es mir geradezu zum Vorwurf, dass ich, der ich doch selbst auch Theologie studiert hätte, mit solchen kurzlebigen und seines Erachtens auch oft unglaub-würdigen Geschichten mehr Verwirrung und Unklarheit über Wesentliches im Leben in die Köpfe und Gemüter unserer Zeitgenossen und vor allem auch meiner Schülerinnen und Schüler streuen würde. „Nein", so entgegnete ich, „hier handelt es sich um ein uraltes Menschheitswissen, welches allerdings hin und wieder einmal in Vergessenheit geraten oder auch verdrängt worden ist." Und um alles meinerseits zu belegen, ist eben ein kurzes Hinschauen auf die Geschichte dieser Erlebnisse wertvoll. Einige wenige Episoden sollen also unter diesem Thema etwas genauer betrachtet werden.

Schon in dem uralten Gilgamesch-Epos aus Babylon, wohl dem ältesten Heldenepos der Weltliteratur, einer Dichtung über die ewigen Fragen des Menschen nach der Natur, der Macht, der Liebe und dem Tod, also letztlich nach der eigenen Existenz, begegnen wir Motiven, welche die Vermutung bestätigen: Zumindest der Verfasser jenes Teiles dieser Dichtung, in dem Gilgamesch sich auf der Suche nach seinem verstorbenen Freund Enkidu auf eine lange Wanderung begibt, wird von Nahtoderlebnissen gewusst haben. Gilgamesch muss nämlich auf seinem Weg, dessen Ziel das Finden der Unsterblichkeit ist, einen Tunnel durchqueren, er begegnet einem Licht und kann eine wunderschöne Landschaft betreten. Dann wird er aber daran gehindert weiterzugehen. Nach vielen Abenteuern kehrt er endlich betrübt in seine Heimatstadt Uruk zurück.

Das alles ist natürlich nicht in der Art festgehalten, wie man heute Nahtodeserlebnisse dokumentiert, sondern auf eine Weise, die es uns neben dem Erwerb sachdienlicher Erkenntnisse aus jener Zeit zusätzlich erlaubt, auch Freude an babylonischer Fabulierkunst zu empfinden. Deutlich erkennbar ist aber: Man kannte schon damals die Ereignisse und Bilder hinter dem Horizont an der Grenze des Lebens, die man heute „Nahtod(es)erlebnisse" oder auch „Nahtod(es)erfahrungen" nennt.

Bei einem geistigen Durchschreiten der Kulturgeschichte der Menschheit lässt sich ohne Schwierigkeiten nachweisen, dass eigentlich so gut wie immer der Glaube vorherrschte, mit dem biologischen Tod ende das Leben des Menschen nicht. Als grandiosestes Beispiel nenne ich nur die unendlich ausgeklügelten Rituale, mit denen man im alten Ägypten Gestorbene behandelte, nachdem sich die Menschen zu Lebzeiten genau auf den Tod hatten vorbereiten können. Dabei spielten dann auch Gedanken aus dem Bereich der heutigen Nahtodes-Forschung eine wichtige Rolle.

Platon (428/427 – 348/347 v. Chr.) berichtet in dem X. Buch seines Werkes „Politeia" („Der Staat") die Nahtodeserfahrung eines Soldaten, „Er" genannt, die ebenfalls deutlich macht, dass dieser große Philosoph von solchen Erlebnissen Kenntnis hatte. Manche der später darzustellenden Elemente einer solchen Erfahrung finden sich auch schon bei ihm.

Papst Gregor d.Gr. (540 - 604) ließ eine ganze Sammlung solcher Erlebnisse anlegen und auch aus dem ausgehenden Mittelalter sind Fälle bekannt. Einen dieser Fälle möchte ich herausgreifen und an ihm darzustellen versuchen, welche „hermeneutischen", d.h. das Auslegen und das Verstehen betreffenden Gedanken nötig sind, um hier zu sinnvollen Interpretationen zu kommen. Es ist nämlich nicht nur damit getan, solche Texte einfach zu lesen und sie daraufhin zu befragen, ob und wie diese Visionen haben stattfinden können und welche Inhalte sie gehabt haben. Dazu werden sie dann noch vorschnell mit Berichten von heute unreflektiert verglichen und man stellt große Differenzen fest. Ist das denn alles überhaupt glaubwürdig zu nennen? Mit solcher oder einer ähnlichen Frage wird dann dieses Sachgebiet oft kopfschüttelnd verlassen. Nein, ganz so einfach ist das alles eben nicht.

Als Beispiel wähle ich die ausführlich dargestellte Nahtoderfahrung des Bauern Gottschalk aus, die er 1189 während einer Erkrankung in einem Feldlager vor Segeberg hatte. Manche himmlisch anmutenden Bilder konnte er erleben, aber auch manch' Höllisches mischte sich in diesen Bericht. Viele Fragen stellen sich nun dem Leser. Es wird deutlich, dass vor der schriftlichen Abfassung manche Hürde genommen werden musste. Der Bauer hatte sein Erlebnis erst einmal selbst zu begreifen, was bei seinem geringen Bildungsstand und Wortschatz sicherlich nicht einfach war. Dann erzählte er es Geistlichen, die mit ihrem eigenen fest geprägten Vorverständnis über Endzeitliches alles zu verstehen suchten. Das musste nun auch noch mit den von der Kirche vorgeschriebenen Lehrmeinungen konfrontiert und notfalls redaktionell geglättet oder, was noch wahrscheinlicher ist, erweitert werden. So kommt ein buntes Gesamtbild zustande, das uns etwas darstellen soll, was sich ohnehin kaum sprachlich fassen lässt. Und wenn dies alles von Geistlichen zur Belehrung ihren Gemeinden mitgeteilt werden soll oder eine schriftliche Fixierung durchgeführt wird, dann sind weitere geistige Verarbeitungsprozesse unumgänglich.

Dazu kommt noch das Problem, dass nach früherer Auffassung Angst angeblich ein hervorragender Lehrmeister ist, sodass in dieser Richtung um des Seelenheiles der Zuhörer willen manches übertrieben werden durfte oder nach mittelalterlichem Denken sogar musste. Und vor dem Hintergrund all dieser Gedanken heute herauszubekommen, wie es damals „eigentlich gewesen ist", dürfte sehr schwierig sein. Schließlich bleibt uns nur als gesicherte Erkenntnis, dass es Nahtodeserlebnisse nicht nur in der Antike, sondern auch im „christlichen" Mittelalter gegeben haben muss, die sich trotz ihres möglichen Wahrheitsgehaltes nicht mit den Erlebnisberichten aus unserer

Zeit ohne weiteres lückenlos zur Deckung bringen lassen. Man muss solche Berichte, wie auch diejenigen aus dem Gilgamesch-Epos, Platons Politeia, der Sammlung Gregors d.Gr. und auch von vielen anderen mit sensiblem Einfühlungsvermögen lesen, um sie so zu verstehen, wie sie einmal gemeint waren.[1] Alles nach Art von Fundamentalisten wörtlich und kritiklos mit Zustimmung zur Kenntnis zu nehmen oder auch abzulehnen, führt nämlich im Bereich der Nahtoderlebnisse wie stets weit eher zu groben Missverständnissen als zum wirklichen Begreifen der gehaltvollen Tiefe dieser Erfahrungen.

Machen wir gleich einen großen Schritt in die Romantik, zu einer Epoche, die dem Irrationalen gegenüber besonders aufgeschlossen war. Diese Zeit kannte eine ausgesprochene Todessehnsucht. Die Begrifflichkeit, derer man sich in der Darstellung dieser Sehnsucht bediente, weist so eindeutige Parallelen zu den Berichten von Nahtoderfahrungen auf, dass man den Rückschluss ziehen muss, auch in dieser Zeit sei solches Wissen bekannt gewesen. Immer wieder wird der Tod mit der Heimkehr in unsere eigentliche Heimat verglichen, erst der Tod gibt dem Leben seinen Sinn u.a.m.

Gedanken und Empfindungen eines besonders beeindrucken-den Nahtoderlebnisses aus dieser Zeit möchte ich noch wörtlich wiedergeben. Es handelt sich dabei um die letzten Worte des Theologen Friedrich Daniel Ernst Schleiermacher (1768 - 1834). Er lag im Februar 1834 auf dem Sterbebett und sagte den anwesenden Familienmitgliedern: „In meinem Innern verlebe ich die göttlichsten Momente – ich muss die tiefsten spekulativen Gedanken denken, und sie sind mir völlig eins mit den innigsten religiösen Empfindungen."[2]

In der sich anschließenden Zeit verlor man weitgehend das Interesse an den Nahtoderlebnissen. Eine Zeit des philo-sophischen „Materialismus" war wieder einmal angebrochen. Als Wirklichkeit wurde, entsprechend dem Verständnis des 19. Jahrhunderts vom Begriff der „Materie", nur noch das anerkannt, was sich im Bereich der sinnlich wahrnehmbaren Welt zeigen und so in seiner Existenz „beweisen" ließ. Nahtod-erfahrungen fielen nicht darunter. Sie wurden nur noch als mehr oder weniger kurzfristige und bedeutungslose Produkte von Gehirnprozessen anerkannt.

Wer sich in dieser Zeit für Außersinnliches interessierte, vor allem aber auch für das, was jenseits unserer Erfahrbarkeit existieren könnte, wandte sich meistens den Phänomenen des seit der Mitte des 19. Jahrhunderts boomenden Spiritismus zu, nahm an „Sitzungen" medial begabter Menschen teil oder begnügte sich mit der Lektüre der damals entstehenden Standardliteratur auf diesem Gebiet. Viele Menschen wandten sich auch den Gedanken der Anthroposophie und vergleichbarer Denkrichtungen zu. Das alles soll hier nicht weiter dargestellt und schon gar nicht bewertet werden.

Für die Untersuchungen der Nahtoderfahrungen im 20. Jahrhundert war es von entscheidender Bedeutung, dass nach jahrtausendelangen, sehr häufig vergeblichen Bemühungen um die Wiederbelebung „Scheintoter" endlich eine effektive Methode der Reanimation „klinisch" Toter (darunter versteht man Menschen, bei denen noch nicht der endgültige, der „biologische" Tod eingetreten ist) entwickelt werden konnte. Von dieser Zeit an (etwa seit 1955) war es möglich, sich nicht nur von Einzelfällen berichten zu lassen. Die stets wachsende Zahl der Menschen, die man nach erfolgter Reanimation über Erlebnisse befragen konnte, machte es möglich, sich diesen Phänomenen genauer zuzuwenden.

Hier waren allerdings amerikanische Wissenschaftler, die von einem großen Pioniergeist ergriffen waren, den Europäern weit voraus. Auch heute noch wird in Deutschland das Gebiet der Nahtodes-Erforschung sehr stiefmütterlich behandelt. Nach einem Vortrag, den Dr. Michael Schröter-Kunhardt an der Universität Heidelberg im Dezember 2006 zum Thema der Nahtoderlebnisse gehalten hat, wurde dieser bedauerliche Tatbestand von dem Moderator der sich anschließenden Diskussion, Prof. Dr. Rolf Verres, mit den Worten beklagt, dass auf diesem so wichtigen Gebiet die Universität ihrem Namen nicht gerecht werde.

Ich möchte im folgenden Kapitel Phänomene, die sich im Zusammenhang mit diesen neu zu erforschenden Erlebnissen offenkundig ereignen, kurz darstellen.

2. Kapitel: „Mosaiksteine" der Nahtodeserlebnisse

Natürlich ist mir bekannt, dass diese Erlebnisse schon auf manche Weise publiziert worden sind, und geändert haben sie sich auch nicht. Es gibt zum Thema Bücher und vielfältige, unterschiedliche Informationen in Rundfunk- und Fernsehsendungen. In ihnen sind dokumentierte Fälle dargestellt und oft in Diskussionsrunden oder durch Statements von Fachleuten kommentiert worden. Auch einige Spielfilme wurden produziert. Was ihren Informationsgehalt anbetrifft, sind diese allerdings trotz aller durch sie erzeugten Spannung oft eher fragwürdig zu nennen.

Ich kann nun nicht davon ausgehen, dass die Mehrheit der Leser das bisher veröffentlichte Material zu diesen Erfahrungen genau kennt. Vielleicht ist dieses Buch auch für manchen der erste Schritt zum Thema. Um aber allen einen gleichen Zugang zur Aufnahme der dann folgenden Gedanken des Textes zu geben, halte ich es für sinnvoll, auch auf die Gefahr von Wiederholungen hin, an dieser Stelle noch einmal Nahtoderlebnisse zu schildern.

Es sind allerdings einige Vorbemerkungen notwendig.

1. Will man sein Erlebnis anderen mitteilen, tun sich große Sprachprobleme auf. Einer meiner Schüler hatte als 6-jähriger einen beinahe tödlichen Verkehrsunfall erlitten, wurde im Notarztwagen wiederbelebt und wollte darüber im Philosophieunterricht der 10. Klasse, die er jetzt besuchte, etwas erzählen. Und dabei berichtete er zunächst, wie schwer das alles in unsere Worte zu fassen sei. Er machte das deutlich am Problem der Benennung etlicher Farben, die er bei seinem Blick in die andere Wirklichkeit hatte sehen können. Nicht einmal Ähnlichkeiten zu dem uns bekannten Farbspektrum konnte er ausmachen. „Diese Farben gibt es hier bei uns einfach nicht", sagte er. „Ich weiß zwar, wie sie ausgesehen haben. Sie sind in meinem Kopf, aber benennen kann ich sie nicht." Nun ist dieses Sprachproblem, auf das übrigens auch schon Platon hingewiesen hat, nicht immer gar so gravierend wie hier. Sonst müsste ich jetzt aufhören zu schreiben. Es

sollte aber beim Lesen stets mitbedacht werden, dass vieles, was im Buch zur Sprache kommen wird, eben nur annäherungsweise geschildert werden kann. Einige Phänomene lassen sich übrigens auch sehr genau darstellen, wie wir noch sehen werden!

Einem Nahtod-Erfahrenen, dem ich einmal vor einem Besuch eine Bandaufnahme von einer mit mir produzierten Rundfunksendung geschickt hatte, fiel es unglaublich schwer, öffentliche Vorträge über sein eigenes Erlebnis zu halten, da er bei vielen Gedanken immer spürte: „Ich kann das alles nicht besser ausdrücken, als ich es im Moment versuche, aber dennoch war alles viel, viel...". Und da fehlten ihm auch wieder die rechten Wörter. Mich schätzte er für sehr glücklich ein, da ich selbst ein solches Erlebnis noch nicht gehabt hatte und deshalb recht unbefangen darüber hätte reden können. Es sei auch alles richtig, was und wie ich es sagte. Er wüsste nicht, wie er es besser machen sollte. Ihm selbst sei aber der Leidensdruck wegen der Diskrepanz zwischen dem Erlebten und den Aussagemöglichkeiten so stark geworden, dass er mit seiner Vortragstätigkeit über diese seine Erfahrung in Todesnähe aufgehört hätte. Und er schloss seine Bemerkungen, indem er mich aufforderte, dringend weiter darüber, so oft es möglich sei, zu sprechen, damit man von diesen wichtigen Erfahrungen etwas hörte und sie aus Tabuzonen herausgeholt würden.

2. Alle Nahtod-Erfahrenen sind wieder ins Leben zurückgekehrt. Sie waren also nicht in einem endgültigen Jenseits, von dem die Religionen sprechen. Der amerikanische Psychologieprofessor Kenneth Ring[3] spricht zwar von einer „transzendentale(n) Welt,... die wie unsere irdische Welt strukturiert ist." Das Wort „transzendental" hat aber an dieser Stelle seines Interviews, dem das Zitat entnommen ist, m.E. weniger etwas mit einer religiösen Bedeutung zu tun. Vielmehr ist hier wohl eine Welt gemeint, die „jenseits" unseres irdischen Erkenntnisvermögens zu denken ist. Nahtodesberichte sind also keine religiösem Glauben entsprechenden Jenseitsbeschreibungen, wie manchmal vermutet wird und wie es z.B. manche Buch- oder Filmtitel suggerieren könnten. Der deutsche Theologe Johann Christoph Hampe hat diese

Erfahrungen mit dem glücklich gewählten Begriff „Schleusenerlebnisse" bezeichnet.[4)] Man fährt wie ein Schiff in eine Schleuse hinein, die zwei unterschiedliche Wirklichkeiten miteinander verbindet. Das hintere Schleusentor schießt sich, das vordere öffnet sich, und man wird auf eine neue, bisher nicht gekannte Wirklichkeitsebene gehoben und darf vielleicht schon einmal einen „Blick nach drüben"[5)] werfen. Dann aber schließt sich das Tor vor einem wieder, das hintere öffnet sich, und man muss in die bekannte Welt zurück.

Den Menschen in Todesnähe ist in oder von dieser Schleuse aus wohl immer nur ein Teil eines möglichen Ganzen oder auch nur der Beginn von etwas ganz Neuem gezeigt worden. Diese Teile, aus denen sich Nahtodeserlebnisse zusammensetzen, werde ich im Verlauf des Buches „Mosaiksteine" nennen. Einige Menschen haben vielleicht nur einen einzigen dieser fragmentarischen bunten Teile erlebt, andere eine größere Zahl. Alles ist und bleibt aber nur Bruchstück, ein, wie mir scheint und wie ich es hoffe, zeigen zu können, allerdings sehr wichtiges Erlebnisfragment. Alle, die eines oder mehrere dieser Teilstücke erfahren haben, bezeichnen es fast stets als die bei weitem wichtigste Erfahrung ihres bisherigen Lebens.

Um nun die Phänomene darzustellen, die sich bei den Nahtoderlebnissen beobachten lassen, gibt es mehrere Möglichkeiten. Man kann einzelne Erzählungen von Menschen mit Nahtoderfahrungen zusammenhängend wiedergeben und jeweils sofort oder später in Verbindung mit anderen Berichten durchdenken. Es wird sich dann eine Systematik herausarbeiten lassen. Dieses Verfahren ist manchmal angewendet worden. Es diente dann neben der Sachinformation auch dazu, durch die große Zahl der fast gleichlautenden Berichte deren Glaubwürdigkeit zu unterstreichen. Ich halte ein anderes Vorgehen für effektiver. Die bei der eben genannten Methode erst herauszuarbeitende Systematik existiert ja nun, wenn auch nicht immer in gleicher Form und Begrifflichkeit. Ich nehme sie einfach als vorgegeben hin. Sie zeigt uns die „Mosaiksteine" an, die dann durch jeweils passende Erlebnisberichte konkretisiert werden. Deutende Gedanken lassen sich hierbei ohne Schwierigkeiten in den Text hineinweben.

Die dazugehörenden beispielhaften Berichte entnehme ich teilweise der Literatur, zum anderen Teil aber dem reichen Schatz der Mitteilungen, die mir persönlich nach Veranstaltungen oder in anderen Zusammenhängen gemacht worden sind.

Ich habe bemerkt, dass sich mir in dem Moment, wo ich zeige und authentisch zu erkennen gebe, ich interessiere mich für derlei „Merkwürdigkeiten" und nehme alles sehr ernst, wahre Scheunentore öffnen können. Meine Zuhörer/innen sind geradezu dankbar und froh, endlich einmal etwas über die ihnen wichtigste, beeindruckendste und oftmals schönste Erfahrung des Lebens sagen zu können.

Nach einem Vortrag von mir in einem Ort in Südholstein meldete sich in der nachfolgenden Diskussion eine ältere Dame zu Wort und eröffnete uns, sie habe vor 20 Jahren genau das alles erlebt, was eben gerade vorgetragen worden sei. Sie bat daraufhin damals einen Arzt um Rat. Dieser wollte sie aber nur in die Psychiatrie schicken. Dort, so meinte er, könne ihr geholfen werden. Dann ging sie zu ihrem Gemeindepastor. Dieser wies sie aber schroff zurück und wollte mit all dem nichts zu tun haben. Und ihr Mann, so schloss sie, habe sie nur ausgelacht. 20 Jahre habe sie nun geschwiegen und dabei gelitten, weil sie ihre Erfahrung mit keinem Menschen habe teilen können. Und nun der Abend heute! „Sie glauben gar nicht, wie froh ich gleich nach Hause gehen werde."

1. Hören der Erklärung, man sei „tot"

„Wir haben ihn verloren"

Beginnen möchte ich mit einem Mosaikstein, der noch gar nicht immer zu den Nahtodeserlebnissen zu gehören braucht. Man weiß, dass der letzte unserer fünf Sinne, der seinen Dienst im Sterben einstellt, der Gehörsinn ist. Und als erstes hören die Patienten mit einer Nahtodeserfahrung, dass man sie für tot erklärt. Ein Geistlicher teilte mir einmal in einem Brief mit, er habe als Student einen schweren Motorradunfall gehabt und sei wegen der Kopfverletzungen in die neurochirurgische Abteilung einer Klinik eingeliefert und dort operiert worden. Am Ende dieses Eingriffes hatte man ihn für tot erklärt, und die behandelnden Ärzte einigten sich deshalb darauf, sich bei der Kopfnaht nicht mehr allzu große Mühe zu geben. Zu deren großem Erstaunen erwachte allerdings der Patient wieder und konnte ihnen genau das Gespräch über die geplante schlampige Kopfnaht wiedergeben.

Ist das nun schon der Anfang eines echten Nahtodeserlebnisses? Das ist durchaus möglich. Die Genauigkeit der Gesprächswiedergabe, die Ruhe, mit der er alles den Chirurgen berichtete und vor allem die sich daran anschließenden geistig-seelischen Erlebnisse, die sein gesamtes Leben verändert haben, sprechen dafür. Selbstverständlich ist hier auch der Gedanke an einen noch gerade eben funktionierenden Gehörsinn nicht völlig abwegig. Aber ein solches Resthören wäre wohl von dem Theologiestudenten auch als ein solches erkannt und dann so benannt worden. Er war ja in seiner Fähigkeit, den gesamten Vorgang genau zu reflektieren, nicht eingeschränkt. Das aber hat er nicht getan. So scheint es mir sehr viel wahrscheinlicher, dass es sich hierbei um den Beginn eines echten Nahtoderlebnisses handelt. So fiel dann auch seine eigene Deutung des Geschehens aus.

Aus den USA wird neben vielen anderen ähnlich gelagerten Fällen ein fast kurios anmutendes Ereignis berichtet. Eine Frau hört (allerdings schon im Zustand der später genau zu beschreibenden „Ausleibigkeit"), wie ihr Schwager süffisant bemerkt, die „Alte" sei gerade „am Abkratzen" und anstatt in Urlaub zu fahren, werde er wohl demnächst den Sargträger spielen müssen. Die Patientin erzählte ihm später alles mit genau dem gleichen Wortlaut. Das war dem Schwager natürlich sehr peinlich, wie sich denken lässt. Er musste es aber nach anfänglichem Leugnen dann doch zugestehen, sich so herablassend geäußert zu haben.

Bezeichnend und wichtig für die Zuordnung solcher „Todesnachrichten" ist nicht nur die Genauigkeit, mit der alles von den schon fast endgültig Gestorbenen, also den klinisch Toten, berichtet werden kann. Hinzu kommt noch, dass die Patienten sich über die dramatische Nachricht, man halte sie für tot, meistens gar nicht weiter groß aufregen, sondern dies alles manchmal nicht einmal so recht zur Kenntnis nehmen möchten, wissen sie doch, dass diese Interpretation ihres Zustandes überhaupt nicht der Wirklichkeit entspricht. Sie sind über eine solche Bemerkung oft eher verwundert und ahnen manchmal vielleicht schon, dass sie dabei sind, sich von dieser Erde zu verabschieden, um auf einen Weg hinter den Horizont zu gelangen, was auch immer sie darunter im Augenblick des Geschehens verstehen. Manchmal können diese Patienten zunächst gar nicht realisieren, dass man jetzt gerade von ihnen spricht.

Geistige Klarheit in der Beurteilung des Geschehens, aber auch noch eine gewisse Unsicherheit; Ruhe, aber auch noch verständnisloses Erstaunen, das alles kann sich während dieses ersten Mosaiksteines der Nahtoderfahrung ereignen.

2. Weitere akustische Phänomene

„...schöner als Mozart..."

Auch von anderen akustischen Eindrücken ist am Beginn einer Nahtoderfahrung die Rede. Musik wird z.B. gehört. „Ich erinnere mich...an Musik, die ich als ‚schöner als Mozarts' (Werke) empfand."[6]

In einem Fernsehbeitrag erzählte eine Frau, dass ihre seit langem schwer erkrankte Mutter, als sie sich - einem Pendel vergleichbar - zwischen dieser Welt und der des Überganges hin- und herbewegte, Musik vernahm, die derjenigen von Johann Sebastian Bach (1685 - 1750) am ehesten nahekam.

Jedoch werden innerhalb dieses Erlebnisblocks manchmal auch recht unangenehme Töne vernommen. Der amerikanische Arzt und Philosoph Raymond A. Moody, übrigens einer der Pioniere auf dem Gebiet der Nahtodes-Forschung, berichtet davon, dass die gehörten Töne als „übles Dröhnen" empfunden wurden.[7]

Alle diese akustischen Wahrnehmungen werden im Vergleich zu den übrigen Mosaiksteinen der Nahtoderfahrung oft für weniger bedeutsam gehalten und deswegen einfach weggelassen. Sie sind auch, wenn man ihre Wichtigkeit für das Leben nach einem Nahtoderlebnis in Anschlag bringt, kaum von nennenswerter Relevanz.

3. Über Gefühle zu Beginn einer Nahtodeserfahrung

„Alles war gut"

Wir sind es gewohnt, das „Sterben von außen gesehen"[8] zu erleben. Und da ereignet sich oft bis zum Eintritt des Sterbenden in die Schleuse des Überganges viel Leidvolles, Erschreckendes und Schmerzhaftes. Der Körper wird immer schwächer, bis der Kranke vom Tode gezeichnet ist. Wir spüren die Hoffnungslosigkeit des Patienten und erleiden sie mit, genauso wie auch seine kämpferischen Versuche, dem unabweisbaren Ende noch einmal zu trotzen. Ebenfalls beim Beobachten schwerer Unfälle widerfährt uns dieses „Sterben von außen gesehen".

Natürlich gibt es auch das friedliche Hinüberschlummern ohne großes Leid für den Betreffenden. Daran, dass ein solches Sterben aber immer als besonderer Glücksfall geschildert wird, erkennen wir, dass dieses die Ausnahme ist. Die oben erwähnten Phänomene des Schmerzhaften sind dagegen häufig leider der Regelfall. Die Palliativstationen der Krankenhäuser, die Hospize und die im Hause des Sterbenden pflegenden Helferinnen und Helfer haben hier sehr oft Schwieriges zu leisten, um das Leiden in einem möglichst erträglichen Rahmen zu halten.

Ich erlebte das „Sterben von außen gesehen" bei einer Tante, die in einem Pflegeheim an der Ostsee vorbildlich betreut wurde. Ihre Herzinsuffizienz nahm ständig zu, bis man mir eines Tages bei einem Besuch mitteilte, es ginge ihr sehr, sehr schlecht. Ich betrat das Zimmer. Unruhig warf sie den Kopf hin und her, die Augen waren fast geschlossen und der Atem ging unregelmäßig. Der Mund war halb geöffnet und von Zeit zu Zeit röchelte sie etwas. Ich setzte mich an ihr Bett, las aus der Bibel die Stellen vor, von denen ich wusste, dass sie diese besonders gern gehabt hatte. Meistens schwieg ich und hielt ihre Hand. Sie befand sich ganz offenkundig in der Nähe des Todes. Ganz unvermutet erholte sie sich aber nach zwei Tagen wieder. Als es ihr dann möglich war zu sprechen, erzählte sie mir mit leiser Stimme, sie sei „probetot" gewesen. Ich musste über diesen von mir noch nie gehörten Ausdruck etwas lächeln und fragte, was sie denn damit meine. Darauf entgegnete sie mir in aller Seelenruhe und so, als ob es das Selbstverständlichste von der Welt wäre, sie sei „zur Probe gestorben" und wüsste jetzt genau, wie das sei. Ich setzte mein Fragen - neugierig geworden - fort und erkundigte mich, wie es denn gewesen sei, dieses „Zur-Probe-tot-Sein". Niemals, so entgegnete sie mir, sei es ihr im Leben besser gegangen. Sie habe Glücksgefühle von unendlicher Fülle und Tiefe erlebt. „Und du", so fuhr sie fort, mich voller Mitleid ansehend, „hast an meinem Bett gestanden und gedacht, mir geht es so schlecht!" Für weitere Schilderungen fehlten ihr dann die Worte. Es sei aber alles so abgelaufen, wie ich es in meinen Vorträgen stets berichte. Sie hatte ganz offenbar das erlebt, was J. Chr. Hampe „Das Sterben von innen gesehen" nennt,[9] einen Zustand, der neben den Seligkeitsgefühlen noch weitere Mosaiksteine enthält, über die später zu sprechen sein wird.

Ein anderer Fall wurde mir folgendermaßen berichtet: Der Patient lag bewusstlos und offenbar sterbend im Bett, stöhnte laut und die anwesenden Verwandten meinten, er litte große Schmerzen. Als er nach einiger Zeit noch einmal kurz erwachte und mit den Worten bemitleidet wurde, er habe wohl gerade Schlimmes durchgemacht, sagte er nur: „Ich war in einem wunderschönen Land und werde gleich endgültig dorthin gehen und dann auch dort bleiben." Kurze Zeit später verstarb er. Oder sollte man statt des Wortes „Sterben" vielleicht lieber im Sinne des Kranken deutend sagen, nach dem kurzen Blick „hinter den Horizont" machte er sich dann endgültig dorthin auf den Weg?

Der gewaltsame Tod wird uns täglich durch die Medien massenhaft ins Haus geliefert. Auch für ihn gilt es, dass selbst bei schwersten Verletzungen der Beinahe-Tod von unvorstellbaren Glücksgefühlen begleitet ist, wie der Bericht eines Soldaten aus dem Vietnamkrieg zeigt. Er empfand im Augenblick, als er von einem Geschoss getroffen wurde, „...ein starkes Gefühl der Erleichterung." Und dann berichtet er weiter: „Ich hatte gar keine Schmerzen, und niemals zuvor habe ich ein solches Gefühl des Entspanntseins gehabt. Ich fühlte eine große Harmonie in mir. Alles war gut."[10)]

Es darf nun nicht der Eindruck entstehen, ich verharmlose das Sterben und den Schmerz der Angehörigen oder ich beschönige das alles gar. Ich habe - wie schon gesagt - meine Eltern früh verloren und mein Zwillingsbruder starb vor etwa 20 Jahren an einem unheilbaren Gehirntumor. So weiß ich aus eigener Erfahrung, dass das Abschied-Nehmen auch immer ein schwerer Prozess ist und das nicht nur in medizinischer Hinsicht. Sehr oft leiden beim Sterben alle Beteiligten auf unterschiedliche Weise. Es ist nicht meine Absicht, etwa das damalige Kriegsgeschehen in Vietnam oder an einer anderen Stelle der Welt als letztlich irgendwie denn doch noch ganz passabel hinzustellen. Auch wenn der Soldat in dem Beispiel von R. Moody während seiner Nahtoderfahrung das Gefühl hatte, dass alles gut sei, hat man ihm und auch seinen Angehörigen und Freunden auf schlimme Weise das zukünftige Leben mit einem verletzten Körper unglaublich erschwert. Das darf durch nichts gerechtfertigt oder gar unter den Teppich gekehrt werden. Ich möchte nur dem Bild vom Tod, wie es uns immer wieder vor Augen geführt wird und das für eine geradezu übertriebene Angst vor diesem uns allen bevorstehenden Ereignis sorgt, Erfahrungen entgegensetzen, die mit gleicher Berechtigung und Ernsthaftigkeit zur Kenntnis genommen werden sollten. Sie zeigen uns nämlich, dass es auch in diesem Lebensbereich durchaus zwei Seiten der Betrachtung gibt, und es ist nicht einzusehen, warum man uns weitgehend diese zweite Seite vorenthält. Als Ursache dafür ist wohl u.a. die materialistische Weltanschauung anzunehmen, die nur das als Realität anzuerkennen vermag, was mit unseren Sinnen wahrnehmbar ist und sich dem momentanen Vorstellungsvermögen erschließt. Das „ganz andere Sterben" gehört nicht dazu.

Eigenartigerweise wollen aber viele Menschen nicht nur die erschreckende Seite des Sterbens, sondern auch diese andere Sicht nicht wahrhaben. Zu sehr liegen all diese Gedanken noch im Bereich eines mächtigen Tabus. Gedanken über das Lebensende werden insgesamt weggeschoben. Dabei hat die bekannte Sterbeforscherin E. Kübler-Ross einmal zu Recht gesagt: „Es mag befremdlich klingen, aber einer der produktivsten Wege, um zur Reife zu gelangen, liegt in der Beschäftigung mit der Erfahrung des Todes."[11] Für diejenigen Menschen, die diese andere Seite des Sterbens erlebt haben, ist sie ein Grund zur Hoffnung geworden, trotz aller Sterbeproblematik.

Hätte die Sterbeforschung nur diesen einen Gedanken mitzuteilen, dass nämlich am Ende nicht ein grauenvoller Sensenmann oder das Nichts auf uns warten, sondern dass es da auch Momente des subjektiv empfundenen Glücks geben wird, es wäre schon für alle Menschen ein Gewinn, davon etwas zu wissen. Auch noch dem hoffnungslos schwer Erkrankten, der vielleicht schon sein Lebensende ahnt, kann ehrlich gesagt werden, es gibt Erfahrungen in großer Zahl, die zeigen, auch sein Leben werde ihm Ungeahntes bieten, das er getrost erwarten solle.

Eine Frau aus meinem Bekanntenkreis, die sich im letzten Stadium einer Bauchspeicheldrüsen-Krebserkrankung befand, sagte kurz vor ihrem Sterben: „Ich bin so gespannt auf das, was jetzt noch kommen wird." Ihr medizinisch hoffnungsloser Zustand, ihre Schmerzen, Übelkeiten und der unmittelbar bevorstehende Tod waren trotz allem nicht ohne Hoffnung für Zukünftiges. Dass diese Hoffnung sogar mit dem Wort „begründet" versehen werden kann, wird sich im nächsten Abschnitt dieses Kapitels noch deutlicher zeigen lassen.

4. Das Erleben der „Ausleibigkeit"

„Plötzlich fühlte ich mich außerhalb meines Körpers..."

Eine große Überraschung, manchmal mit Verwirrung oder gar Angst gekoppelt, stellt sich ein, wenn z.B. Unfallopfer plötzlich bemerken, dass sie sich außerhalb ihres physischen Körpers befinden. Hatte mein ehemaliger Schüler uns über die Unmöglichkeit sprachlicher Mitteilung bezüglich der Farbskala „hinter dem Horizont" aufzuklären versucht, so konnte er doch das Erleben seiner „Außerkörperlichkeit" gut in Worte fassen. Er berichtete von einem Schweben mehrere Meter über der Unfallstelle, seiner Wahrnehmung von der ungeheueren Aufregung der Eltern, die am Ort des Geschehens anwesend waren, ja, er konnte sogar auf ihm unerklärliche Weise deren Gedanken „sehen". Dem Krankenwagen folgte er dann fliegend nach, sah durch das Dach des Autos dort hinein, beobachtete die Wiederbelebungsversuche des medizinischen Personals und hörte sich auch deren Gespräche mit an. Schon während der Fahrt in das Krankenhaus endete sein Nahtoderlebnis. Trotz aller Dramatik, die er bei den Anwesenden bemerken konnte, empfand er – ganz nebenbei bemerkt – alles als „irgendwie witzig". Eine solche humorige Anteilnahme an all dem Geschehen wird übrigens auch manchmal in Berichten anderer Nahtod-Erfahrener mitgeteilt.

Außerkörperliche Erlebnisse dieser Art werden recht häufig berichtet. Ein Berufsoffizier der Bundeswehr erlebte bei einem Routineeingriff am Herzen, als es zu Komplikationen kam, folgendes: „Plötzlich fühlte ich mich außerhalb meines Körpers halbhoch im Raum schwebend und beobachtete die Bemühungen der Ärzte um meinen Körper. Ich erkannte jedes Detail und verstand ihre Gespräche... Das Gefühl, den eigenen Körper abgelegt zu haben, war ungeheuer befriedigend. Ich fühlte mich ruhig, angenehm befreit, zufrieden und zutiefst glücklich und wünschte mir diesen Zustand bis in alle Ewigkeit."[12]

Im Zusammenhang mit der Außerkörperlichkeit wird erfahren, dass man den alten Körper ablegt, danach aber nicht „körperlos" ist, sondern sich in einem anderen Körper befindet und in diesem weiterlebt.[13] Und die Fähigkeiten dieses Körpers, der auch oft mit dem Adjektiv „spirituell" umschrieben wird, sind geradezu erstaunlich. Er kann, wie wir schon erfuhren, sehen und hören, auch Empfindungen aller möglichen Arten haben. Er bewegt sich schwebend und kann dabei auch Orte aufsuchen, die sehr weit entfernt sind. Und das kann mit einer unglaublichen Geschwindigkeit geschehen. C. G. Jung, der am Beginn des Jahres 1944 ein Nahtoderlebnis hatte, berichtet von seinen Beobachtungen des Erdballs aus dem Weltraum.[14] Er befand sich etwa 1500 km über der Erde und beschrieb nach der Rückkehr in den Körper seine Eindrücke von dort äußerst genau. Spätere von Satelliten erstellte Fotographien bestätigten deren Richtigkeit. Der spirituelle Leib brachte erstaunliche Gedächtnisleistungen zustande.

Ein Punkt irritiert aber die Patienten häufig: Man kann sich den anderen auf keine Weise bemerkbar machen. Die durch Sprechen, Berühren oder sonst wie noch vorgenommenen Bemühungen, dem medizinischen Personal klarzumachen, man möge doch mit den Maßnahmen zur Wiederbelebung aufhören, es gehe einem ja so gut wie niemals zuvor, verhallen unbemerkt. Sie bleiben ohne jeden Erfolg. Will man einer Person auf die Schulter klopfen, um auf sich aufmerksam zu machen, greift man einfach durch sie hindurch. Die uns bekannte Materie existiert als Begrenzung überhaupt nicht mehr. Man kann durch Wände oder Türen einfach hindurchgehen oder - schweben. Widerstand stellt sich einem nicht entgegen. Und gesehen wird man auch nicht.

Von ganz besonderem Interesse sind diese außerkörperlichen Erlebnisse nun deswegen, weil man sie genau auf ihren Wirklichkeitsgehalt hin überprüfen kann. Sagt mir ein Mensch, er habe außerordentlich angenehme Gefühle erlebt, so kann ich es ihm abnehmen oder auch nicht glauben. Genauso verhält es sich mit vielen anderen Mosaiksteinen eines Nahtodeserlebnisses. R. Moody hatte sich zahlreiche Details von den außerkörperlichen Erlebnissen berichten lassen und veröffentlicht. Aber einer notwendigen Überprüfung hatte er sie nicht unterzogen. Das wollte nun der amerikanische Herzchirurg Michael B. Sabom[15] nachholen. Dieses wichtige und auch richtige Unternehmen sollte allerdings nicht geschehen, um die Arbeit R. Moodys und auch die von E. Kübler-Ross und anderer Forscher zu unterstützen. Er hatte einen ganz anderen Plan. Die Welt sollte durch ihn erfahren, dass es sich bei den Nahtodeserfahrungen um nichts anderes als Unsinn, Halluzinationen oder dergleichen handele. Bestenfalls mache sich hier also ein irgendwie aus dem Takte geratenes Hirn bemerkbar. Und das brauche von der Wissenschaft nicht weiter in dem Maße ernst genommen zu werden, wie es durch die Nahtodes-Forscher geschehe. Wie kann ein Mensch, so fragte sich Sabom, der einen fast tödlich verlaufenen Unfall erleide, sogar hat wiederbelebt werden müssen, weil sein Kreislauf zusammengebrochen war, wie kann ein solcher Mensch etwas wahrnehmen, was dann auch noch stimmt? Und wenn ein Patient, der während einer Operation in Vollnarkose einen schweren und dramatischen Zwischenfall erleiden muss, der ebenfalls Maßnahmen zur Reanimation nötig macht, wie kann dieser dann gerade darüber Informationen erlangen, die einer genauen Überprüfung standhalten? Das ist alles seiner Einschätzung nach unmöglich. Und hat sich diese Hypothese von der Unmöglichkeit dann durch die geplanten Kontrollen der Patientenberichte als richtig erwiesen, so sind auch alle anderen Elemente der Nahtodeserfahrungen mehr als halluzinationsverdächtig. Dieser ganze Sachkomplex wird sich - davon war Sabom fest überzeugt - als Humbug erweisen und damit erledigt sein.

Er ließ nun Patienten, die eine Nahtoderfahrung mit dem Erleben der Außerkörperlichkeit durchgemacht hatten, erzählen, was sie erlebt hatten, protokollierte alles mit, um es später auf die Richtigkeit hin zu überprüfen. Und dabei ging es ihm gerade auch um Details, die „Kleinigkeiten", die manche Patienten zu berichten wussten. Wie verlief die Wiederbelebung genau, welche Geräte wurden auf welche Weise benutzt, wer war bei allen Maßnahmen zugegen, haben sie während der Prozedur den Raum verlassen, wo waren sie und wie sah es dort aus? Viele weitere Fragen folgten, wenn Patienten anfingen, auch Einzelheiten zu berichten. Ein Betroffener berichtete z.B., er habe sich durch die Straßen der Stadt bewegt, dabei einen Freund vor einem Fahrradgeschäft beobachtet, wie er sich die Räder im Schaufenster anguckte. Auch diese Aussagen stimmten ganz genau mit dem überein, was der Freund zu gerade dem Zeitpunkt der Reanimation getan hatte.[16)]

Sabom suchte fast verzweifelt nach Erklärungen für all diese Phänomene, die seinem von der Naturwissenschaft und hier natürlich besonders von der Hirnforschung geprägten Denken entsprachen. Er fand keine.

Jetzt war Sabom der Gefangene seiner eigenen Methode geworden. Er sah ein, dass er nun, da sich so gut wie alles als richtig erwiesen hatte, kein Recht mehr besitze, die Ergebnisse von Moodys Arbeiten und derjenigen seiner Kolleginnen und Kollegen als Hirngespinste abzutun. So wurde aus einem der schärfsten Kritiker der Nahtodes-Forschung einer ihrer engagiertesten Befürworter und Mitstreiter und ist es bis heute geblieben. So etwas überzeugt mich immer mehr, als wenn ein ohnehin schon begeisterter Anhänger dieser Denkweise seine Überzeugung mit den nachgeprüften Tatsachen der Erlebnisse in der Außerkörperlichkeit zusätzlich noch garniert.

Einen seiner spektakulärsten Fälle teilte Sabom 1998 mit. Es handelt sich dabei um eine Frau mit dem Pseudonym Pamela Reynolds. Bei ihr musste 1991 ein Aneurysma in der Tiefe des Hirns operativ behandelt werden. Da es sich in diesem übrigens 14 Stunden dauernden Eingriff um einen ganz besonders schwierigen und auch risikoreichen Fall handelte, wurde ihre Körpertemperatur auf 15,5° C abgesenkt. Dadurch sank der Sauerstoffbedarf des Gehirns auf einen so niedrigen Wert, dass eine längere Unterbrechung der Zufuhr dieses lebenswichtigen Gases keinen oder nur einen geringen Schaden hätte anrichten können. Nirgendwo im Hirn zeigten sich während der entscheidenden Phase des Eingriffs elektrische Aktivitäten von Nervenzellen, nicht einmal im Hirnstamm. Damit konnte man sie eigentlich als „hirntot" bezeichnen. Trotzdem hatte sie ein Nahtodeserlebnis mit einer außerkörperlichen Erfahrung. Sie befand sich eine Zeitlang hinter dem Chirurgen, beobachtete ihn bei seiner Arbeit und war auch in der Lage, ein ihr völlig unbekanntes neurochirurgisches Instrument und die Arbeitsweise des Neurochirurgen mit eben diesem Gerät wahrzunehmen und nach der erfolgreich verlaufenen Operation alle diese Details mitzuteilen. Sie stimmten ohne Ausnahme. Sabom war während der gesamten Zeit des Eingriffs anwesend.

Etwas exotisch mag die Frage anmuten, wie sich Erfahrungen in Todesnähe und dabei vor allem das außerkörperliche Erlebnis bei blinden Menschen zeigen. Die Antwort ist schnell gegeben und ebenfalls vielfach auf ihre Richtigkeit hin überprüft worden: Blinde können, während sie sich in ihrem „spirituellen" Körper befinden, wieder sehen. Sie waren in der Lage, genau den Unfallort, die anwesenden Menschen, den reanimierenden Arzt, dessen Bekleidung und Arbeitsweise bis in die kleinsten Einzelheiten hinein zu beschreiben.

Von Geburt an Blinde waren dazu selbstverständlich so nicht in der Lage. Aber sie zeigten sich erstaunt darüber, nach diesem Erlebnis zu wissen, was „Sehen" überhaupt ist.[17] Interessant mag auch Folgendes sein: Von Geburt an blinde Menschen träumen niemals visuell. Wo und wann sollte das Gehirn auch Bilder gespeichert haben, um daraus Träume zu weben? Ihre Träume haben Gefühle, Berührungen, Geschmacksempfindungen, das Hören von Sprache und Musik u.a.m. zum Inhalt. Die nach einer Nahtoderfahrung berichteten Seheindrücke können also keinesfalls irgendwelche Traumerlebnisse gewesen sein.

Wie entsprechende Erfahrungen und Recherchen bei gehörlosen Menschen ausgesehen haben, braucht nur kurz angedeutet zu werden: So wie Blinde in der Lage waren, wieder zu sehen, so konnten Gehörlose wieder hören. Und wer bei all dem nicht staunt, hat die Fähigkeit dazu wohl auf dem Altare seiner bereits unumstößlich feststehenden Meinungen geopfert.

Manchmal erklärt man diese Wahrnehmungen mit Hilfe der bis vor wenigen Jahren in Wissenschaftskreisen noch als fast verrufen angesehenen Parapsychologie. „Außersinnliche Wahrnehmung" (ASW) liege hier vor, das sei die einfache Erklärung.[18] Aber ist diese Flucht in eine solche Begrifflichkeit irgendwie sinnvoll oder hilfreich? Ich meine nicht. Dabei steht es für mich fest, dass es ASW gibt. Eigene Erfahrungen unterstützen mich in dieser Ansicht. Aber was bedeutet ein solcher Begriff für die Wahrnehmungen im außerkörperlichen Zustand? Wenig, wenn nicht gar überhaupt nichts. Er besagt nämlich nichts anderes, als dass Wahrnehmungen stattfinden, an denen die uns bekannten Sinne nicht beteiligt sind. So etwas ist bekannt. Ebenso weiß man aber auch, dass bei den im Bereich der Parapsychologie untersuchten ASW-Erscheinungen bei weitem nicht die Genauigkeit, Detailtreue und Häufigkeit erreicht werden konnten, wie es bei den Schilderungen der Nahtod-Erfahrenen der Fall ist.

ASW als Ursache für diese Ereignisse anzugeben, löst also kein Problem, sondern verschiebt alles nur auf diesen Begriff hin. Vielmehr stellt sich jetzt erst die eigentlich entscheidende Frage: Wenn die Erscheinungen außerhalb der uns bekannten Sinne wahrgenommen werden, wer oder was nimmt denn das alles überhaupt wahr? Und da sollte man, auch wenn es herkömmlichen Denkschemata widerspricht und man meint, nur Außenstehende könnten im wissenschaftlichen Bereich richtige und verwertbare Aussagen machen, die Betroffenen doch einmal selbst zu Wort kommen lassen und deren Antworten genau so ernst nehmen wie die Einzelheiten, die von ihnen berichtet werden und die nicht mehr geleugnet werden können. Und die Antworten der Nahtod-Erfahrenen auf die Frage, wer oder was denn dort etwas wahrgenommen hat, lauten: Mein wirkliches, eigentliches Ich, die Sinnesorgane meines spirituellen Leibes, meine wahre Persönlichkeit, mein reiner und körperloser Geist, meine Seele u.a.m. Ausführlicheres werde ich im Kapitel „Die Sache mit der Seele" darstellen. Anthroposophen werden sich sicherlich der Begrifflichkeit Rudolf Steiners (1861 - 1925) bedienen. Das ist auch durchaus möglich.

Nahtoderlebnisse lehren uns ganz offenkundig, neue Denkwege auch im Bereich der Naturwissenschaften zu beschreiten. Auf den Punkt gebracht haben das zwei Mediziner, die selbst Nahtod-Erfahrene sind. Moody berichtet über sie: ... „so ungeheuer stark die Realität dessen, was sie erlebten, auch auf sie gewirkt hatte, so dürftig war das, was sie wissenschaftlich zu seiner Erklärung aufzubieten vermochten, die wissenschaftliche Schulmedizin besaß noch nicht einmal die begrifflichen Mittel zu einer einigermaßen objektiven Beschreibung der erlebten Phänomene. Als ich einen Arzt fragte, was er von seinem eigenen Ausleibigkeitserlebnis halte, bekam ich die Antwort: ‚Als Naturwissenschaftler müsste ich denken: so etwas gibt es nicht. Aber gegeben hat es das trotzdem.'"[19] Könnte man im Zusammenhang mit all dem gerade Dargelegten möglicherweise an das Phänomen der „anima separata", d.h. der vom Körper unabhängigen Seele denken?

5. Begegnungen mit anderen Verstorbenen

„...und ich spürte auch, dass er anwesend war"

Der jetzt zu schildernde Mosaikstein kann auch an anderen Stellen eines Nahtoderlebnisses platziert werden. Tritt dieses Ereignis vor dem eigentlichen Sterben auf, nennt man es „Sterbebettvision". Der dem Tode nahe Mensch sieht, spürt, erfährt, empfindet, dass sich Wesen in seiner Nähe einfinden. So gut wie immer handelt es sich hier um bereits verstorbene Verwandte oder Freunde. Manchmal sind es aber auch dem Sterbenden Unbekannte, bei denen er aber merkt, dass sie ihm wohlgesonnen sind.

Die schwer an Krebs erkrankte Frau eines meiner Freunde erlebte plötzlich die Anwesenheit ihrer schon vor vielen Jahren ebenfalls an Krebs gestorbenen Schwester und unterhielt sich längere Zeit mit ihr. Der Ehemann eilte herbei, weil er vermutete, seine Frau benötige jetzt irgendeine Hilfeleistung. Erstaunt vernahm er, dass Hilfe im Augenblick nicht nötig sei. Das Gespräch mit der verstorbenen Schwester nahm die ganze Aufmerksamkeit der Sterbenden in Anspruch.

Nach einem meiner Vorträge vor medizinischem Personal einer Palliativstation ermutigte mich der anwesende Oberarzt, solche Erlebnisse nicht nur als subjektive Ereignisse anzusehen. Das sind sie natürlich auch. Er meinte aber, es sei der Sache angemessener, hier von oft belegten klinischen Erfahrungen zu sprechen. So etwas sei ihnen allen ein durch vielfältige Ereignisse immer und immer wieder bestätigtes Phänomen, dem man durchaus Realitätscharakter zuschreiben könne, auch wenn es sich bei dieser Realität nicht um die uns stets geläufige und bekannte Wirklichkeit handele. Nach einer solchen Begegnung stirbt der Kranke binnen kurzer Zeit. Wiederbelebungsmaßnahmen werden in solchen Fällen auf Palliativstationen in aller Regel nicht mehr vorgenommen.

Aber auch bei Nahtodeserlebnissen, die durch eine geglückte Reanimation beendet werden konnten, stellen sich diese „Geistwesen" ein. Sie werden als hilfreich empfunden und beschrieben, selbst wenn ihre Mitteilung, dass die Zeit zum Sterben noch nicht gekommen sei, oft mit großer Enttäuschung zur Kenntnis genommen wird.

Besonders beeindruckend sind solche Begegnungen in Todesnähe, wenn Sterbende noch gar nicht haben wissen können, dass diejenigen, die sie „dort" in Empfang nehmen wollen, schon verstorben sind. E. Kübler-Ross stellt uns einen solchen Fall vor. Ein indianisches Mädchen wird von einem Auto angefahren und lebensgefährlich verletzt. Der Fahrer dieses Wagens begeht Fahrerflucht. Ein anderes Auto hält an der Unfallstelle an. Dessen Fahrer will Hilfe leisten, wird aber von dem Mädchen belehrt, dass solche Hilfe nicht mehr nötig sei, ihr Vater wäre schon bei ihr. Es ginge ihr gut. Man möge das alles ihrer Mutter mitteilen, die in einem bestimmten und dann auch genau benannten Reservat lebe. Darauf stirbt das Mädchen. Der hilfsbereite Autofahrer begibt sich sofort zur Mutter und berichtet ihr das Geschehen. Daraufhin erfährt man von der Mutter, dass die tödlich verletzte Tochter noch gar nichts vom Tode ihres Vaters habe wissen können, da dieser nur kurze Zeit vor ihrem eigenen Übergang in eine andere Welt einem Herzanfall erlegen sei.[20]

Dies ist übrigens kein Einzelfall. Es wird durch die eben geschilderten Ereignisse deutlich, dass nach dem biologischen Tod eines Menschen dieser sich irgendwie doch noch als lebend zeigen kann. Geht das Leben also hinter dem Horizont weiter? Hat ein Mensch eine solche Begegnung gehabt, ist ihm das ein sicheres Zeichen dafür, dass es nicht nur das Leben auf dieser Erde geben kann. Unser Denken muss und sollte hier wohl ganz andere Weiten wagen. Wer wollte uns das verbieten oder als unsinnig einreden, wie es im Mittelalter die Inquisition bei Gedanken zu tun pflegte, die nicht der Lehrmeinung der Kirche entsprachen?

Niemand braucht - und das ist eine weitere Folge dieser klinischen Erfahrungen - davor Angst zu haben, im Moment des Sterbens alleine zu sein, selbst wenn „der Tod von außen gesehen" uns das so erscheinen lässt. Vor einem meiner Vorträge hatte eine Gruppe der Zuhörer und Zuhörerinnen mir mitgeteilt, dass gerade dies ihre größte Sorge sei. Ich sollte nämlich vor Personen sprechen, die alle schon jenseits der 50 Jahre waren und alleine lebten. Große Erleichterung spürte ich, als gerade dieser Punkt im Referat abgehandelt wurde und ich den Gedanken von E. Kübler-Ross wiedergab: Selbst wenn einer in der Wüste mutterseelenallein sterben müsste, im Augenblick des Todes ist er offenbar nicht mehr einsam.

Aber auch Tragikomisches erlebte ich in einem solchen Zusammenhang. „Um des Himmels willen!", hörte ich eine Frau seufzen, „wenn ich dann meinen geschiedenen Mann wieder sehe, nicht auszudenken…! Bloß das nicht!" In der sich anschließenden Diskussion stellte ich dann hypothetische Alternativen für diese Situation dar: Entweder trifft sie ihren Mann gar nicht wieder, weil sie es womöglich nicht will. Oder: Dieser ehemals schlimme Mann hat inzwischen einen großen Wandel durchgemacht, von dem er ihr jetzt unbedingt etwas berichten möchte. Sie werde ihn gar nicht wiedererkennen. Mit beiden Möglichkeiten konnte die Frau sich gut arrangieren.

Handelt es sich bei diesen Begegnungen möglicherweise nur um ein zum Bild gewordenes Wunschdenken? Diese Vermutung ist oft geäußert worden. E. Kübler-Ross hat die Frage aufgenommen und genauer untersucht.[21] Dabei ist sie zu dem Ergebnis gekommen, dass eine solche Ansicht nicht haltbar sei. Sie befragte viele schwerkranke Kinder, wen sie immer an ihrer Seite haben wollten (im Fall des Todes würde das bedeuten, wen diese Kinder beim Verlassen dieser Welt in ihrer Nähe haben oder anzutreffen wünschten). Fast 99% nannten daraufhin einen oder beide Elternteile. Trat nun ein Todesnäheerlebnis bei diesen Kindern ein, so erklärten nur ganz wenige von ihnen, sie hätten einen Elternteil gesehen, seien also von der Mutter oder dem Vater abgeholt, in Empfang genommen worden. Und das waren ausnahmslos Kinder, bei denen eben dieser Elternteil schon nicht mehr auf dieser Welt lebte. Würden solche Begegnungen nur auf das Wunschdenken zurückzuführen sein, müsste es eigentlich am „Himmelstor" von Eltern nur so wimmeln.

6. Das „Tunnelerlebnis"

„...und ich fand mich auf einmal in einem Tunnel wieder"

Der wohl populärste Mosaikstein der Nahtoderlebnisse ist die Erfahrung, dass das außerkörperliche „Ich" durch einen eingrenzenden Raum hindurch, eine Art „Tunnel", mit stets zunehmender Geschwindigkeit gesogen wird. Auch bei der Schilderung dieser Episode machen sich die eingangs erwähnten Sprachschwierigkeiten bemerkbar. Die Betroffenen sprechen auch von einem zu durcheilenden Trichter, einem Vakuum, Rohr, Tal u.a.m.[22] Jeder versucht wohl, aus seinem eigenen Lebensbereich den Begriff für dieses merkwürdige Erlebnis auszuwählen, der seiner eigenen Lebenserfahrung nach als Wort am besten zur Beschreibung geeignet zu sein scheint. Die in der Schweiz aufgewachsene E. Kübler-Ross musste während eines ihr widerfahrenen Nahtoderlebnisses ein ganz enges Tal durchqueren.

Die Skala der Gefühle während des „Tunnelerlebnisses" reicht vom Erfahren eines großen Glückes bis hin zur Angst und zum Entsetzen über die Leere, die sich erst dann in Fülle wandelt und auflöst, wenn man dem Geschehen irgendwie zustimmt. Am leichtesten gelingt das denjenigen Menschen, die in ihrem Leben gelernt haben, loszulassen.

Ist dieser Tunnel - unabhängig davon, welche Erklärungsmöglichkeiten sich uns auf den verschiedensten Ebenen anbieten - ein Symbol für den Weg, den Übergang von einer Wirklichkeit in eine andere?

Die große Popularität und auch die Tatsache, dass viele Menschen zum Begriff Nahtodeserlebnis als erstes von diesem Tunnel sprechen wollen, hat wohl darin ihren Ursprung, dass sich solch ein Geschehen gerade für einen nicht Betroffenen relativ leicht vorstellen und bildlich nachvollziehen lässt.

7. Das „Lichterlebnis"

„…und vor allem war ich sehr neugierig zu erfahren,… was das für ein Licht sei…"

So äußert sich ein Journalist in dem Buch von Joachim Faulstich „Das innere Land".[23] Dieser Journalist gehört zu denjenigen, die eine solche Sterbetiefe erreicht hatten, dass es ihnen möglich wurde, das Licht am Ende des Tunnels zu erreichen. Für Außenstehende mögen die Untersuchungen von M. Sabom vielleicht am interessantesten sein. Für Nahtod-Erfahrene mit dem für dieses Erleben nötigen Eindringen oder Hineingezogen-Werden in die Lichtsphäre ist dieses das alles überstrahlende Ereignis.

Das Licht wird immer auf vergleichbare Weise beschrieben. Es leuchtet heller als alles, was man jemals erlebt hat, verströmt eine unaussprechliche, vorbehaltlose Liebe und erscheint einem wie eine Person. Merkwürdigerweise wirft es keinen Schatten.

Sind auch die Wiedergaben des Erlebten stets vergleichbar, in der späteren Deutung gibt es erhebliche Unterschiede. Jeder begreift dieses Licht nämlich auf dem kulturellen Hintergrund seines eigenen geistigen Lebenshorizontes. Christen sehen in dieser Erscheinung oft Gott, Jesus oder einen Heiligen, zu dem sie sich während des Erdendaseins besonders hingezogen fühlten. Auch wird in diesem Zusammenhang gern Maria genannt. Angehörige der jüdischen Religion erkennen hier oft einen Engel, einen Gottesboten. Gehört man einer hinduistischen Religion an, stehen zur Deutung die vielen dort geglaubten Gottheiten zur Verfügung usw.

Der Marburger Religionswissenschaftler Rudolf Otto (1869 - 1937) schrieb vor etwa 100 Jahren ein auch heute noch zur Standardlektüre der meisten Theologen gehörendes Buch mit dem Titel „Das Heilige".[24] Und dieser Begriff scheint mir am ehesten geeignet, allen Deutungsversuchen gemeinsam gerecht zu werden. Auch die drei zentralen Begriffe, mit denen Otto dieses „Heilige" benennt, können im Lichtwesen und in der Art, wie es erlebt wird, wiedererkannt werden. Es sind:

1. Das Numinose, das, was nicht von dieser Welt ist, wörtlich könnte man es auch mit dem Begriff das „Heilige" übersetzen.

2. Das Fascinans, das Anziehende, das, was einen „bestrickt", fasziniert.

3. Das Tremendum, eine ehrfurchtsvolle Scheu, eine „heilige Ehrfurcht", wie es der oben schon einmal erwähnte Schleiermacher ausgedrückt hat.

Atheisten, Menschen, denen jeder Glaube an etwas Göttliches fernliegt, sprechen einfach vom „Lichtwesen".[25] Der Atheismus ist nach diesem Erlebnis des Lichtes meistens wie Schnee vor der Sonne geschmolzen. Entsprechende Untersuchungen hat der amerikanische Psychologe Kenneth Ring durchgeführt.[26]

Ein Krankenhausseelsorger berichtete mir einmal von einem Patienten, der sich selbst gerne zu den Atheisten zählte. Von religiösem Gedankengut wolle er nichts wissen, sagte er dem Pfarrer. Damit „sei er durch", das interessiere ihn nicht mehr. Wenn der Seelsorger ihn besuchen wolle, so sei ihm das recht, man möge sich dann allerdings nur über andere Themen unterhalten. So geschah es denn auch. Im Verlauf seines Krankenhausaufenthaltes erlitt dieser Patient eines Nachts eine schwere Krise, kam dabei in den Bereich der Todesnähe und erlebte offenbar auch das Licht. Am nächsten Morgen wurde der Pfarrer sofort zu ihm hingebeten. „Herr Pastor", mit diesen Worten empfing er ihn, „was Sie so erzählen über unseren Herrgott und alle diese Dinge, das hat doch irgendwie so seine Richtigkeit." Und auf die erstaunte Nachfrage, wie er denn zu diesem Sinneswandel gekommen sei, antwortete er schlicht, ihm sei das heute in der Nacht durch eigenes Erleben alles klar geworden. Die Meinung, dass Nahtoderlebnisse einen Glauben zwar bestärken, aber niemals begründen können, ist also in dieser apodiktischen Form nicht haltbar.[27]

Nach dem Erscheinen des Lichtes schließt sich ein Gespräch zwischen dem Sterbenden und dem Licht an, das nicht mit Worten, sondern auf telepathischem Wege einer glasklaren Gedankenübertragung geführt wird. Dabei erfährt der Mensch die Richtlinien, nach denen ein gelingendes Leben geführt werden muss oder hätte geführt werden sollen. Es sind immer nur zwei Punkte, die stets genannt werden. Man habe im Leben „Liebe" zu verwirklichen und sich um „Wissen" zu kümmern. Noch niemals ist, so weit ich sehe, ein dritter Gesichtspunkt genannt worden, einerlei aus welchem Kulturkreis die Berichte kommen. Der wahre Zweck des Lebens ist offenbar nicht nur das Leben selbst. Biologen würden hier - im Rahmen ihrer Wissenschaft durchaus verständlich und richtig gedacht - sagen: „die Weitergabe der Gene zum Erhalt der Art". Der Mensch aber hat offenkundig vor allem Geistig-Seelisches zu verwirklichen. Materielle Güter, Karriere usw. sind niemals Zweck des Lebens, sondern nur „Lebensmittel", die benötigt werden, um eine menschenwürdige Existenz zu führen. Dazu gehören Essen und Trinken, Kleidung, ein Dach über dem Kopf, medizinische Hilfe im Krankheitsfall und die Befriedigung der verschiedensten kulturellen Bedürfnisse.

Nun sollte man vermuten, Erlebnisse so voller Zuwendung, so angefüllt mit Liebe, stoßen bei den Menschen stets auf Gegenliebe. So etwas hört man gern, freut sich über die neuen Erkenntnisse und alles ist Balsam für die Seele. Bei den meisten Menschen mag das auch zutreffen. Eines Tage wurde ich aber durch ein Ereignis einmal eines Besseren belehrt. In einer 10. Klasse Anfang der 80er Jahre (die sehr turbulenten Jahre nach 1968 waren gerade vorbei) war ich bei der Darstellung und den Erklärungen des Lichtwesens angelangt. Man muss sich darauf gefasst machen, dass gerade bei diesen Erzählungen vom Licht sich bei einigen Jugendlichen auch eine gewisse Langeweile und Skepsis einstellen können. Vielleicht denken sie an Märchenstunden ihrer Kindertage zurück. Im Tonfall der Wortbeiträge spürt man dann auch bisweilen eine leicht überhebliche Aggressivität. In dieser 10. Klasse nun sprang plötzlich ein Mädchen auf und verkündete, nun sei es aber genug. Sie habe ganz und gar keine Lust, einem Lichtwesen Rede und Antwort zu stehen und Fragen zu beantworten wie die, was man aus seinem Leben gemacht habe. „Was ich aus meinem Leben gemacht habe, geht keinen etwas an, das ist allein meine eigene Entscheidung", sagte sie im Ton großer Entrüstung. Dann setzte sie sich mit stolzer und gleichzeitig auch beleidigter Miene wieder auf ihren Platz. Alles war für sie in dieser Unterrichtsstunde eine Zumutung. Ich wollte dann nur wissen, ob sie eigentlich gefragt worden wäre, ob sie überhaupt geboren werden wollte. Nein, das sei natürlich nicht der Fall gewesen. Und ob sie sich hätte entscheiden können, als Mädchen oder als Junge, krank oder gesund, klug oder weniger intelligent auf diese Welt zu kommen, wollte ich weiter erfahren. Alles wurde mürrisch verneint. Es gibt also doch wohl so etwas wie ein Schicksal, fuhr ich fort. Das wurde zugestanden. Und zu diesem Schicksal wird es auch gehören, am Ende des Lebens eine verantwortliche Stellung zu sich selbst zu beziehen. Dabei werde das Licht behilflich sein, waren meine abschließenden Worte. Jetzt blieb ihr nur ein achselzuckendes „Wir werden es ja alles sehen" übrig. Da stimmte ich ihr voll zu, nur zuckte ich dabei nicht mit den Achseln, sondern nickte zu ihr hin. Diese kleine Episode zeigt uns: Beim Nachdenken über die Mosaiksteine der Nahtoderlebnisse erlebt man es immer wieder, wie Menschen auf bemerkenswerte Weise plötzlich aufgerüttelt werden. Oberflächlichkeiten fallen von uns ab. Bei den Blicken hinter den Horizont geht es um den Kern unserer Existenz.

8. Der „Lebensfilm"

„Eines Menschen ganzes Leben ist da im Nu" [28)]

Während einer Nahtoderfahrung wird dem Menschen sein Leben noch einmal vor Augen geführt. In manchen Fällen beginnt sogar das Erlebnis mit dieser Episode, die auch „Lebensfilm" oder „Lebenspanorama" genannt wird. Hier entfällt dann allerdings die sonst bei der Betrachtung übliche Beurteilung des Lebens. Man kennt ja die Kriterien für die Lebensführung noch gar nicht, da einem in diesem Fall das Licht noch nicht begegnet ist.

Besonders häufig erlebt man die Lebensrückschau nach dem Licht-Erleben und dem dadurch erlangten Wissen um die Kriterien für eine Beurteilung des eigenen Lebens. Einer solchen kritischen Betrachtung dient dann die ungeheure Fülle an Bildern von den Ereignissen der eigenen Vergangenheit. Häufig läuft dieser Lebensfilm rückwärts ab, d.h. vom Nahtodes-Punkt bis zur Geburt. Aber auch das Gegenteil wird berichtet. Ebenso ist auch manchmal von einer Gleichzeitigkeit der Betrachtung aller Bilder die Rede, da die Zeit, wie wir sie erleben, offenbar nicht mehr existiert. Selten werden auch nur ausgewählte Einzelepisoden betrachtet.

Eine interessante Eigentümlichkeit ist das „Zeiterleben" während einer Erfahrung in Todesnähe. Ein junger Mann aus Paris erzählte mir einmal sein Nahtodeserlebnis, um dann einige Probleme mit mir zu erörtern. Er hatte sich einer vielstündigen Darmoperation unterziehen müssen, in deren Folge ein Herzstillstand eintrat. Stundenlang konnte er von den Mosaiksteinen seiner Erfahrung berichten. Das Zuhören war für mich beeindruckend und bereichernd. Zum Schluss fragte ich ihn, wie lange nach seiner eigenen Einschätzung dieser Zustand in Todesnähe gedauert haben könnte. Seine Antwort: „Sag' 10 Sekunden, sag' 10 Jahre, sag' 1000 Jahre, du kannst sagen, was du willst, es ist alles richtig. Zeit existiert dort nämlich gar nicht mehr." Später habe er in seiner Krankenakte gelesen, dass er binnen sehr kurzer Zeit, die sich nur in Sekunden der

„Erdenzeit" zählen ließe, von den Ärzten wieder in dieses Leben zurückgeholt worden sei.

All das entzieht sich wieder unserer Vorstellbarkeit und mag für manchen Anlass zu verständlicher Skepsis sein. Mir fällt auch hier wieder der Satz von Moodys Kollegen ein, dass es so etwas aus traditioneller naturwissenschaftlicher Sicht eigentlich gar nicht geben könne, es aber trotzdem so gewesen sei. Die Welt hinter dem Horizont lehrt uns auch hier wieder das Staunen, das „Sich Wundern", was ja bekanntlich nach Ansicht schon der alten Griechen der Ursprung aller Philosophie ist.

Bei der Betrachtung seines eigenen Lebenspanoramas wird nun jeder Mensch ohne Ausnahme Geglücktes und weniger Geglücktes, Frohes und Schmerzhaftes, auch Unangenehmes und Peinliches über sich erfahren, darunter auch schon längst Vergessenes.

Da aber stets die Anwesenheit des Lichtwesens und dessen unvoreingenommene Liebe gespürt wird, kann auch Negatives immer irgendwie ertragen werden. Vieles wird vom Lichtwesen auch humorvoll kommentiert. Der Sinn dieser rückblickenden Erinnerungen sind Selbsterkenntnis und das Gewinnen neuer ethischer Impulse für das noch verbleibende zukünftige Leben. Niemals ist von Strafe oder Schuldzuweisungen die Rede. Hier müsste jetzt eigentlich auch über das Thema „Hölle" gesprochen werden. Das wird aber an anderer Stelle dieses Buches geschehen.

Wie bei den Erlebnissen im Zustand der Außerkörperlichkeit besteht auch wieder beim Betrachten des Lebensfilmes die Möglichkeit, manches nachzuprüfen, also zu verifizieren. Eine der ersten ausführlichen Veröffentlichungen eines Nahtoderlebnisses in Europa stammt von dem Züricher Städteplaner Stefan v. Jankovich.[29)] Er, der in Ungarn geboren wurde, berichtete vor etlichen Jahren in einer ZDF-Sendung, dass er im Lebensfilm gesehen habe, wie er bei Kerzenlicht auf die Welt kam. Der Vater bestätigte das. Während seiner Geburt hätte es einen Stromausfall gegeben und so habe man Kerzen bereitstellen müssen. Nun kann man hier einwenden, irgendwann in seinem Leben habe man ihm das erzählt und nun sei er wieder daran erinnert worden. Das ist denkbar. Da er aber im gleichen Zusammenhang ein großes, besonders geformtes Muttermal aus dem Intimbereich seiner Mutter auf das Genaueste beschreiben konnte, obwohl er sie niemals ohne Bekleidung gesehen hatte, ist der skeptische Einwand zwar denkbar, aber recht unwahrscheinlich.

Ein alter Mann, der während einer seiner vielen Herzattacken ein Nahtoderlebnis hatte, berichtete in einer Fernsehsendung noch viel Verblüffenderes. Er habe im Lebensfilm deutlich gesehen, wie er einmal vor sehr vielen Jahren ein Verhältnis mit einer jungen Frau gehabt habe. Dass diese Frau allerdings schwanger geworden war und einen Jungen geboren hatte, der früh starb, das wusste er nicht. Dieser Junge erschien jetzt ebenfalls im Lebenspanorama. Nach seiner Genesung fand der alte Mann die Freundin aus seiner Jugendzeit nach intensiven Nachforschungen wieder und ließ sich von ihr die Lebensgeschichte seines ihm völlig unbekannten Sohnes schildern.

Die stets beeindruckende Bilderfolge lässt nun den Erlebenden nicht nur sein Leben, wie eben beschrieben, noch einmal sehen. Man erlebt oftmals alles auf eine ganzheitlich zu nennende Weise dabei noch einmal, sodass einem auch bewusst und klar wird, was man anderen zugefügt hat, sei es nun etwas Freudvolles oder etwas Schmerzhaftes. Man erlebt die Folgen des eigenen Tuns so, als stecke man jetzt gleichzeitig irgendwie in der Haut der Mitmenschen, mit denen man es im Leben zu tun gehabt hatte. Man kann also anderen gar nichts Gutes zuteil werden lassen, ohne sich selbst dabei eine Freude zu bereiten. Gleiches gilt aber auch im negativen Bereich: Schade ich einem anderen, so schade ich gleichzeitig auch mir selber. Mir kommt bei diesen Berichten die „Goldene Regel" aus der Bergpredigt in den Sinn, wo es bekanntlich heißt: „Alles nun, was ihr wollt, dass euch die Menschen tun sollen, das tut ihr ihnen auch." (Mt 7,12)

Zwischen uns Menschen besteht offenbar auf einer uns noch unbekannten Ebene eine enge Vernetzung, die im Nahtoderlebnis sich auf diese Weise zeigt. Wenn ich mir jetzt einmal ganz drastisch vor Augen führe, wie wohl der Lebensfilm eines brutalen Diktators und der von Albert Schweitzer aussehen und erlebt werden, so ahne ich vielleicht, dass es möglicherweise doch mehr Gerechtigkeit auf der Welt gibt, als wir es annehmen.

Als ich einmal in einer 7. Klasse im Religionsunterricht darüber sprach - ein Schüler hatte mich ganz direkt danach gefragt, weil er etwas gelesen und offenbar nicht ganz verstanden hatte -, erläuterte ich dieses Phänomen und hatte dabei das Gefühl, man sei in der Klasse zufrieden mit diesen Auskünften. Nun war aber ein Schüler dabei, der das gesamte Repertoire, wie man andere Menschen drangsalieren könne, ganz virtuos beherrschte. Er stach Kleinere mit Nadeln in den Hintern, schubste andere in Pfützen hinein usw. Nach der Unterrichtsstunde kam dieser Junge an das Pult, druckste herum und ich fragte, was er denn wolle. Ja, meinte er, wenn das alles so stimme... Ich versicherte ihm, dass so etwas erlebt worden sei und ich deshalb nicht viel anderes hätte sagen können. Endlich platzte es aus ihm heraus: „Also, wenn das wirklich stimmt, was Sie uns da heute erzählt haben, das wäre vielleicht eine Scheiße!" Ich fragte nach dem Grund. Er meinte lediglich: „Och, nur so..." Daraufhin trollte er sich zur Tür, wurde aber noch einmal von mir zurückgerufen. Ich fragte nach seinem Alter. Er wäre 14, kam es aus ihm heraus. Darauf entgegnete ich nur kurz: „Sei doch froh, dass man dir so etwas schon mit 14 Jahren sagt und nicht erst, wenn du 70 bist! Vielleicht lässt sich da noch einiges in deinem Leben ‚drehen'." Schweigend trennten wir uns.

9. An der Grenze

„Deine Zeit ist noch nicht gekommen..."

Der Schluss einer Nahtoderfahrung ist schnell berichtet. Man gelangt an eine Grenze, die ebenso wie der Tunnel wohl von allen in vergleichbarer Weise erlebt wird. Benannt wird diese Linie aber wieder recht unterschiedlich. Von einem Fluss, einem Seeufer, einem Zaun oder auch einer Tür, die man nicht durchschreiten dürfe, und manchen anderen Bildern ist dann die Rede. Oft fällt man nun selbst die Entscheidung, in den Körper und damit zur Welt zurückzukehren. Pflichten, die man noch zu erfüllen habe, sind dafür z.B. häufig ein Grund. Mein oben schon genannter Gesprächspartner aus Paris wollte um seiner Mutter willen zurück. Ihr Mann, also der Vater meines Gegenübers, sei erst einige Wochen vor der Darmoperation des Sohnes, die zum Nahtoderlebnis geführt hatte, an Krebs gestorben. Er wollte seiner Mutter nicht noch mehr Traurigkeit zumuten. Trifft man die Entscheidung zur Rückkehr nicht selbst, so wird einem auf verschiedene Weise deutlich gemacht, dass die Zeit zum Verlassen der Erde noch nicht gekommen sei. Man habe seine Lebensaufgabe noch nicht erkannt oder erfüllt.

Nun mag man fragen, wie es denn bei kleinen Kindern sei, die nicht mehr zurückkehren durften oder mussten. Haben sie ihre „Lebensaufgabe" oder wie man es nennen möchte, zu Ende gebracht? Dazu fällt mir eine Rundfunksendung ein, die ich vor Jahren gehört habe. Es ging dabei um die Art und Weise, wie Eltern mit dem Tode eines kleinen Kindes umgehen könnten. Ein Journalist bemerkte etwas vorlaut einer Mutter gegenüber, dass ihr mit etwa 14 Monaten verstorbenes Kind ja wohl kaum seinen Lebenssinn habe erfüllen können. Daraufhin fuhr die erboste Mutter diesen Mann mit den Worten an, was ihm eigentlich einfiele. Dieses Kind habe über ein Jahr lang seinen Eltern unendliche Freude gemacht und ob das nicht sinnvoll genannt werden müsse, auch wenn sie sich natürlich etwas anderes gewünscht hätten. Soviel Sinn und Freude, schloss sie, wie dieses Kind in ihrer aller Leben gebracht hätte, das habe er bei seinem Interview nicht geschafft. Und in diesem Fall des ungeschickten Journalisten durfte sie fraglos so reagieren.

Dieses Beispiel zeigt uns, dass man in Vielem ganz anders denken darf oder gar muss, als man es gewohnt ist. Und das ist oft schwer.

So gut wie jede Rückkehr zum Erdenleben wird, auch wenn sie Resultat eigener Entscheidung ist, als schmerzhaft empfunden. Man könnte den zur Erde Zurückgekehrten Fausts Worte in den Mund legen: „Die Träne quillt, die Erde hat mich wieder." Ein Fünftklässler berichtete mir einmal, sein Großvater sei am Vortage an einem Herzinfarkt beinahe gestorben. Und den Arzt, der ihn wiederbelebt habe, den hätte er richtig ausgeschimpft. Man hätte ihn dort bleiben lassen sollen, wo er schon hingelangt war. Dort sei es ihm unendlich gut gegangen, viel, viel besser als hier auf der Erde. Wir kennen diesen Gedanken schon. Ich beruhigte den Kleinen und versicherte ihm, dass sein Opa bald wieder gerne leben würde. Das stimmte dann auch.

Manchmal bleibt allerdings eine Sehnsucht nach der Zeit in der Schleuse zwischen Diesseits und einem möglichen Jenseits zurück. Man möchte wieder so schmerzfrei wie damals sein, die Wärme des Lichtes spüren, sich mit verstorbenen lieben Menschen gedanklich austauschen und anderes mehr. Das für unser Empfinden kurze Erleben hat das Leben dramatisch verändert. Davon soll im nächsten Kapitel die Rede sein.

Vorher muss allerdings noch kurz angemerkt werden, dass besonders in den Fällen, in denen Menschen in das Licht haben hineingehen oder hineinsehen dürfen (auch hier versagt wieder einmal unser Sprachvermögen), sich noch weitere Mosaiksteine finden lassen. Über „Lichtstädte" und unendlich schöne Land-schaften fallen Äußerungen. Ebenfalls ist von einem ungeheu-ren Wissenszuwachs die Rede, der aber leider in unsere Welt höchstens in kleinsten Bruchstücken mitgenommen werden kann.

Die griechische Mythologie lehrt uns, dass der Mensch, der die „andere Welt" auf irgendeine Art und Weise erleben durfte, bei der Rückkehr auf die Erdenwelt Wasser aus dem Strom „Lethe" (dieser Name leitet sich von dem griechischen Wort für „vergessen" her) hat trinken müssen. Es ist klar, dass bei dem Überblick dieses Buches von diesen vielen zusätzlichen Einzelheiten nicht alle berücksichtigt werden konnten.

3. Kapitel: Der Mensch, ein wandelbares Wesen?

Ob der Mensch sich in seinem Wesen verändern kann oder auch nicht, wie viel genetisch vorprogrammiert ist, was die Gesellschaft aus ihm machen kann und ob er sich vielleicht über das alles sogar hinwegsetzen und nur er selbst sein kann, darüber ist schon viel und lange nachgedacht worden. Übrigens fielen die Antworten auf diese Fragen sehr unterschiedlich aus. Zwillingsforscher, die sich vor allem um Probleme im Bereich der Genetik kümmerten, Soziologen und Psychologen, die gesellschaftliche, familiäre und ähnliche persönlichkeitsbildende Faktoren im Auge hatten, Philosophen und Theologen, insbesondere mit dem Spezialgebiet „Ethik", alle gaben sie ihre Forschungs- und Denkergebnisse mit den jeweiligen Begründungen der Öffentlichkeit zur weiteren Diskussion preis. Ein Ende ist hier nicht abzusehen.

Eines aber ist trotz aller Kontroversen ganz sicher und auch relativ einfach nachweisbar, wird aber kaum jemals, soweit ich sehe, irgendwie ernsthaft in den eben genannten Wissensgebieten mitbedacht: Ein Mensch, der eine Nahtodeserfahrung erlebt hat, ändert sich, und zwar von Grund auf.

1. Die Angst vor dem Tod schwindet

Obwohl nach einem so gravierenden Einschnitt in das Leben bei manchen eine unterschwellige Todessehnsucht und eine gewisse Melancholie vorhanden bleiben, erfreuen sich die meisten Menschen im weiteren Leben eines bisher nicht gekannten Gefühles von Glück, Freude und Erleichterung. Sie haben nämlich meistens die Angst vor dem Sterben und damit auch vor dem Tod gänzlich verloren, zumindest hat sie sehr deutlich an Gewicht eingebüßt. Hoffnung wächst.

Das geschieht nun nicht, wie mancher vielleicht vermuten könnte, immer innerhalb kurzer Frist. In vielen Fällen benötigt es eine längere Zeit, bis ein Nahtodeserlebnis vom Menschen so verarbeitet wird, dass es integraler Bestandteil der Persönlichkeit wird. Wie lange ein solcher Prozess dauert, ist nicht eindeutig zu bestimmen. Natürlich kann man statistische Mittelwerte bemühen. Statistisches hilft aber hier beim Verständnis dieses Prozesses kaum weiter. Sicherlich spielt in jedem Einzelfall die Vorgeschichte des Menschen eine Rolle. Welche Bedeutung, so kann man weiter fragen, hat er in seinem Leben bisher Ereignissen gegeben, die andere Wirklichkeiten streiften? Inwieweit ist er überhaupt in der Lage, geistige Prozesse langsamer oder schneller zu verarbeiten? Wie ist sein Gesundheitszustand nach dem Erlebnis? Wird ihm durch die Familie oder andere Personen Hilfestellung gegeben oder stößt er auf völlige Ablehnung? All dies wird einen solchen Prozess des Wandels beschleunigen oder verlangsamen.

Die jetzt verlorene Angst ist nicht irgendeine Angst unter vielen anderen Ängsten. Sie ist etwas Elementares, gehört zum Leben dazu, erschwert es und sorgt aber auch dafür, dass wir aus der uns zugemessenen kurzen Lebensspanne etwas Sinnvolles machen wollen. Ohne das Wissen um die Endlichkeit gäbe es vermutlich keine kulturellen Entwicklungen, die ja nur der Mensch hervorgebracht hat. Auch wenn wir nicht ständig an Sterben und Tod denken, ja, selbst wenn wir behaupten, solche Angst nicht zu kennen: Sie ist da, ob bewusst oder ins Unbewusste verdrängt. Und wir müssen lernen, mit ihr so umzugehen, dass sie uns nicht unnötig belastet. Dazu sind die Nahtoderlebnisse oder auch nur die Kenntnis von ihnen ein guter Lehrmeister und Helfer.

Sicherlich kann man die Angst vor dem Sterben auch auf andere Weise geistig zu bewältigen versuchen. Verkündigungen im Rahmen von Religionen können hier sehr hilfreich sein. Oder man wendet sich bestimmten philosophischen Gedanken zu. So beschreibt z.B. Sokrates aus Athen in seiner berühmten Verteidigungsrede vor Gericht, der von Platon überlieferten „Apologie", den Tod als etwas, das man in keiner Weise zu fürchten brauche, da er entweder wie ein traumloser Schlaf über den Menschen komme oder ihn in ein neues Leben führen werde. Und im zweiten Falle hätten nur Bösewichte einen Grund zur Sorge.

Kein einziger theoretischer Gedanke aber kann für einen Menschen die gleiche Bedeutung in Bezug auf das Sterben erlangen wie die eigene, unmittelbare Erfahrung. Nahtod-Erfahrene sind sich deswegen auch immer „absolut sicher", dass mit dem Tode nicht alles zu einem unabweisbaren Ende kommen wird. Und dass es sich hierbei nicht nur um eine „fixe Idee" oder dergl. handeln kann, wurde bereits besonders im Abschnitt über die Forschungsarbeiten M. Saboms darge-legt. Bei der Diskussion in einer Seniorenakademie einer norddeutschen Großstadt über Nahtodeserlebnisse meldete sich eine 82-jährige Dame zu Wort und erzählte, dass sie schon mit 21 Jahren eine solche Erfahrung hatte machen dürfen. „Seitdem lebe ich nun schon 61 Jahre und habe nicht eine einzige Sekunde Angst vor Sterben und Tod gehabt, selbst als ich mehrmals schwerkrank gewesen bin. Das alles empfinde ich als ein übergroßes Geschenk."

Hat man nun keine Angst mehr vor dem Sterben und dem Tod, so verlieren sich auch andere Ängste. Ganz eindringlich und eindrücklich sagte einmal ein Schüler einer 10. Klasse, nachdem wir über das Wegfallen der Todesangst nach einem Nahtodeserlebnis gesprochen hatten: „Wenn man vor Sterben und Tod keine Angst mehr zu haben braucht, dann weiß ich eigentlich nicht, wovor man denn sonst und überhaupt noch Ängste entwickeln kann." Für ihn war während des Unterrichtes der gesamte Themenbereich zunächst nur absonderlich gewesen. Dann hatte er sich doch dafür interessiert und am Ende war er fast begeistert von all den für ihn völlig neuen Gedanken. Er war nämlich in der sozialistischen DDR aufgewachsen, wo derlei Ideen, da sie dem Dialektischen Materialismus widersprechen, ohnehin nur als unsinnig und unwissenschaftlich angesehen wurden und deswegen schon gar nicht in öffentlichen Schulen gelehrt oder auch nur diskutiert werden durften.

Ein junger Mann, der mir einmal sein Nahtodeserlebnis schilderte, wurde von mir danach ganz direkt gefragt, wie er denn nun zum Thema Sterben und Tod stünde. Seine mich doch etwas verblüffende Antwort lautete, er brauche dazu gar keine Einstellung mehr zu haben, denn es gäbe nur das Leben, das allerdings in sehr vielgestaltiger Art und Weise, auch in der Form des Verlassens dieser Erde. Ich hatte während seines Berichtes durch das Bemühen um eine äußerst differenzierte Wortwahl, derer er sich bediente, und auch durch seine Körpersprache schon gespürt, dass er bei alledem, was er erlebt hatte, eine ganz besondere Sensibilität für „andere Realitäten" entwickelt hatte.

2. Auch das Wissen hilft schon

Dass schon das Wissen um diese Berichte hilfreich sein kann, habe ich auch oft erlebt. Drei ganz unterschiedliche Schilderungen können das verdeutlichen.

Ich hatte einmal vor einer Gruppe von Patienten mit Tumorerkrankungen gesprochen. Nach der Veranstaltung kam eine ältere Dame zu mir, zeigte auf die Tür des Raumes, in dem alles stattgefunden hatte, und sagte, sie sei voller Angst gewesen, als sie durch diese Tür hereingekommen war. Sie fürchtete sich, wohl vor allem auch krankheitsbedingt, vor dem noch durchzustehenden Leben, dem Sterben und dem Tod. Und jetzt, nach dem Vortrag und der Diskussion, ginge sie zuversichtlich nach Hause. „Die Angst ist einfach weg", sagte sie mir. Mit zu diesem Umschwung wird auch beigetragen haben, dass ein Mitpatient es wagte, ein eigenes Nahtoderlebnis zu berichten und meine Ausführungen bestätigte.

Der zweite Fall ereignete sich in einer Schule in Hamburg. Ein etwa 10-jähriger Junge kam nach der Unterrichtseinheit zu mir und bedankte sich überschwänglich und zugleich auch weinend bei mir für das Gehörte. Er erzählte mir dann den Grund. Immer, so sagte er, wenn er nachts aufwache, müsse er an den Tod denken und dann „ganz doll" weinen, weil ihm inzwischen bewusst geworden sei, dass das Sterben unser aller Schicksal ist. Mit seinen Eltern oder sonst einem Menschen habe er darüber noch nicht in sinnvoller und hilfreicher Weise zu sprechen gewagt. Ich fragte ihn, ob er meine, ich könne ihm noch irgendwie weiterhelfen. Daraufhin entgegnete er fast strahlend, das sei nicht mehr nötig, denn er müsse jetzt, nachdem er so viel über den Übergang in eine andere Welt erfahren habe, nicht mehr so furchtbar traurig sein, wenn er aufwache.

Ganz dramatisch, obwohl nur in der Stille, ereignete sich die dritte Begebenheit. Noch heute wühlt sie mich innerlich auf, wenn ich daran denke, was mir nach einem Vortrag an einer Pädagogischen Hochschule Süddeutschlands mitgeteilt wurde und sich dann hinterher noch ereignete. Zu meinen Zuhörern gehörte ein etwa 25 Jahre alter Mann mit einer schweren, tödlich verlaufenden Beeinträchtigung der Muskulatur. An der Diskussion hatte er nicht teilnehmen können, da seine Atemluft zum lauten Sprechen nicht ausreichte. Er wurde ohnehin durch ein medizinisches Gerät mit Luft versorgt. Dass er überhaupt den Vortrag sich hatte anhören können, verdankte er seiner Schwester und einem mir bekannten Studenten, der seit seiner Zivildienstzeit mit ihm befreundet war. Diese beiden hatten ihn aus dem Heim, in dem er betreut wurde, abgeholt und mit seinem Rollstuhl in den Hörsaal begleitet. Am Schluss der Veranstaltung bot ich dem jungen Mann an, am nächsten Vormittag in sein Heim zu kommen, um noch eventuell vorhandene Fragen mit ihm zu erörtern. Er nahm das Angebot gerne an. Wie erstaunt war ich aber, als er mir bei dem vereinbarten Treffen, an dem auch der befreundete Student teilnahm, mitteilte, ihm seien am gestrigen Abend eigentlich seine wichtigsten Lebensfragen endlich beantwortet worden. Er erklärte mir daraufhin die Funktionsweise seines Rollstuhles, erzählte von den Zeiten, in denen es ihm besser gegangen sei und er noch hatte längere Reisen unternehmen können, und der Vormittag entwickelte sich zu einem mehrstündigen fröhlichen Geplauder. Etwa zwei Jahre später starb er. Nach seinem Tod fand man auf der Festplatte seines Computers viele von ihm verfasste Gedichte, von deren Existenz niemand etwas gewusst hatte. In ihnen schildert er oft seine große innere Not, seine Liebe zu den Menschen und den verzweifelten Gedanken an eine doch noch stattfindende mögliche Genesung. Nach dem Vortrag, den er in der Pädagogischen Hochschule gehört hatte, formulierte er nur noch zwei Gedichte. Die Eingangsstrophen seines wohl letzten Textes möchte ich hier zitieren. Den Tod bezeichnet er darin als „Dunklen Engel". Am Beginn schildert er noch einmal seine innere Verfassung. Und dann erzählt dieses kleine sprachliche Kunstwerk von einer bedeutenden, hoffnungsvollen Wende in seinem Leben.

„ Dunkler Engel
Niemand sieht diesen Schmerz in mir,
ein Schmerz, der nicht verschwindet.
Tiefe Wunden in meiner Seele, die nicht heilen,
lassen mich innerlich schreien vor lauter Qual.
Oh, mein dunkler Engel, wirst du kommen?
Wirst du kommen, um mich zu retten?
Wirst du den Schmerz zerschmettern
Und mich von hier weg bringen?

Dunkler Engel, halt mich fest und flieg mit mir davon.
Heile meine Seele und küsse meine Tränen weg.
Gib mir Halt, gib mir Stärke und gib mir Liebe,
damit ich nicht falle und meine Hoffnung nicht verliere."...

Mir wurde dann nach seinem Tod von dem Freunde mitgeteilt, die Gedanken über die Nahtoderlebnisse hätten ihm wohl seine letzten beiden Lebensjahre annehmbarer gemacht. Sein schweres, fast unerträgliches Leben war von einem Hoffnungsstrahl berührt worden.

3. Leere verschwindet

Aber noch auf ganz andere Weise ändern sich die Menschen unter dem Eindruck von Nahtoderlebnissen und erfahren ihr Leben neu. Sie haben - vielleicht zum ersten Mal - einen Sinn in all dem erkannt, was ihnen Freude und Beschwernis auf dieser Erde macht. Das heißt nun nicht, dass einem alles in angenehm goldenem Licht erscheint. Sie ahnen aber jetzt oder wissen es gar, wozu sie überhaupt hier sind. Jedes Leben hat seinen Sinn. Um diesen aber zu finden, muss man ihn suchen.

Eine bei vielen Menschen häufig zu beobachtende innere Leere, das, was der Wiener Psychologe und Begründer der Logotherapie, Viktor E. Frankl (1905 -1997), das „existentielle Vakuum"[30] genannt hat, ist nach einem Nahtodeserlebnis nicht mehr vorhanden. Gerade in unserer „Wohlstandsgesellschaft" findet sich ein solches Vakuum häufig. Die immer wieder vorgebrachten Klagen über Langeweile gerade bei jungen Menschen, aber auch im Alter und in bestimmten Lebenskrisen sind dafür ein Zeichen. Die Erinnerung an die Begegnung mit dem Licht und auch die Erkenntnisse aus dem „Lebensfilm" sorgen dafür, dass man jetzt genau weiß, was im eigenen, ja, eigentlich in jedem Leben zu tun sei, nämlich - wir hörten es oben schon - die Verwirklichung von Liebe und das Erlangen von Wissen oder Lebensweisheit. Und man hat jetzt verstanden, dass am Ende des Erdendaseins eine unendliche Liebe auf uns wartet. Das eröffnet vielen Menschen ganz neue Lebensperspektiven. Das existentielle Vakuum verschwindet. Man entwickelt ein großes soziales Engagement. Ehrenamtliche Tätigkeiten werden angenommen. Möglicherweise wird der Beruf gewechselt, um eine sinnvollere Arbeit ausüben zu können, als es bisher der Fall war.

Auf eine für viele Menschen bisher unbekannte Weise wächst durch eine Nahtodeserfahrung die Akzeptanz des eigenen Lebens. Man wird authentisch, sicher anderen und sich selbst gegenüber. Minderwertigkeitsgefühle vergehen. Das Licht hat einen genau so angenommen, wie man ist. Warum sollte das nicht auch jetzt der Person möglich sein, die bisher mit sich uneins gewesen ist?[31]

Man erkennt jetzt auch die Anteile der eigenen Verantwortlichkeit für das Leben, engagiert sich dementsprechend und schiebt nicht mehr der Gesellschaft, der Schule, dem Elternhaus, dem Partner oder der Partnerin, vielleicht sogar dem Herrgott jegliche Verantwortung für eigenes Missgeschick im Leben „in die Schuhe", wie es ja bekanntlich schon in der „Sündenfall-Erzählung" der Bibel Adam macht, als er Gott vorwirft, die Frau, die er ihm gegeben habe, hätte ihn schließlich verführt.

Gewalt kann nicht einmal mehr in Bildern ertragen werden. Setzte man sich früher zum gemütlichen Fernsehkrimi zusammen, so ist das nach einem so einschneidenden Erlebnis dem Nahtod-Erfahrenen nicht mehr möglich. Auch das Werbefernsehen kann oft nicht mehr angesehen werden. Man spürt in all dem geradezu hautnah das Unechte und leidet häufig darunter. Dies und auch die anderen Wesensveränderungen führen z.B. innerhalb von Familien zu oft großen Problemen, bei deren Bewältigung Seelsorge und/oder psychotherapeutische Maßnahmen dringend nötig sein können.[32]

Ehescheidungen oder Auflösungen von Partnerschaften sind nach Nahtodeserlebnissen häufig beobachtet worden.

Kurz zusammengefasst: Das Leben und auch die Zeit werden als kostbare, aber nicht immer unproblematische Geschenke empfunden, für die man dankbar sein soll und mit denen man in rechter Weise sorgsam umzugehen hat. Man weiß weiterhin, dass unsere Existenz auf der Erde endlich ist, aber dieses Wissen lähmt nicht mehr, sondern führt mehr oder weniger schnell zu einer dem Leben zugewandten Gelassenheit, zu Selbstakzeptanz und einer sinnvollen Art, seine verbleibenden Tage zu gestalten.

4. Stellung zum Religiösen

Auch die Stellung zur Religion ändert sich häufig nach dem Erleben einer Nahtodeserfahrung. In den letzten 150 Jahren haben es religiöse Gedanken oftmals schwer gehabt, ernst genommen zu werden. Vieles aus diesem Bereich war (zu Recht?) kaum noch vermittelbar. Fasziniert blickte der Mensch auf die Naturwissenschaften und vor allem auf die geradezu als Wahrheitsbeweis für deren Gedanken angesehenen technischen und auch medizinischen Errungenschaften. Es entstand der berühmte, scheinbar unüberwindliche Graben zwischen Religion und Naturwissenschaft. An dieser Entwicklung ist auch die Theologie nicht schuldlos, hatte sie es sich doch weithin zur Angewohnheit gemacht, von Gott oft nur noch im Zusammenhang mit ungeklärten Wissenslücken zu sprechen. Und als eine Art „Sündenfall der Naturwissenschaften" mag es angesehen werden, wenn unter dem Hinweis auf die angeblich objektiven Arbeitsmethoden von Physik, Chemie und Biologie diese Herangehensweise an die Wirklichkeit als *einzig* mögliche angesehen wurde. Nun, dieser Kampf scheint sich im Bereich der Wissenschaften endgültig seinem Ende zu nähern[33)], im Bewusstsein vieler Menschen existiert der verhängnisvolle Graben aber weiter.

Nahtod-Erfahrene werden durch ihr Erfahrungswissen nun nicht zu den natürlichen Gegnern aller Naturwissenschaft. Diese Menschen haben allerdings erkannt, dass die Welt nicht dort aufhört, wo unsere Sinnesorgane mit ihren technischen „Verlängerungsarmen", unser Verstand und das Vorstellungsvermögen enden. Sie haben eine Weltsicht gewonnen, die in ihrer geistig-seelischen Weite alles uns bisher Bekannte überschreitet.

Neben einem großen Wissensdurst finden wir bei ihnen meistens ein tiefes spirituelles Interesse und eine damit verbundene innige Zuwendung zum Phänomen des Heiligen. Die zu rechter Religiosität gehörende Toleranz gegenüber anders Denkenden ist ein weiteres Zeichen dafür, dass im Bereich des Glaubens und der ethischen Gesinnung sich ein Wandel vollzogen hat. Auch ist es Nahtod-Erfahrenen kaum noch möglich, andere

Menschen wegen ihrer Unvollkommenheiten und Fehler zu verurteilen.

Was aus einer atheistischen Weltanschauung unter dem Eindruck der Erlebnisse in Todesnähe wird, ist im vorigen Kapitel schon dargestellt worden. Nahtod-Erfahrenen ist so gut wie immer klar: Gott existiert, wie auch immer man sich ihn vorstellen kann oder möchte.

5. Paranormales

Einige Veränderungen nach einem Nahtoderlebnis gehören in den Bereich der Parapsychologie hinein. Ein Pfarrer aus Süddeutschland berichtete mir brieflich nach einem Artikel von mir in der Zeitung „DAS SONNTAGSBLATT" (Ausgabe vom 28. März 1997), dass er seit seinem Erlebnis in der Lage sei, die Gedanken seiner Mitmenschen intuitiv, das heißt hier wohl auf telepathische oder hellsichtige Weise, zu erfassen, auch dann, wenn sie seinen seelsorgerlichen Rat brauchten. Er schrieb: „Überrascht hat mich auch seither meine vorher nicht gekannte Fähigkeit, die Psyche anderer zu erahnen, ihre Aura zu erspüren und ihre Absichten auf quasi irrationale Art leicht zu erkennen, was mir in meiner seelsorgerlichen Tätigkeit z.T. zur Hilfe kam, aber mir auch ehemalige Freunde vertrieb." In seiner eigenen Gemeinde hatte man einige Schwierigkeiten mit dem Anerkennen solcher ungewöhnlichen Möglichkeiten. Dass den Pfarrer selbst auch die ausgeklügeltsten Argumente, die man gegen ihn und seine „angeblichen" Fähigkeiten ins Feld meinte führen zu können, nicht im Geringsten trafen, das versteht sich eigentlich von selbst. Was ihm andere durch ihr vermeintliches Wissen entgegensetzten, prallte an seiner erlebten Gewissheit ab.

Ein präkognitives Wissen, d.h. ein Wissen um zukünftige Geschehnisse, kann sich einstellen. Hier ist aber eine genaue Überprüfung auf die Richtigkeit der Zukunftsschau durchaus notwendig, aber auch problematisch. Stellt sich nach Jahren das visionär geschaute Erlebnis der Nahtodeserfahrung tatsächlich ein, so ist es durchaus möglich, dass der Betroffene in bestimmten Situationen der Gegenwart das vom damaligen Erlebnis Erinnerte einfach in das jetzige Ereignis hineininterpretiert. Sicherlich gibt es aber auch Fälle, für die das alles nicht zutrifft.[34]

Krankheiten und Süchte können manchmal durch Nahtoderlebnisse geheilt oder wenigstens gebessert werden.[35] Evelyn Elsaesser-Valarino beschreibt einen solchen Fall von Spontanheilung nach einer Nahtoderfahrung in ihrer auch für Jugendliche gut lesbaren Erzählung „Engelchens Land"[36], in der sie

Erkenntnisse und Erfahrungen aus der Nahtodes-Forschung auswertet. Ein Junge, Stan mit Namen, erleidet im Zusammenhang mit einer missglückten Knochenmarktransplantation einen klinischen Tod. Er ist danach in der Lage, durch einen Bericht davon das Lebensende seiner Freundin, der nicht mehr geholfen werden kann, zu erleichtern. Er selbst ist nach dieser Erfahrung gesund.[37]

6. „Haben oder Sein"

Einen ganz bedeutenden Wandel erfährt durch ein Erlebnis in Todesnähe auch die Wertschätzung materieller Güter. Wir leben, wie es der Psychologe und Soziologe Erich Fromm (1900 - 1980) in seinem bedeutenden Buch „Haben oder Sein"[38] dargelegt hat, in einer „Haben-Gesellschaft". „Haben, so scheint es uns, ist etwas ganz Normales im Leben; um leben zu können, müssen wir Dinge haben, ja, wir müssen Dinge haben, um uns an ihnen zu erfreuen. In einer Gesellschaft, in der es das oberste Ziel ist, etwas zu haben und immer mehr zu haben, in der man davon spricht, ein Mann sei 'eine Million wert': wie kann es da eine Alternative zwischen Haben und Sein geben? Es scheint im Gegenteil so, als bestehe das eigentliche Wesen des Seins im Haben, so dass nichts ist, wer nichts hat."[39] Mit diesen wenigen Worten ist unsere Gesellschaft treffend charakterisiert.

Aber gerade diese Alternative zwischen Haben und Sein ist den Nahtod-Erfahrenen bewusst. Ihnen bedeutet das Haben nur noch dann etwas, wenn es zu dem gehört, was Fromm das „funktionale Haben" nennt, also den Besitz, der zum Funktionieren des Lebens nötig ist, damit es in menschenwürdigen Bahnen geführt werden kann.[40] Schon bei der Betrachtung von nur wenigen Aussagen der Menschen mit einer Nahtoderfahrung zum Thema des Habens wird es sofort deutlich, was gemeint ist. Nachfolgendes Beispiel mag das zeigen. Ein japanischer Manager berichtet in einem Gespräch mit K. Ring: „Obwohl dieses Ereignis nun schon sehr lange zurückliegt, hat es eine deutliche Zäsur in meinem Leben bedeutet. Ich habe ein neues Kapitel begonnen – ein Kapitel, das bis zum Ende meines Lebens dauern wird. Jener Moment und die darauf folgenden Minuten und Stunden haben mein Leben völlig verändert. Ich habe mich von einem Mann, der innerlich ohne festen Standpunkt war und nur einen Wunsch hatte: materiellen Wohlstand, in einen Menschen verwandelt, der eine tiefe Motivation besitzt (und) einen Sinn im Leben erkennt… . Mein Interesse an materiellen Gütern, meine Gier nach Besitz wurde abgelöst durch einen Hunger nach Erkenntnis und der leidenschaftlichen Sehnsucht nach einer besseren Welt."[41]

Große Besitztümer, Macht, Karriere, Geld, Statussymbole aller Art, kurz: Alles das, was in unserer „Haben-Gesellschaft" so viel zählt, was bewundert oder als notwendig angesehen wird, obwohl es nur Luxus ist, all das wird nach einem Erlebnis in Todesnähe in seiner Oberflächlichkeit und geringen Bedeutung für den Wert eines Menschen erkannt.

Ein anderer, wenig bekannter, aber trotzdem wichtiger Philosoph, Historiker, Musikwissenschaftler und Theologe, Wilhelm Kamlah (1905 -1976), weist auf das gleiche Problem wie E. Fromm hin. Nur ist seine Begrifflichkeit anders. Er unterscheidet in seinem Buch „Philosophische Anthropologie"[42] zwischen den Verhaltensweisen des „Begehrens" und des „Bedürfens". Auch in seinen Gedanken tritt - wie bei Fromm - eine herbe Kritik unserer Gesellschaft gegenüber zu Tage. Der Mensch besteht eigensinnig auf seinen Begehrungen und erklärt diese dann sogar noch zu Bedürfnissen, um sie guten Gewissens zufrieden stellen zu können.[43] Das alles sind Zeichen einer Gesellschaft, die falschen Idealen oder Zielsetzungen hinterherläuft. Und in Kamlahs Begrifflichkeit würde ein Nahtod-Erfahrener sich nur noch um die wirklichen „Bedürfnisse" kümmern.

Weder E. Fromm noch W. Kamlah haben sich speziell zu den Erfahrungen in Todesnähe geäußert. Die systematische Erforschung dieser Phänomene hatte zur Zeit des Verfassens und Erscheinens ihrer beiden eben genannten Werke gerade erst begonnen. Das Problem der geringen Wertschätzung überflüssiger materieller Güter wird aber von ihnen genauso gesehen wie von Nahtod-Erfahrenen. Dies zeigt uns, dass man auch hier durchaus auf anderem als dem mystischen Erlebnisweg zu solchen Erkenntnissen kommen kann.

Fromms Ziel ist es, „die seelischen Grundlagen einer neuen Gesellschaft" (so der Untertitel seines Buches) darzustellen. Und wenn wir uns jetzt dem zuwenden, was er den „neuen Menschen" nennt, so erkennen wir hier über weite Strecken das Persönlichkeitsprofil eines Nahtod-Erfahrenen. Ich nenne nur einige Punkte:

„- Freude aus dem Geben und Teilen, nicht aus dem Horten und der Ausbeutung anderer zu schöpfen

- Liebe und Ehrfurcht vor dem Leben in allen seinen Manifestationen zu empfinden ...

- bestrebt sein, Gier... (und) Hass ... so weit wie es einem möglich ist, zu reduzieren

- bestrebt zu sein, die eigene Liebesfähigkeit ... zu entwickeln

- sich bewusst zu sein, dass die volle Entfaltung der eigenen Persönlichkeit und der des Mitmenschen das höchste Ziel des menschlichen Lebens ist ...

- sich eins zu fühlen mit allem Lebendigen und daher das Ziel aufzugeben, die Natur zu erobern, zu unterwerfen, sie auszubeuten, zu vergewaltigen und zu zerstören und stattdessen zu versuchen, sie zu verstehen und mit ihr zu kooperieren ..."[44]

Nahtoderfahrungen ändern den Menschen von Grund auf. Und diese Veränderungen bleiben ein Leben lang bestehen. Sie machen neben vielem anderen aus einem Menschen des Habens einen Seins-Menschen. Dieser kann der Gesellschaft hilfreich sein, uns aus der leeren Betriebsamkeit, den unsinnigen Freizeitvergnügungen, die nur einer billigen Zerstreuung dienen, einem geradezu suchtartigen Konsumverhalten und anderen negativen Begleiterscheinungen des Habens zu befreien, wenn es denn zum Lebensprinzip geworden ist. Unsere Gesellschaft braucht diese Persönlichkeiten dringend und zwar auch aus ökologischen Gründen. Was aber geschieht nur allzu oft mit ihnen, wenn sie von ihren Erlebnissen reden und entsprechend ihren neuen Erkenntnissen handeln wollen? Man hält sie für leicht verrückt, Ärzte wollen sie in die Psychiatrie schicken, auch Pädagogen stehen hilflos vor solchen Berichten und wissen oft nichts mit ihnen anzufangen, Familienmitglieder und Freunde ebenfalls nicht. Im günstigsten Fall werden diese nahtoderfahrenen Personen in die Esoterik-Ecke gedrängt. Man redet schmunzelnd oder den Kopf schüttelnd über sie, aber nicht ernsthaft mit ihnen.

7. Weitere Aspekte

Ein junger Erwachsener war nach einer mehrstündigen Unterrichtseinheit in seiner Berufsschule geradezu betroffen über das Nahtodes-Phänomen. Seine Mutter hätte so etwas nämlich während einer Operation erlebt, ihm davon zu Hause berichtet und er hätte sie nur ausgelacht. Seitdem stand etwas zwischen Mutter und Sohn. Sie waren sich fremd geworden. „Heute werden wir zusammen eine lange Teestunde haben, ich werde ihr viel erzählen und sie dann um Verzeihung bitten." So schloss er seinen erstaunlich freimütigen und mutigen Bericht vor der Klasse. Keiner hat übrigens während seiner Worte über ihn gelacht.

Es ist geradezu auffallend, wie oft mir während oder nach Veranstaltungen, die ich durchführte, mitgeteilt wird, wie wenig Interesse selbst manche Seelsorger diesem Phänomen entgegenbringen. Ein Pastor aus Hamburg sagte mir geradewegs ins Gesicht, um „solche Kleinigkeiten" könne er sich nicht kümmern. Er hätte Wichtigeres zu tun, müsse Haushaltsfragen für die Gemeinde regeln, Streit zwischen den Mitarbeitern schlichten und sich um andere Dinge bemühen. In diesem Moment spürte ich das dringende Verlangen in mir, einfach aufzustehen und den Raum zu verlassen. Ich blieb dann allerdings doch dort sitzen wegen einiger sehr interessierter und auch engagierter Zuhörerinnen und Zuhörer; denn ich wollte nicht, dass sie unter dem unhöflichen Verhalten ihres Pastors leiden sollten.

Von den oft recht unterschiedlichen Herangehensweisen an die Nahtodeserfahrungen und damit auch an die Frage, ob es eine Seele geben kann, soll das nächste Kapitel genauer handeln.

4. Kapitel: Die Sache mit der Seele

Seit der Mensch denken kann, treiben ihn Fragen um, die seine biologische und soziale Existenz ebenso berühren wie sein innerstes Sein, „existentielle Fragen" also: Wie habe ich das Leben zu gestalten? Was soll ich überhaupt tun? Walten in der Welt, im Leben und damit auch in mir noch andere Kräfte und Mächte als die der erkennbaren Natur? Bin ich von ihnen abhängig oder welch ein anderer Bezug besteht zwischen ihnen und mir? Wie bringe ich in das mich umgebende Geschehen eine sinnvolle Ordnung hinein, mit der ich leben kann?

In tiefer Vergangenheit ersann der Mensch Mythen mit oft schon einfachen religiösen Glaubensansichten, um zufriedenstellende Antworten auf diese Fragen zu finden. Aus diesen bildreichen erzählenden Quellen speisten und bildeten sich dann durch ständig sich wandelndes Nachdenken und immer neue Lebenserfahrungen die späteren „Hochreligionen", Philosophien und schließlich auch die empirischem Denken verpflichteten Wissenschaften. Auch der Seele wurde bei alledem eine mehr oder weniger große Bedeutsamkeit eingeräumt oder zugesprochen.

Ist es sinnvoll, von einem Schöpfergott zu sprechen? Wie kann man ihn sich denken oder gar vorstellen? Wie werde ich auch gefühlsmäßig mit einem solchen Gott umgehen oder er mit mir? Hat er allem Lebenden auch eine Seele gegeben, wie es in alten Mythen oft heißt? Welche Bedeutung hat er für mich, mein persönliches Leben, meine Überlegungen, meine Freuden und meine Leiden? Das alles sind Zentralfragen vieler Religionen. Und Gottfried Wilhelm Leibniz (1646 - 1716) fragte darüber hinaus, warum überhaupt etwas sei und nicht nichts. Hier berühren sich Theologie und Philosophie.

Wie haben wir uns das Entstehen, die Entwicklung und ein mögliches Ende des Universums zu denken? Ist dieses Weltall, von dem die Erde mit uns Menschen nur ein winziger Teil ist, nur ein Zufallsprodukt, kalt, seelen- und letztlich dann auch sinnlos? Und am Ende ist nur der Tod und sonst nichts? Oder ist das All wirklich von der ersten Sekunde an geistreich gewesen, wie es einmal der Wissenschaftsjournalist und ehemalige Professor für Psychiatrie und Neurologie Hoimar v. Ditfurth (1921 - 1989) formulierte? Und sind wir wirklich nicht nur „von dieser Welt"?[45] Hier Ergebnisse herauszufinden ist ein wichtiges Anliegen auch der Naturwissenschaft, möglicherweise in einem interdisziplinären Dialog gemeinsam mit anderen ganz unterschiedlichen Wissenschaften. Einstein ahnte oder wusste von solch einer fachübergreifenden Aufgabe. In einem solchen Rahmen ist hier seine aus anderem Kontext entnommene Bemerkung zu verstehen[46]: „Im unbegreiflichen Weltall offenbart sich eine grenzenlos überlegene Vernunft." Hat diese Vernunft uns auch mit einer Seele beschenkt, die möglicherweise einmal unsere jetzt gesetzten Grenzen überschreiten wird? Dann würde sie einen Blick hinter den Horizont erleben!

Und dann ist da noch die vielleicht persönlichste aller Fragen: Was geschieht mit mir nach meinem Tod? Diese Frage macht viele ratlos, sie kann auch Angst erzeugen. Eine Ausnahme hiervon bilden die Menschen, die eine Nahtoderfahrung durchlebt haben. Lässt es sich nun nicht nur durch persönliches Erleben begründen, sondern auch intellektuell verantworten, auf ein Leben der Seele in einem Jenseits zu hoffen?

Wir sehen: Zusammen mit all diesen Fragen, Gedanken und Antwortversuchen taucht beständig auch die Idee einer „Seele" auf, einer „geistige(n) Einheit, die Anteil an einer metaphysischen Dimension hat."[47] Auch Nahtod-Erfahrene sprechen immer wieder von einer solchen Seele. Sie ist die Ursache ihrer hoffnungsvollen Zuversicht. Aber was kann man unter diesem äußerst schwer zu fassenden, kaum zu definierenden und doch immerfort verwendeten Begriff eigentlich verstehen? Viele Antworten sind hier möglich und auch schon als begründete Vermutungen gegeben worden. Von ihnen hängt es dann ab, wie man sich zu den Berichten über das Geschehen in Todesnähe stellt und über sie denkt.

Ich möchte nun versuchen, auf möglichst verständliche Weise darzulegen, wie unterschiedliche Fachbereiche hier Auskünfte geben. Von dieser vermuteten Seele und den dazugehörigen Erfahrungen, mannigfachen Ideen, Hypothesen und Problemen soll also jetzt in einfacher, vielleicht auch vereinfachender Weise die Rede sein. Selbstverständlich kann es sich bei all dem nur um eine kleine, aber doch wohl wichtige Auswahl handeln. Wir leben noch im Jahrhundert der Naturwissenschaft, wie es Carl Friedrich von Weizsäcker (1912 - 2007) einmal formulierte. Dabei hatte er das 20. Jahrhundert im Blick. Zeitlich haben wir es seit einigen Jahren hinter uns gelassen, aber geistig eben noch nicht in dem vielleicht einmal notwendigen Maße. Viele Antworten auf Fragen der Existenz sind heute durchaus noch hier verwurzelt. Was sagen eigentlich Vertreter von Wissenschaften und auch anderen Denkweisen zu dem, was uns im Sterben widerfährt und wovon uns die Nahtod-Erfahrenen etwas mitteilen können?

1. Einige Gedanken zum Themenbereich „Seele" aus naturwissenschaftlicher Sicht

„Physikalisches aus dem 20. Jahrhundert"

Man könnte denken, von den Naturwissenschaften ließe sich hier gar nichts oder nur ganz wenig sagen. Es stellen sich nämlich gleich Probleme grundsätzlicher Art ein.

1. Grundlage aller naturwissenschaftlichen Forschung ist das Experiment, das eine zuvor aufgestellte These oder Hypothese entweder bestätigt, mindestens aber plausibel macht oder als falsch verwirft.
2. Naturwissenschaft will Ergebnisse, die unabhängig von persönlichen Erfahrungen sind.
3. Es ist auch noch zu bedenken, dass es prinzipiell zwei ganz unterschiedliche Arten von Wissenschaftlern gibt. „Die ersten respektieren vor allem das vorhandene Erklärungssystem. Das ist oft das, womit sie aufgewachsen sind. Ihre Mission besteht darin zu integrieren. Sie müssen unbedingt alle neuen Daten, die auf diesem oder jenem Wahrnehmungsfeld auftauchen könnten, in diesem System unterbringen... Für sie ist die Integration vorrangig. Wenn die neuen Daten nicht passen, dann packt man sie in eine Schublade und spricht die magische Formel: Darum kümmern wir uns später.
Die andere Art von Wissenschaftlern respektiert zunächst einmal die Daten, die Tatsachen. Wenn die neue Tatsache sich gut integrieren lässt, verhalten sie sich genau so wie die Wissenschaftler der ersten Kategorie. Wenn sie jedoch nicht passt, dann gehen sie anders vor. Sie fangen an, die rebellische Tatsache ausgiebig zu beobachten. Danach versuchen sie herauszufinden, in welches andere System sie sich einfügen lassen könnte."[48]

Ausgangspunkt und Fundament der Erforschung der Nahtoderlebnisse sind nun nicht das Experiment, sondern es sind die Berichte derer, die eine solche Erfahrung gemacht haben, einerlei ob sie in konventionelle Denkschemata hineinpassen oder nicht. Daraus ergibt sich nun zwangsläufig, dass die Ergebnisse nicht unabhängig von persönlichen Erfahrungen sein können.

Und trotzdem: Gerade aus dem Bereich der „härtesten" aller Naturwissenschaften, nämlich der Physik, wird in letzter Zeit Erstaunliches zum Thema „Seele", „Geist" und „Bewusstsein" mitgeteilt.

Manch einer wird sich die Augen gerieben haben, als er Anfang Mai 2008 in führenden Tageszeitungen einen Artikel lesen konnte mit der Überschrift:

„Quantenphysik - Die Seele existiert auch nach dem Tod"

Und als weiterführender Untertext war dann zu erfahren: „Menschen mit Nahtoderfahrungen berichten von rätselhaften Phänomenen - häufig von einem Tunnel, an dessen Ende Licht erstrahlt. Auch seriöse Forscher behaupten: Die Seele gibt es wirklich, und das unsterbliche Bewusstsein ist genauso wie Raum, Zeit, Materie und Energie ein Grundelement der Welt."[49]

Der Artikel berichtet dann von der Begegnung eines renommierten Naturwissenschaftlers mit einer materiell nicht greifbaren Person in seinem gerade neu angemieteten Zimmer. Der Vermieterin erzählt er von dem Vorfall. Sie zeigt ihm daraufhin einige Bilder von Vormietern, und er erkennt sofort die Gestalt, die er gesehen hat. Es stellt sich heraus, dass es sich dabei um einen unglücklichen Menschen handelt, der vor kurzer Zeit Suizid beging. Erklärt wird dieses Phänomen der Erscheinung nun mit einem Begriff aus der sich oft der Vorstellbarkeit entziehenden Quantenphysik. Es ist bekannt und durch Experimente belegt, dass man im subatomaren Bereich (das ist das Wissenschaftsgebiet, das sich damit beschäftigt, was größenmäßig unterhalb dem der Atome anzusiedeln ist) z.B. von zwillingshaft auftretenden Lichtteilchen, so genannten Doppelphotonen, nur eines dieser Teilchen beeinflussen muss, um den gleichen Effekt bei dem anderen Teilchen zu erreichen, einerlei, wie weit diese beiden voneinander entfernt sind. Einstein sprach in diesem Zusammenhang übrigens von

„spukhafter Fernwirkung". Diese „Verschränkung", wie so etwas genannt wird, dieses Doppelphänomen, soll sich nun laut Aussagen führender Quantenphysiker „allgegenwärtig" ereignen können. Die eben geschilderte Erscheinung des Suizidenten wäre dann als „Doppel" der Seele des Verstorbenen zu denken, der sich jetzt gleichzeitig in anderen Bereichen aufhält. Oder deutet diese Erscheinung darauf hin, dass die Seele nach dem Tod des Körpers als eine Ganzheit zu betrachten ist, die nicht mehr an bestimmte Orte gebunden ist, vielleicht sich sogar überall und das dann auch noch gleichzeitig bemerkbar machen kann? Ich vermag solche Erklärungen nicht zu beurteilen, nehme aber mit Erstaunen zur Kenntnis, dass so etwas in den Kreis des Denkmöglichen gelangt ist.

Das Weltbild der „klassischen Physik", das seit Isaac Newton (1642 -1727) unumstrittene Gültigkeit besaß, brauchte solche „rebellische Tatsachen" nicht zur Kenntnis zu nehmen. Doch die Physik hat sich weiterentwickelt. Und so ist dieses alte Weltbild offenbar brüchig geworden, in seinem Geltungsbereich heute eingeschränkt, und man muss sich wohl daran gewöhnen, große Merkwürdigkeiten auch im Bereich der Physik ernst zu nehmen. Die oben genannten Grundsätze der Naturwissenschaft gelten offenbar nicht mehr starr für alle Beobachtungen im Bereiche dieses Faches. Und Wissenschaftler der „2. Kategorie" sollten nicht mehr befürchten müssen, dass man sie nicht anerkennt, wenn sie sich solch „rebellischen Tatsachen" hingeben. Zitiert wird in dem Artikel übrigens dann auch der als legendär bezeichnete amerikanische Physiker John A. Wheeler (1911 - 2008), der einmal sagte: „Viele Physiker hofften, dass die Welt in gewissem Sinne doch klassisch sei - jedenfalls frei von Kuriositäten wie großen Objekten an zwei Orten zugleich. Doch solche Hoffnungen wurden durch eine Serie neuer Experimente zunichte gemacht." Und dabei muss ich dann wieder an die „Erscheinung" des Toten und offenbar doch zugleich noch Lebenden denken, von der am Beginn des Artikels die Rede war.[50]

Im Bereich der Physik des 20. Jahrhunderts wird also - das als kleine Zwischenbilanz - das Vorhandensein einer Seele oder die Möglichkeit eines unsterblichen Bewusstseins für diskussionswürdig erachtet. Auf gar keinen Fall liefert diese Wissenschaft einen Beweis für deren Nicht-Existenz. Bei solcher Sachlage steht man dem Phänomen der Nahtoderlebnisse offen gegenüber.

Und deswegen möchte ich jetzt von zwei Büchern eines Physikers reden, der zudem noch aus dem praxisnahen Raum dieser Wissenschaft kommt und sich in besonderer Weise der Thematik der Nahtoderfahrungen angenommen hat. Sein Name ist Markolf H. Niemz, und er lehrt als Professor Medizintechnik und Physik an der Universität Heidelberg.[51] Ihn zeichnet in besonderer Weise noch aus, dass er in der Lage ist, selbst recht komplizierte Sachverhalte relativ einfach darzustellen. Vor allem aber nimmt man gern zur Kenntnis, dass er Themenbereiche wie „Seele" und damit verbunden auch die Erlebnisse an der Grenze des Lebens so nimmt, wie sie von denen gemeint sind, die sie erlebt haben. Kein vorschnelles „Ach, das ist ja nur..." kommt ihm über die Lippen oder in die Feder. Er besitzt auch neben einer guten Portion Humor eine wohltuende Bescheidenheit. Nicht zufällig zitiert er am Ende seines ersten Buches „Lucy mit c" den jüdischen Religions-philosophen Martin Buber (1878 - 1965) mit den Worten: „Wenn das Ich-Bewusstsein den physischen Tod überlebt, sind alle wissenschaftlichen Erkenntnisse nur etwas Vorletztes."[52] Und um das Überleben und dessen Erklärungen mit der Hilfe dieser „vorletzten Erkenntnisse" soll es jetzt gehen.

Niemz kennt sich mit den Nahtoderfahrungen genau aus und nimmt sie und auch die Personen, die so etwas erlebt haben, ganz ernst. Völlig frei von jeder Ideologie wagt er auf Grund der Berichte über die Grenzerfahrungen den Gedanken auszusprechen, Leib und Seele könnten sich durchaus trennen. Dieser Dualismus zwischen Körper und Seele ist besonders in den letzten 150 Jahren häufig als überwundenes „griechisches Denken" gebrandmarkt worden. So dachte man damals, heute nicht mehr. Und auch der französische Philosoph René Descartes (1596 - 1650) wird in diesem Zusammenhang oft als „inzwischen überholt" genannt. Er trennte ja bekanntlich die Materie (res extensa) von einer „denkenden Substanz" (res cogitans). Heute sind wir mit unseren Erkenntnissen weiter, so heißt es dann, und zu dem Ergebnis gelangt, Leib und Seele seien eine Einheit.

Nun ist dieser Gedanke ja nicht falsch. Leib und Seele bilden durchaus etwas Ganzes. Es fragt sich nur, ob diese Einheit prinzipiell unauflösbar ist oder ob es nicht Situationen gibt, in denen sich diese Verbundenheit wieder lockern oder gar ganz auseinandergehen kann. Die Seele wäre dann in der Lage, auch ohne den Körper als ihren Träger zu existieren. Und sie kann dann zusätzlich noch, wenn sie sich zu bewegen beginnt, eine enorme Forcierung ihrer Geschwindigkeit erlangen. Ausgangspunkt für diese Gedanken sind - wie schon gesagt - die von Niemz für seriös genommenen Berichte über Nahtoderlebnisse. Und so lautet dann auch seine „zentrale These", die es bei ihm weiter zu untersuchen gilt: „Mit dem körperlichen Tod wird unsere Seele (unser geistiges Ich, unser Bewusstsein) auf Lichtgeschwindigkeit beschleunigt und geht dabei in einen lichtähnlichen Zustand über."[53]

Ergebnisse der modernen Physik und Beobachtungen im Zusammenhang mit dem Sterben führten Niemz zu dem Gedanken, dass man hier Gemeinsamkeiten entdecken könne. Besonders interessierten ihn die Mosaiksteine „Tunnel" und „Licht". Alle Ansichten von Niemz darüber stehen - wie er wörtlich sagt - „im Einklang mit der modernen Physik bzw. stützen sich auf Patientenaussagen, die persönlich - teilweise sogar unter kontrollierten wissenschaftlichen Bedingungen - eine Nahtoderfahrung gemacht haben."[54]

Ist von Einsteins Spezieller Relativitätstheorie die Rede, denkt man - wenn überhaupt - daran, dass sich die Zeit z.B. in einem Raumschiff, das mit sehr hoher Geschwindigkeit fliegt, gegenüber einem sich außerhalb dieses Raumes befindlichen Beobachter um so mehr verlangsamt, je schneller dieses Raumschiff fliegt. Ferner weiß man vielleicht auch noch, dass die Masse bei sich steigernder Geschwindigkeit entsprechend zunimmt.

Für Niemz' Fragestellung nach dem Zusammenhang zwischen Erfahrungen in der Nähe des Todes und der modernen Physik sind aber zwei weitere Tatsachen wichtig, von denen eine ebenfalls der Speziellen Relativitätstheorie entnommen werden muss. Es geht um das Phänomen des Lichtes, das Sterbende sehen. Je schneller wir uns mit einem Raumschiff auf eine Lichtquelle zubewegen, umso mehr verändert sich ihr Erscheinungsbild. Das hängt zum einen mit dem „Doppler-Effekt" zusammen. Dieser Begriff beschreibt ein uns allen bekanntes Phänomen. Fährt z.B. ein Krankenwagen mit laufender Sirene auf uns zu und dann an uns vorbei, so ändert sich die Höhe des Tones: Er wird tiefer, wenn sich das Fahrzeug von uns wegbewegt. Die Schallwellen werden länger. Sie waren kürzer, als das Auto auf uns zufuhr. Der Ton war da also höher. Eine vergleichbare Veränderung gibt es auch für Lichtwellen. Die Frequenz auch dieser Wellen ist kürzer, d.h. das Licht erscheint anders, wenn wir uns auf die Lichtquelle zubewegen. Heller wird es dabei dadurch, dass wir uns der Lichtquelle nähern. Dazu kommt aber jetzt noch ein weiterer Effekt, der mit - ich sagte es schon - Einsteins Spezieller Relativitätstheorie zusammenhängt. Die Helligkeit eines Gegenstandes scheint dadurch zuzunehmen, dass wir uns mit hoher Geschwindigkeit direkt auf ihn hin bewegen und so die Lichtstrahlen dabei gewissermaßen gebündelt werden. Dieses Phänomen nennt man in der Physik den „Searchlight-Effekt". In der Sterbeforschung führt das alles zu dem, was man mit dem „Licht am Ende des Tunnels" bezeichnet. Am Ausgang dieses zunächst ja dunklen Tunnels wird ein zunehmend heller werdendes Licht wahrgenommen, das sich im Rahmen dieser physikalischen Betrachtungsweise erklären lässt.

Hat sich nämlich die Seele vom Körper getrennt und eilt mit hoher, bis zur Lichtgeschwindigkeit sich steigernder Schnellig- keit der anderen „Welt" zu, so erlebt sie nach Berichten von Nahtod-Erfahrenen genau das, was sie im Rahmen des Doppler- Effektes und Einsteins Spezieller Relativitätstheorie und dem hierin verankerten Searchlight-Effekt wahrnehmen muss. Hat die Seele volle Lichtgeschwindigkeit erreicht, und da sie nicht aus Materie besteht, ist ihr dieses möglich, hört die Zeit auf zu existieren. Im gleichen Moment erlebt diese Seele auch eine räumliche Distanzlosigkeit zu allem. Auch das ist ein Gedanke, der der Speziellen Relativitätstheorie entnommen worden ist. Die Seele im Zustand der Lichtgeschwindigkeit kann also gleichzeitig überall sein. Und auch das berichten häufig Menschen, die nach einem klinischen Tod wiederbelebt wurden.

Interessant ist in diesem Zusammenhang ebenfalls, dass sich das „Tunnelerlebnis" immer erst dann einstellt, wenn die Seele den Körper verlassen hat.

Über die religiöse Deutung des Lichtes durch die Erlebenden und vor allem auch über das sich anschließende Gespräch zu ethischen Fragen kann die Naturwissenschaft inhaltlich nichts sagen. Da sind wir auf die Deutungen derjenigen angewiesen, die das erlebt haben. Niemz merkt aber an, dass sich zur Beschreibung der eben dargestellten Phänomene durchaus auch Begriffe aus dem Bereich der Theologie eignen: Eine Seele, die keine Zeit mehr kennt, lebt in einem Zustand der „Ewigkeit". Dieses Wort bedeutet also nicht eine unendlich lange Zeit. So wird es oft missverstanden. Es umschreibt einen Zustand der „Zeitlosigkeit". Ist die Seele in der Lage, überall zu sein, spricht man in der Theologie von „Allgegenwart", oder man benutzt den aus der lateinischen Sprache gebildeten Fachbegriff „Omnipräsenz". Der einfachen Vorstellbarkeit entzieht sich das alles aber weitgehend, es sei denn, man ist fachkundiger Physiker.

Wir können zusammenfassend zur Kenntnis nehmen, dass sich Nahtoderlebnisse nicht der Betrachtungsweise der modernen Naturwissenschaft verschließen. Im Gegenteil! Die Physik des 20. Jahrhunderts öffnet uns eine völlig neue, bisher so nicht geahnte oder gar gekannte Tür zu dem, was wir die Seele nennen. Sie ist nicht nur denkmöglich, sondern fast denknotwendig geworden. Niemz erklärt dann auch in seinen Büchern nichts „weg", was sonst häufig von Autoren beabsichtigt ist. Er klärt im Rahmen moderner Erkenntnisse auf.

2. Gedanken aus dem Bereich der Medizin

Wir wenden uns jetzt einigen wichtigen Aspekten der medizinischen Betrachtungsweise und Deutung dieser Erfahrungen zu. Dabei möchte ich zunächst etwas weiter ausholen und darstellen, wie Mediziner im Bereich ihrer praktischen Arbeit diese Erlebnisse einschätzen, wenn sie ihnen denn berichtet werden. Danach schildere ich einige Erklärungsversuche zu ihrer Entstehung, wie sie sich aus der Sicht vieler Mediziner darstellen. Abschließend soll der Frage nachgegangen werden, inwieweit hier möglicherweise krankhafte Prozesse vorliegen könnten.

Nahtoderfahrungen im medizinischen Alltag

Um es gleich vorweg zu sagen: Eine allen Ärztinnen und Ärzten gemeinsame Beurteilung und Wertung dieses Phänomens gibt es bis heute nicht. Aber viel hat sich in den letzten Jahren getan. Immer mehr Mediziner halten die Gedanken- und Erfahrungswelt der Nahtodes-Forschung für möglich. Man nimmt - um es kurz zu formulieren - diese Sache zunehmend ernst. Patienten sind sehr dankbar, wenn sie von ärztlichen oder pflegenden Personen nicht wegen ihrer Berichte über das eigene Nahtoderlebnis abgewiesen werden. Vor allem E. Kübler-Ross ist hier wegen ihrer unerschöpflichen Geduld und Anteilnahme beim Hinhören auf das, was ihr vormals klinisch Tote oder schwer Erkrankte zu berichten hatten, zu nennen. Die Zahl derer, die es ihr heute gleichtun, wächst. Und das geschieht nicht nur im medizinischen Umfeld. Ich erlebe es sehr häufig, dass viele Menschen, die in der Vergangenheit reanimiert werden mussten, mir nach Veranstaltungen dankbar mitteilen, wie gut ihnen der Vortrag, das Seminar oder was sonst immer es gewesen sei, getan haben, vor allem, wenn sie in einer anschließenden Diskussion auch einmal von ihren eigenen Erlebnissen berichten konnten.

In anderen Fällen allerdings, so beklagen es Patienten, zeigen die sie behandelnden Mediziner ein völliges Desinteresse an solchen Berichten. Ein Nahtod-Erfahrener schreibt dazu: „Ich schilderte dem Arzt dies ... kurz, nannte ihm auch Einzelheiten des Schildes an dem Gerät, das ich in diesem Zustand gesehen hatte. Ich wollte nur eine kurze Erklärung, vielleicht: ‚Ja, wir kennen das, es ist so und so zu erklären.' Der Arzt reagierte aber nicht darauf. Später ließ er mir jedoch durch eine Schwester bestätigen, dass meine Beobachtung richtig gewesen sei. Die Schwester bestätigte mir wiederum, dass es unmöglich für den Patienten sei, dieses Schild zu sehen. Dabei blieb es. Eine Dokumentation in den Krankenakten ist nicht erfolgt."[55] Und das ist leider immer noch kein Einzelfall. Mir selbst erzählte einmal ein befreundeter Arzt, der diesen Erlebnissen sehr kritisch und skeptisch gegenübersteht, er selbst habe schon vielen Menschen Kriseninterventionen und Sterbebegleitung zuteil werden lassen und niemals sei ihm etwas Derartiges berichtet worden. Er sei auch nicht bereit, solche Erlebnisse als wichtige und auf eine neue Wirklichkeit hinweisende Grenzerfahrung zu akzeptieren. Meiner Entgegnung, dass gerade diese Haltung der Grund dafür sein könne, dass bisher niemand mit ihm das Erlebte hätte teilen mögen und das wohl auch in Zukunft niemals geschehen werde, konnte er nicht zustimmen. Nahtod-Erfahrene verfügen bisweilen über eine geradezu hellsichtige Gabe und ein eigentümliches Einfühlungsvermögen in ihre Mitmenschen, um im Vorwege herauszufinden, wie man ihrem Erleben wohl gegenübersteht, wenn sie es erzählen würden. Wissen oder ahnen sie dann nur, dass eine unsensible, der Sache ihrer Meinung nach nicht angemessene Kritik, vielleicht sogar Spott auf sie zukommen könnte, schweigen sie. Und wer wollte es ihnen verdenken? Ein solches Schweigen aber ist als wissenschaftliches Argument gegen die Grenzerfahrungen nicht verwertbar.

Man darf aber über Mediziner, die sich in keiner Weise dazu berufen fühlen, sich mit Nahtoderlebnissen auseinanderzusetzen, nicht voreilig oder gar leichtfertig den Stab brechen. Sie sehen eben ihre Aufgabe ausschließlich darin, Menschen von ihren Krankheiten zu befreien, ihre leidvollen Zustände zu lindern, wenn Heilung nicht mehr möglich ist, und ihnen am Ende des Lebens ein humanes Sterben zu ermöglichen. Und das ist sehr schätzenswert. Häufig findet sich dann bei diesen Medizinern allerdings der Gedanke, man stehe beim Tod eines

Patienten jetzt als Verlierer da. Und das ist nicht nötig, wenn man neben dem Körper das mögliche Vorhandensein einer Seele im Blick behält, die den Tod des Leibes ganz anders erlebt. Und die Berichte darüber lassen leidvolle Zustände und den Tod leichter ertragen. Wir erinnern uns: „Sterben ist doch ganz anders!"

Außerdem sollte zusätzlich noch Folgendes bedacht werden: Fragt man nach den Motiven solcher ärztlichen Verhaltensweise, so kann es durchaus möglich sein, dass der Gedanke an den Tod wegen seiner ständigen Gegenwart in der medizinischen Praxis einfach völlig verdrängt wird. Er muss mit allen zur Verfügung stehenden Mitteln verhindert werden. Er soll sich nicht ereignen. Er ist der Feind schlechthin. Er darf nicht sein.

Für äußerst problematisch halte ich es, wenn gegen die Erforschung der Nahtoderfahrungen eine geradezu irrational zu nennende Angst als Grund ins Feld geführt wird. Angst wovor? Der amerikanische Psychologe Ronald Siegel lehnt die gesamte Erforschung der Erlebnisse in Todesnähe ab, weil er fürchtet, Irrationales könne sich wieder in diese Welt einschleichen, und das wolle er auf jeden Fall verhindern.[56] Er argumentiert also mit Irrationalität gegen eine von ihm selbst erdachte andere Irrationalität. Ihm ist der Gedanke völlig fremd, dass die Untersuchung im Bereich der Todesnäheerfahrung Aufklärung ist. Und zum Gebrauch des eigenen Verstandes gehört auch Mut, wie Kant schon gesagt hat.

Da zeigte M. Sabom, der sich - wir lasen es oben schon - die Betrachtung der außerkörperlichen Erlebnisse trotz seiner anfänglichen großen Skepsis zur Aufgabe gemacht hatte, mehr geistige Offenheit. Aber auch er musste es erleben, dass man seine Forschungsergebnisse zunächst nicht veröffentlichen wollte. Er fand keinen Verlag, der dazu bereit war. Man warf ihm keine Methodenfehler oder dergleichen vor. Nein, sein Thema wurde als insgesamt unwissenschaftlich eingeschätzt. Untersuchungen jedweder Art auf diesem Gebiet entsprachen offenbar nicht den notwendigen Kriterien für Wissenschaftlichkeit, die zum Beginn dieses Kapitels genannt wurden. Oder war es auch hier die Angst vor dem Irrationalen, von der R. Siegel sprach?

Ob Nahtoderlebnisse im Zusammenhang mit dem Zustand des klinischen Todes häufig vorkommen, ist eine auch mir oft gestellte Frage. Eigentlich sollte man vermuten, das sei leicht zu beantworten. Aber hier gehen die Forschungsergebnisse weit auseinander. So schreibt der Mediziner Ulrich Fauth am Schluss eines Aufsatzes: Es „lässt sich feststellen, dass das Nahtoderlebnis ein im Gegensatz zu den Einschätzungen in frühen Zeiten der wissenschaftlichen Aufarbeitung eher seltenes … Erlebnis darstellt."[57] Hilft hier Statistik weiter?

Man hat selbstverständlich versucht, auf dem Gebiet der Nahtoderfahrung statistisches Material zu sammeln. Statistiken zu erstellen wird von manchen gleichgesetzt mit seriöser Wissenschaftlichkeit. Bei unserem Thema stellt sich aber ein großes Problem ein. Zunächst ist einmal festzuhalten, dass keine einzige Zahl etwas darüber auszusagen vermag, was wirklich in welcher Vielzahl geschehen ist. Man kann höchstens feststellen, ob und wie viele Betroffene bereit gewesen sind, dieses oder jenes im Zusammenhang mit ihrer Erfahrung den Mitmenschen preiszugeben. Mir berichtete einmal eine Kollegin mit einer vor vielen Jahren erlebten Nahtoderfahrung, dass sie niemals bereit gewesen ist und sein wird, davon etwas einem Mediziner mitzuteilen. Ärztinnen und Ärzte mögen mir die folgenden Zeilen verzeihen. Sie sind aber authentisch und sollten uns ein wenig mutiger machen, die begonnene neue Bewertung und das Umdenken auf diesem Gebiet weiter voranzutreiben. Diese Neuorientierung ist notwendig. Als ich die Kollegin nämlich nach dem Grund ihrer Weigerung fragte, erklärte sie mir: Durch die sich an eine mögliche Schilderung anschließende medizinische Pathologisierung oder Bagatellisierung, durch das Hineinziehen alles Erlebten in den Bereich des ausschließlich rational Fassbaren würde „das Heiligste, was ich erlebt habe, mit Schmutz beworfen." Man kann hier an eine Bemerkung des Psychologen C. G. Jung denken, der einmal gesagt hat: „Die Seele enthält so viele Rätsel"…und in diesen Bereichen sei dann oftmals „aufklärerisches Getue nicht nur lächerlich, sondern auch betrüblich geistlos."[58] Diese betrübliche Geistlosigkeit fürchtete die Kollegin offenbar und bezeichnete sie als „Schmutz".

Jegliches statistisches Zahlenmaterial ist, das zeigen diese Hinweise, zunächst einmal abhängig von der geistig-seelischen Gestimmtheit des Erlebenden und seiner Bereitschaft, überhaupt etwas zu erzählen.

Unterschiedliche Ergebnisse von diesbezüglichen Statistiken können auch dadurch erklärt werden, dass die Zahlen je nach der Sensibilität variieren, mit der ein Wissenschaftler vorgeht, der diese Daten zusammenträgt. So ist es zu verstehen, dass nach anonymen „Fragebogenaktionen" nur die verhältnismäßig kleine Prozentzahl von etwa 12 nach einer Wiederbelebung angibt, ein Nahtoderlebnis gehabt zu haben. Dem gegenüber steht die Erfahrung des ehemaligen Internisten am St. Vincenz - Krankenhaus in Limburg a. d. Lahn, Dr. Paul Becker. Er hat nur in den Fällen statistisches Datenmaterial gesammelt, in denen er die von ihm Befragten selbst reanimiert hatte. Und das Ergebnis: Bis zu 80% der von ihm Wiederbelebten berichteten von einer Nahtoderfahrung. Die Prozentzahl des niederländischen Kardiologen Pim van Lommel liegt bei 18%, die von R. Moody bei etwa 45%.

Ob es vor dem Hintergrund solcher Zahlen überhaupt sinnvoll erscheint, mit Statistiken, die z.T. sogar noch Dezimalstellen hinter dem Komma aufweisen, hilfreiche Klärung in dieses Gebiet hineinbringen zu können, ist sehr fraglich. Wichtig und sachdienlich ist m.E. vor allem, darauf zu achten, was berichtet wird und was diese Erlebnisse aus den Menschen gemacht haben. Beides wurde schon dargestellt und beides interessierte Wissenschaftler bisher oft überhaupt nicht. Sie wenden sich hauptsächlich der Frage zu, wie so ein Erlebnis im Rahmen ihrer heutigen Denkweisen zu erklären sei. Darf aber Wissenschaft sich nur auf diese Problemsicht beschränken? Die Hamburger Theologin Dorothee Sölle (1929 - 2003) hat einmal gesagt, Wissenschaft sei die Aneignung von Wissen auf eine der Sache angemessenen Weise.

Bleiben wir zunächst noch bei der medizinisch-naturwissen-schaftlichen Betrachtung. Es ist durchaus möglich, auch wenn man diesen Erlebnissen keinerlei persönliches Interesse entgegenbringt, sie als vorhandene Gegebenheiten hinzuneh-men und zuzugestehen, dass sie vorkommen. Das Phänomen existiert. Und es ist ebenso begreiflich, wenn man herausbe-kommen möchte, was denn da eigentlich abläuft. Dass Ärzte ihr Augenmerk nun zunächst auf körperliches Geschehen vor allem im Zusammenhang mit dem Gehirn hinwenden, ist einleuchtend. Hat nicht Geistig-Seelisches, jedenfalls wenn wir es beobachten können, auch immer irgendwie etwas mit diesem kompliziertesten aller Organe zu tun? Aber was?

Schon bei dieser Frage gehen die Meinungen der Gelehrten auseinander. Der streng materialistische Standpunkt besagt, dass alles Geistige ausschließlich als Produkt des Gehirnes zu verstehen sei. Schon der Niederländer Jakob Moleschott (1822 - 1891) vertrat die Ansicht, das Gehirn entlasse den Geist wie die Nieren den Urin. Eine Anekdote besagt, dass einer der anwesenden Zuhörer eines diesbezüglichen Vortrages daraufhin gesagt haben solle, wenn man Herrn Moleschott so reden höre, könne man direkt glauben, er habe Recht.

Das Gehirn wird im Tode zerstört. Damit käme dann auch alles Geistig-Seelische zum Erliegen. Nahtoderfahrungen wären dann nichts anderes als ein letztes Aufbäumen des Gehirns gegen das Ende des Lebens, mehr nicht. Eng verwandt mit diesem materialistischen Denken ist die These, Geist und Seele seien unbedeutende Nebenprodukte des Gehirns, ihre Erscheinungsformen also ohne jede tiefer gehende Bedeutung. Oder sind etwa die Seele und der Geist mit dem Gehirn sogar gleichzusetzen, identisch? So lautet eine weitere Vermutung. Das sind einige in der Wissenschaft diskutierte Ansichten zum Verhältnis von Gehirn, Seele und Bewusstsein. Stets gründen sich hier geistig-seelische Prozesse auf ein funktionierendes Hirn, also auf lebende Materie.

Welches körperliche Geschehen könnte nun die Nahtodeserfahrung auslösen, vielleicht sogar gestalten? Wäre ein
solcher dann natürlich auch im Stoffwechselgeschehen nach-
zuweisender Vorgang möglicherweise auch ein Hinweis auf die
Richtigkeit der materialistischen Hypothese vom Tode alles
Geistig-Seelischen, wenn das Gehirn gestorben ist?

Zwei Thesen möchte ich hier hauptsächlich nennen:

1. Nahtoderlebnisse sind die Folgen eines Sauerstoffmangels und Kohlendioxyd-Überschusses im Gehirn.

2. Nahtoderlebnisse sind die Folgen einer vermehrten
Ausschüttung morphin-ähnlicher Stoffe, von Stresshor-
monen oder Enkephalinen.

Halten sie einer kritischen Betrachtung stand? Durch Sauerstoffmangel sterben Hirnzellen ab, ein Alarmzustand stellt
sich ein, der die Nahtoderlebnisse hervorruft. So kann man
die 1. Hypothese sehr vereinfacht darstellen. Aber auch, wenn
sich durch Sauerstoffmangel in bestimmten Situationen eine
Aktivitätssteigerung durch Deutung von EEG-Kurven (das
sind Aufzeichnungen, die die elektrische Aktivität des Gehirns
erkennbar machen) vermuten oder auch nachweisen lässt[59],
darf die Skepsis gegenüber solchen Interpretationen nicht
vorschnell von der Hand gewiesen werden. Ulrich Eibach,
Professor für Systematische Theologie an der Universität
Bonn, fasst seine kritischen Anmerkungen folgendermaßen
zusammen: „Wie ein in seinen Funktionen schwerst gestörtes
oder völlig reduziertes Gehirn zutreffende sinnesphysiologisch
vermittelte Wahrnehmungen haben kann, die keinesfalls als
Rückerinnerungen an bereits Erlebtes gedeutet werden können,
ist schwer erklärlich."[60] Hinzu kommt noch das gänzlich
ungelöste Problem, wie denn ein so malträtiertes Gehirn,
das im geschilderten Falle von P. Reynolds sogar auf 15,5°
C. heruntergekühlt worden war, um Hirnaktivitäten auszu-
schließen, in der Lage sein soll, diese Sinneseindrücke in das
Langzeitgedächtnis hineinzubekommen und dann auch noch
so zu speichern, dass sie später völlig korrekt wiedergegeben
werden können, und das während des ganzen zukünftigen

Lebens. Vorsicht bei solchen neurologischen Ansichten und Auslegungsversuchen ist auch deswegen geboten, weil in den meisten Fällen einer Nahtoderfahrung zum Zeitpunkt des Geschehens gar keine Messungen vom Sauerstoffgehalt im Blut und Aufzeichnungen von Hirnstromkurven haben stattfinden können.

Außerdem ist nachweisbar, dass in manchen Fällen von Nahtoderfahrungen gar kein Zustand eines Sauerstoffmangels im Gehirn eingetreten war. Im Gegenteil! Im Blut, welches das Hirn durchströmte, lag ein normaler Sauerstoffgehalt oder gar ein Überschuss dieses Gases vor. So kann Sauerstoffmangel in einigen Fällen vielleicht als eine Art „Startschuss" für bisher weiter ungeklärte Erlebnisse angesehen werden. Für eine generelle Erklärung reichen die vorliegenden Daten samt deren Deutung allerdings bei weitem nicht aus.

Hat sich die Hypothese vom Sauerstoffmangel im Gehirn als Auslöser oder Verursacher der Nahtoderfahrung als unhaltbare „Legende der Skeptiker"[61] gezeigt, so steht es mit der weiteren Vermutung nicht besser, körpereigene Substanzen, die sich bei verschiedenen Traumata, d.h. Verletzungen, bilden können, seien mögliche Ursache dieser Erlebnisse.

Richtig und auch bekannt ist allerdings, dass der Körper solche Substanzen unter bestimmten Umständen sehr schnell bilden kann. Sie sind dann auch für viele körperliche und psychische Prozesse zuständig. Ein Langstreckenläufer gerät während des anstrengenden Laufes in einen Zustand der Euphorie, der lange anhält. Bei plötzlichen schweren Verletzungen werden Schmerzen wegen der körpereigenen Substanzen oft über Stunden nicht mehr wahrgenommen. Davon wissen z.B. viele Soldaten zu erzählen, die im Krieg verwundet wurden. Und als in der Ausgabe der renommierten medizinischen Fachzeitschrift „The Lancet" vom 19.1.1980 die Entdeckung des Beta-Endorphins und seiner Wirkungsweise bekannt gegeben wurde, verwendete man diese Nachricht sofort, um ganz im Sinne von R. Siegel zu verkünden[62]: „Dies würde bedeuten, dass der Vorgang des Sterbens nach Lage der Dinge eine nichtschmerzhafte und möglicherweise sogar angenehme

Erfahrung sein könne." Bei den so beschriebenen Nahtoderfahrungen liegt dann - so wird weiter argumentiert - ein Schutzmechanismus vor, der den Menschen davor bewahrt, im und am Tod zu leiden.

So einfach und einleuchtend das alles auf den ersten Blick auch klingen mag, es kann nicht richtig sein. Zu vieles spricht dagegen. Wenn körpereigene Opiate als Erklärung für die Schmerzfreiheit während des Nahtoderlebnisses herangezogen werden, so bleibt völlig ungeklärt, warum das oft schon nach wenigen Minuten stattfindende Erwachen aus der Todesnähe als recht schmerzhaft empfunden wird. Die vom Körper in Notsituationen selbst gebildeten Endorphine wirken nachweislich viele Stunden lang. Sie produzieren dabei allerdings keine Bilder. Auch die Euphorie während der Todesnähe ist nach dem Wiedereintritt in das Erdenleben sofort verschwunden. Die oben beschriebenen depressionsähnlichen Zustände beim Erwachen sind mit der Endorphin-Hypothese also nicht vereinbar. Ebenfalls spricht gegen die Richtigkeit dieser Vermutung, dass es auch negative Nahtoderlebnisse gibt. Diese beginnen mit unangenehmen Gefühlen wie Angst und Einsamkeit und werden nicht als schmerzfrei erlebt. In den meisten Fällen wandelt sich das Geschehen dann allerdings zu den uns bekannten Elementen des Nahtodes. In einigen wenigen Fällen bleibt aber alles bis zum Schluss negativ.[63)]

Vielleicht ist das wichtigste Argument gegen die Vorstellung von den körpereigenen Endorphinen und anderen Stoffen als Verursacher von Glücksgefühlen und Schmerzfreiheit aber in Folgendem zu sehen: Manche Mosaiksteine der Nahtoderfahrungen ereignen sich, ohne dass vorher überhaupt irgendwie eine körperliche oder seelische Traumatisierung, d.h. Verletzung, stattgefunden hat. Einfach so, ganz spontan, vielleicht beim Meditieren, während eines Spazierganges oder in anderen vollkommen stressfreien Situationen, in denen der Mensch gar keine Schutzmechanismen benötigt. (Trotzdem hat sich auch hier wegen der erlebten Phänomene der Begriff des „Nahtodes" eingebürgert.) Folgt unser Inneres, unser geistiges Leben eigenen, anderen, vielleicht noch unbekannten Gesetzen? Geht es andere Wege, als wir uns vorstellen?

Medikamente und Drogen als mögliche Ursachen?

Zwei weitere mutmaßliche physiologische Ursachen für Nahtoderfahrungen sollen hier kurz noch angesprochen werden. Zum einen ist vermutet worden, verabreichte Medikamente könnten die chemische Ursache all dieser Erlebnisse sein. Aber auch das ist unmöglich; denn viele Menschen mit dieser Erfahrung hatten gar keine Medikamente eingenommen oder bekommen, als sich z.B. der betreffende Unfall ereignete. Arzneimittel wurden erst später verabreicht, nach Eintreffen des Arztes oder im Krankenhaus, als der Zustand des klinischen Todes schon längst beendet worden war.

Zum andern taucht gerade im Unterricht von Jugendlichen immer wieder die Ansicht auf, hier seien wohl illegale Drogen mit im Spiel. Die geschilderten Erlebnisse erinnerten doch manchmal an etwas, was sie selbst im Drogenrausch meinten, erlebt zu haben. Diese Substanzen spielen aber im Zusammenhang mit unserer Thematik der Blicke hinter den Horizont nur dann eine Rolle, wenn sie in tödlicher Dosierung oder mit suizidaler Absicht genommen wurden. Befragt man ehemals Drogensüchtige, die zum Zeitpunkt ihres klinischen Todes allerdings „clean" waren, nach etwaigen Parallelen zum Drogenrausch, so wird jede Gemeinsamkeit zurückgewiesen.

Einige weitere chemische oder elektrische Ursachen[64] im Gehirn sind bei der medizinischen Theoriebildung über die Nahtoderfahrungen vermutet und in die Betrachtungen mit einbezogen worden. Ebenso hat man versucht, das Geschehen an einigen Orten im Gehirn zu lokalisieren.[65] Prof. Walter van Laack spricht sogar von „chaotisch überschießenden Wissenschaftsdogmen".[66] Ein Gegengewicht, vielleicht sogar ein völlig neuer Ansatz in der Forschung, findet sich in den Arbeiten des Neurobiologen und Hirnforschers Gerald Hüther. Er hat seine Erkenntnisse u.a. in einem Vortrag mit der vielsagenden Themenstellung: „Die vergebliche Suche der Hirnforscher nach dem Ort, an dem die Seele wohnt"[67], dargelegt. Hier fasst er seine bisherigen Erkenntnisse über vermutliche Irrtümer und Neuansätze in diesem Wissenschaftsgebiet zusammen. Was man oft als hirnorganische Ursache für Erlebnisse, Handlungen usw. angesehen hat, ist häufig die in bildgebenden Verfahren ablesbare Folge solcher Ereignisse.

Psychotische Zustände?

Beobachtungen aus dem Blickwinkel der Medizin dürfen auch der Frage nicht ausweichen, ob es sich bei den Nahtoderlebnissen um psychotische Zustände handelt. Gerade die Tatsache, dass sehr häufig von Bildern berichtet wird, die man gesehen hat, lässt zunächst vermuten, dass es sich hierbei um Halluzinationen irgendwelcher Art handelt. Wie steht es mit dem Realitätsgehalt der Erlebnisse klinisch Toter? Menschen in Todesnähe sehen und erleben laut eigenen Aussagen mehr als z.B. die Unfallzeugen oder die Ärzte, die die Wiederbelebung durchgeführt haben. Manche Wissenschaftler würden sich ohne große Schwierigkeiten folgenden Sätzen anschließen können: „Gemessen an unserem alltäglichen, objektiven Realitätsbewusstsein - und damit auch aus medizinisch wissenschaftlicher Sicht - handelt es sich bei den NTE um komplexe Halluzinationen ... einer vorderhand physisch nicht existenten, inneren Wirklichkeit."[68]

Abgesehen von der erkenntnistheoretischen Frage, ob es überhaupt so etwas wie ein „objektives Realitätsbewusstsein" gibt, werden Halluzinationen mit mehr oder weniger krankhaften Sinnestäuschungen in Verbindung gebracht. Die Wahrnehmungen im Zustand der Todesnähe ohne funktionsfähige Sinne beziehen sich aber sowohl auf nachprüfbare Fakten[69] als auch auf subjektive Erfahrungen, die dieser Welt nicht mehr zugeordnet werden können. Beides wird immer wieder gleichzeitig beobachtet. Die richtige Folgerung wäre dann nicht, dass es sich im 2. Fall um Halluzinationen handelt, sondern dass die Welt viel weiter reicht, als es unser „objektives" Erkennen vermuten lässt. Ob das alles „physisch" genannt werden kann, bleibt offen. Die Physik hatte uns oben auch schon durch ihr weites Denken das Staunen gelehrt.

Möglicherweise besteht das, was wir die „Welt" nennen, tatsächlich aus mehreren Schichten. Für Wahrnehmungen außerhalb der uns bekannten Sinne hat die plattdeutsche Sprache die Redewendung „schichtig kieken" geprägt. Wir haben jetzt nur zur sinnlich wahrnehmbaren Ebene einen Zugang. Nahtoderfahrene wissen mehr, und für sie ist das Geschaute und auch Gehörte nicht eine „bewiesene Wirklichkeit", sondern eine „erlebte Wahrheit", die unser Wirklichkeitsverständnis übersteigt. Das anzuerkennen ist für viele schwer. Und wenn es - dies sei einmal als Hypothese gedacht - gar nicht die uns bekannten Sinne des klinisch Toten sind, die hier etwas wahrnehmen, sondern eine - wie auch immer vorgestellte - Seele, können die Eindrücke während des Erlebnisses in der Nähe des Todes auch keine „Sinnestäuschung" sein.

Weitere Argumente dafür, dass der Begriff „Halluzination" sich nicht zur Beschreibung der Wahrnehmungen in Todesnähe eignet, bringt Michael Schröter-Kunhardt.[70] Einige möchte ich kurz nennen: Die Stimmung bei Halluzinationen ist eher gedrückt. Der Mensch leidet unter ihnen. Nahtoderlebnisse werden meistens euphorisch erlebt.

Weisen die Wahrnehmungen während eines Nahtoderlebnisses halluzinatorische Züge auf, so sollte man vermuten, Psychotiker würden solche „Täuschungen" häufiger produzieren als Gesunde. Das ist aber nicht der Fall.

Beobachtungen und Empfindungen in klinisch totem Zustand sind stets geordnete Ereignisse. Halluzinationen - ob durch Drogen oder Psychosen hervorgerufen - werden meistens als wirr erlebt. Mit großer Sicherheit kann man also sagen, dass sich nur bei oberflächlicher Betrachtungsweise die Erlebnisse in der Nähe des Todes als Halluzinationen klassifizieren lassen.

Handelt es sich bei diesen Erlebnissen um so genannte „Oneiroide"? Mit diesem Fremdwort bezeichnet man einen traumähnlichen Bewusstseinszustand in Extremsituationen. Diese Bilder haben für die sie erlebenden Personen unbedingten Wirklichkeitscharakter, und sie werden auch niemals vergessen. Auch hier sprechen die Tatsachen eher gegen als für diese Hypothese: Oneiroide sind nämlich oft sehr subjektiv durch die individuelle Biographie gefärbt, werden zumeist von unangenehmen Gefühlen begleitet und in ihnen sind die Themen so gut wie immer auf „Gefangensein", „Strafe" und „Tod" reduziert.[71] All dieses lässt sich mit den Nahtoderlebnissen nicht in Einklang bringen.

Es ist das Verdienst von M. Schröter-Kunhardt, die Grenzerfahrungen in Todesnähe „entpathologisiert" zu haben. Sie sind nichts Krankhaftes. Im Gegenteil! Man fühlt sich nach einem solchen Erlebnis oft besser, vor allem auch psychisch gesünder als vorher. Die mir mehrfach in Diskussionen mitgeteilten Pläne von Ärzten, nach Berichten über Nahtodeserfahrungen diese Patienten in die Psychiatrie einweisen zu wollen, zeigen nur das Unverständnis dieser Mediziner und gehen also völlig in die falsche Richtung. Auch die Versuche psychoanalytischer Begründungen und Erklärungen werden von Schröter-Kunhardt als unwahrscheinlich hingestellt.[72]

Ist die Annahme einer „Seele" sinnvoll?

Wie wir schon bei der Darstellung physikalischer Aspekte zum Thema der Seele sahen, ist erst in dem Moment, wo man den Bereich ausschließlich materialistischer Betrachtungsweisen verlässt,[73] Sinnvolles zu erkennen. So ist es auch hier; denn alle dargestellten Versuche, Geistig-Seelisches nur auf eine biologisch funktionierende Gehirnmaterie zurückzuführen, greifen offenkundig viel zu kurz. Es lassen sich höchstens einige „hypothetische Korrelate"[74], das sind vermutete Wechselwirkungen zwischen den Gehirnfunktionen und den Erlebnissen, ausmachen. Mehr nicht. Ein Professor für Neurologie, mit dem ich ein ausführliches Gespräch über die Grenzerfahrung vor dem endgültigen Tod führen konnte, erklärte mir: Das Phänomen dieser Erfahrungen existiert. Aus der Sicht einer lediglich naturwissenschaftlich denkenden Medizin seien hier Erklärungen, wenn überhaupt, dann höchstens nur in Ansätzen möglich. Umfassende Deutungen, die dem komplexen Sachverhalt insgesamt gerecht werden könnten, seien dabei nicht zu erwarten. Natürlich lässt sich auch diese Einschätzung nicht beweisen. Aber nach allem, was bisher an Fallbeispielen gebracht und dazugehörigen deutenden Gedanken gesagt werden konnte, ist diese Auffassung diejenige, die am ehesten einleuchtet.

Immer wieder ist - das wurde wiederholt gesagt - der Aspekt aufgetaucht, es gäbe möglicherweise eine Seele, die sich vom Körper trennen kann, einen Geist und ein Bewusstsein, die nicht prinzipiell vom Gehirn abhängig sind. Und diese Seele hat Entscheidendes mit den Nahtoderfahrungen zu tun. Das ist natürlich auch nur eine Vermutung. Aber sie ist interessant und nicht unsinnig. Dazu hat sie gewaltige Vorteile gegenüber anderen Denkmodellen. Mit ihr lassen sich wirklich alle Phänomene der Nahtoderlebnisse und noch einiges mehr verstehbar machen. Der Wert einer Hypothese ist oft daran zu erkennen, wie viele Phänomene sie in der Lage ist, plausibel zu erklären. Mit der Vermutung von der Eigenständigkeit der Seele ist alles vereinbar, was wir bisher von den Nahtoderfahrungen gehört haben. Und wir setzen bei diesen Gedanken nicht einfach etwas voraus, was dann erst später als „bewiesen" angesehen werden soll. Der Vorwurf eines Zirkelschlusses kann in diesem Fall nicht gemacht werden. Wir haben nämlich erst einmal nur die wirklich gemachten Erfahrungen vieler Menschen betrachtet, dann daraus eine vernünftige Hypothese gebildet, die dann weiter zu durchdenken und zu beleuchten gewesen ist und sein wird.

Was kann diese Vorstellung nun alles plausibel erscheinen lassen? Die Schwierigkeit, überhaupt etwas über diesen Zustand mitzuteilen, hat ihren Grund darin, dass wir Wörter nur für Tatbestände, Vorkommnisse und Vorstellungen unseres jetzigen Erdenlebens zur Verfügung haben. Hat sich nun die Seele, wenn auch in unseren Fallbeispielen immer nur für kurze Zeit, aus dieser Sphäre herausgelöst, erfährt und erlebt sie auch Unsagbares. Ebenso verhält es sich mit den auf dieser Erde nicht gekannten und niemals so erlebten Glücksgefühlen, die folglich sich auch nicht der Sache angemessen in Sprache ausdrücken lassen. Die Berichtenden flüchten dann in Formulierungen, die mit Superlativen reich gefüllt sind. Die Erscheinungsform der Außerkörperlichkeit und die in diesem Zustand gemachten realen Erfahrungen und Erkenntnisse lassen sich durch nichts besser begründen als dadurch, dass sich die Seele, das eigentliche Ich, der Geist oder wie sonst noch diese Seinsform genannt wird, wirklich vom Körper getrennt hat. Alle anderen Interpretationen dieses Zustandes sind bei weitem nicht so einsichtig. Mir hat auch bisher noch niemand recht erklären können, warum man den einfachen Satz: „Ich war außerhalb meines Körpers." für nicht akzeptabel hält. Die in diesem Stadium gemachten nachprüfbaren Aussagen haben sich ja auch als richtig herausgestellt. Die Begegnung mit bereits Verstorbenen lässt sich ebenfalls durch die Vermutung von der Trennung der Seele vom Körper verständlich machen. Man befindet sich bei den Nahtoderlebnissen in einer Zwischenwelt zwischen Leben und endgültigem biologischen Tod. Zu diesem Bereich haben offenkundig Seelen von Verstorbenen einen Zugang und können sich dort dann eindeutig zu erkennen geben, was in einer großen Zahl von Fällen dokumentiert werden konnte. Für das Tunnel- und Lichterlebnis ist nach M. Niemz die Trennung von Seele und Leib geradezu eine unabdingbare Voraussetzung. Ich möchte deswegen hier noch einmal seine oben schon genannte zentrale These wiederholen: „Mit dem körperlichen Tod wird unsere Seele (unser geistiges Ich, unser Bewusstsein) auf Lichtgeschwindigkeit beschleunigt…".[75] Und auch beim Erfahren des Lebensfilmes wird immer wieder betont, man sei zwar Akteur in diesem Geschehen, aber auch zugleich ein Zuschauer von außen. Das Wiedererwachen in der uns bekannten Wirklichkeit wird stets als ein Wiedereintritt der Seele in den Körper empfunden und verstanden. Und so ist es nicht sehr verwunderlich, dass die Hypothese über die Trennungsmöglichkeit von Leib und Seele von den Menschen, die ein solches Erlebnis gehabt haben, geteilt und mit den „Blicken hinter den Horizont" in Zusammenhang gebracht wird. „Ja, so war es! Genau das habe ich erlebt", sagen sie.

Im deutschen Sprachraum hat schon 1974 Eckart Wiesenhütter, Prof. für Neurologie und Psychiatrie, auf das Ungenügen der ausschließlich auf körperliche Vorgänge ausgerichteten Deutung von Nahtoderlebnissen hingewiesen. Er selbst hatte zweimal innerhalb dreier Tage eine solche Erfahrung machen können und das erste, weit verbreitete Büchlein in deutscher Sprache darüber verfasst. Es hat den von der Sache her sehr geglückten und auch schönen Titel „Blick nach drüben".[76] In seinem Buch „Grundfragen unserer Existenz" fordert er zur Deutung dieser Erlebnisse eine über das materialistische Denken hinausgehende „umfassende ‚anthropologische' Sicht" von diesen mystischen Ereignissen.[77] Und das kann doch nur heißen, dass man sich ohne Berührungsängste und Scheuklappen der Problematik auf möglichst vielen, auch geisteswissenschaftlichen und emotionalen Ebenen, nähern solle. Die wichtigste Quelle zur Interpretation bleiben dabei die Berichte derer, die so etwas erlebt haben.

Der Neurologe und Nobelpreisträger John Carew Eccles (1903 - 1997) hat schon vor einigen Jahrzehnten die Meinung vertreten, dass das Gehirn den Geist nicht - wie die Nieren den Urin - produziere, sondern der Geist sich des Gehirns bediene, um sich in der Welt der Materie bemerkbar machen zu können. Ein immer wieder gern gebrauchter Vergleich ist das Beispiel mit dem Radio, das die Musik nicht zustande bringe, sondern nur hörbar mache. So habe man sich nach Eccles auch das Verhältnis zwischen Gehirn und Geist zu denken. Wir lesen bei ihm folglich zum Thema Sterben: „Ich bin zu der Überzeugung gelangt, dass wir Geschöpfe sind, die irgendeine übernatürliche Bedeutung haben, die aber bis jetzt noch nicht genau bezeichnet ist. Wir können nicht mehr tun, als daran zu denken, dass wir alle vielleicht Teil irgendeines großartigen Planes sind. Jeder von uns darf zumindest die Überzeugung haben, dass er eine Rolle in irgendeinem gewaltigen, unvorstellbaren, übernatürlichen Drama spielt. Wir sollten alles daransetzen, um unsere Rolle nach bestem Können zu verwirklichen. Dann mögen wir mit Ernst und zugleich auch voller Freude auf die künftigen Enthüllungen alles dessen harren, was uns nach dem Tode bevorsteht."[78] Auch wenn das Wort „Seele" an dieser Stelle seiner Ausführungen nicht direkt ausgesprochen wird, sie ist stets als ein Gedanke anwesend. Hier zeigt sich ein Denken, das über herkömmliche Vorstellungen der Naturwissenschaft weit hinausgeht. Große Geister sind ihrer Zeit immer schon vorausgeeilt.

Sollten sich Max Plancks (1858 - 1947) durchaus sarkastisch wirkende Worte wieder einmal bewahrheiten? Er schreibt in seinem Werk „Wissenschaftliche Selbstbiographie": „Eine neue wissenschaftliche Wahrheit pflegt sich nicht in der Weise durchzusetzen, dass ihre Gegner überzeugt werden und sich als belehrt erklären, sondern vielmehr dadurch, dass die Gegner allmählich aussterben und dass die heranwachsende Generation von vornherein mit der neuen Wahrheit vertraut gemacht ist."[79)]

3. Gedanken aus dem Bereich der Philosophie

Menschen, die den Tod nur „von außen gesehen" kennen, erwarten Deutungen der Nahtoderlebnisse in erster Linie durch die Fachgebiete der Naturwissenschaften. Ich bin oft auf solche Erklärungsmöglichkeiten hin angesprochen worden. Deswegen habe ich meine Betrachtungen auch mit solchen Gedanken begonnen, obwohl von Anfang an klar gewesen ist, dass grundsätzliche Probleme es schwer machen, hier immer exakt am Ball der Forderungen naturwissenschaftlicher Forschungsmethoden bleiben zu können.

Der Theologe Jörg Zink zieht nun ein letztlich recht ernüchterndes Resümee über die Bemühungen der Naturwissenschaftler. Er schreibt: „...nach nun dreißig Jahren der Forschung darf als sicher gelten, dass wir weder medizinische noch pharmakologische noch psychologische Mittel haben, diese Erfahrungen zu erklären. Man darf heute davon ausgehen, dass diese Menschen eine Wirklichkeit wahrgenommen haben, die anders ist, weiter und größer als unsere." Haben nun, so fragt er anschließend, „Erfahrungen für uns die Kraft..., unsere ausgedachten Theorien zu ändern?"[80]

Mit ganz so leeren Händen, wie Zink meint, stehen Forscher mit ihren Versuchen, sich auf naturwissenschaftlichen Wegen den merkwürdigen Vorfällen zu nähern, m. E. nicht da. Das konnte durchaus gezeigt werden. Ich erinnere an die ungemein wichtigen, methodisch akzeptierten Arbeiten M. Saboms und deren Ergebnis, dass sich die außerkörperlichen Erfahrungen wirklich ereignet haben. Und das Wissen z.B. darüber, dass Nahtoderfahrungen nichts Krankhaftes sind, halte ich für eine ausgesprochen wichtige, medizinisch gut fundierte Erkenntnis. Dass im Bereich der Physik und der neuesten Hirnforschung sich völlig andere Denkansätze zu unserem Thema zeigen, ist ungemein spannend. Und was die Zukunft sonst noch für Wissenswertes auf all diesen Gebieten bringen kann, wird sich herausstellen. Hier ist Offenheit und auch eine geistige Weite nach allen Seiten hin notwendig.

Es ist aber auch deutlich geworden, dass nach heutigem Erkenntnisstand sich mit ausschließlich herkömmlichen Wegen der Naturwissenschaften immer nur Teilaspekte annäherungsweise erschließen lassen. Und mit der als „unwissenschaftlich" geltenden Vermutung einer vom Körper sich lösenden Seele hat man erheblich mehr Aussichten, Sinnvolles und den Erlebnissen Angemessenes in den Berichten von der Grenze des Lebens und vom Übergang in eine mögliche andere Wirklichkeit auszumachen. Über die Frage, ob so eine Eigenständigkeit der Seele denkbar ist oder nicht, wurde auch von Philosophen immer wieder nachgedacht. Es handelt sich auch hier um das alte „Leib-Seele-Problem".

Für den im Bereich der Philosophie nicht so bewanderten Menschen mag mancher der folgenden Gedanken und ebenso der eine oder andere Begriff zunächst etwas befremdlich klingen.

Bei den nun folgenden Betrachtungen möchte ich mich vor allem zwei Gedanken zuwenden: Gibt es im Bereich der Philosophie überhaupt ernst zu nehmende Überlegungen dazu, dass eine Seele vorhanden ist, die auch unabhängig vom Körper existieren und beim Sterben dann einen Übergang von der materiellen in eine „materielose" Wirklichkeit vollziehen kann, den irdischen Tod also überleben wird? Und wird diese Seele mit Attributen wie „unsterblich", „ewig" versehen?

Einiges aus der Philosophie der Antike

In Europa beginnt die Geschichte der Philosophie mit den Griechen in der Antike etwa um die Zeit zwischen 550 und 500 v. Chr. Interessante Ansichten über die Trennung von Seele und Körper finden sich schon in diesen Anfängen des Philosophierens. Der uns vor allem nur durch seinen Lehrsatz vom rechtwinkligen Dreieck, dem Hypotenusenquadrat als Summe der Kathetenquadrate bekannte Pythagoras (ca. 570 bis ca. 510 v.Chr.) lehrte schon damals unter dem Einfluss auch asiatischer Denkweisen: Im Tode trennt sich die Seele vom Körper, ja, sie kann dann sogar wiedergeboren werden.

Weitere Überlegungen zum Tod als einem Übergang der Seele in eine andere Welt finden sich ebenfalls bei manchen Denkern dieser „vorsokratisch" genannten Epoche der Philosophie, und man berief sich dabei auch auf die Erzählungen griechischer Mythologie. Das alles soll hier nicht weiter dargestellt werden. Ich möchte meine Ausführungen gleich mit zwei philosophischen „Schwergewichten" beginnen: Sokrates (469 - 399 v. Chr.) und Platon (428/27 – 348/47 v. Chr.). Was dachten sie über die Seele und ihre Beziehung zum Körper? Was war für sie folglich das Sterben und der Tod? Und rechneten sie mit einer Fortsetzung des individuellen Lebens in einem „Jenseits"?

Platon stellt seine Lehren meistens in Form von Dialogen dar, die er seinen Lehrer Sokrates mit Menschen aus Athen führen lässt. Diese einzelnen Schriften tragen dann den Namen der jeweiligen Gesprächspartner. Manchmal ist es nicht leicht zu unterscheiden, wo Platon die Ansichten des Sokrates und wo er seine eigenen Gedanken wiedergibt. Schon in seinem recht frühen Werk „Menon" zeigt er, dass die Seele eine dem Körper gegenüber eigenständige Daseinsform beanspruchen kann. Sie hat schon vor dem Eintritt in den Körper, den sie jetzt bewohnt, in dem sie jetzt gefangen ist, ein Leben in einer „geistigen Welt" geführt. Als Hinweis auf dieses Leben dient Platon die Erkenntnis, dass alles Lernen im Leben nur eine Wiedererinnerung sei. Der Lehrer wird mit einer Hebamme verglichen, der nur das ans Tageslicht befördern könne, was die Seele aus diesem früheren Leben schon weiß, weil sie es in dieser anderen Welt gesehen und verstanden hat. Hätte die Seele nicht irgendwie wenigstens eine Ahnung von dort in diese Welt mitgebracht, könne sie nicht einmal sinnvolle Fragen stellen und auch nicht beurteilen, ob die gegebenen möglichen Antworten stimmen. Zum Beleg für die Richtigkeit dieser Vermutungen veranlasst Sokrates einen völlig unbedarften Jungen, ein mathematisches Problem zu lösen (allerdings mit Hilfe geschickter Lehrerfragen!).

Im Dialog „Phaidon" geht es dann nur noch um die Themen „Seele", „Sterben", „Tod" und „Unsterblichkeit". Platon lässt in diesem Werk einen Schüler des Sokrates einem anderen Schüler den Tod dieses verehrten Lehrers und alle von ihm kurz vor seiner Hinrichtung geäußerten Gedanken zu diesen Lebensproblemen schildern. Wie wichtig Sokrates und Platon diese Überlegungen sind, zeigt schon die Ansicht, dass das gesamte Leben eigentlich eine Vorbereitung auf das Sterben sei, eine für die meisten Menschen von heute recht befremdliche Einstellung. Und dann folgen die vier „Beweise" für die Unsterblichkeit der Seele:

1. Werden und Vergehen bilden im Leben einen stetig sich wiederholenden Kreislauf. Sonst käme die Welt zu einer Art Stillstand. Und der ist nicht vorhanden. Also muss es etwas geben, das diesen Kreislauf sozusagen ständig mit lebendiger Bewegung erfüllt. Und das ist die Seele.

2. Die schon erwähnte Einsicht, dass alles Lernen nur eine Erinnerung an etwas darstellt, das schon vor der Geburt des Menschen erkannt worden ist, weist auf die Existenz der Seele hin.

3. Der sichtbare Körper unterliegt der Veränderlichkeit. Die Seele ist nicht sichtbar, also unveränderlich und damit ewig.

4. Die Seele führt dem Körper das Leben zu, ist also selbst nur und stets lebendig zu denken und vom Tod nicht berührbar. Dadurch ist es unmöglich, dass sie durch den Tod des Körpers vernichtet wird.

Dies ist eine äußerst verkürzte Darstellung der Beweisführung. Kann man hier überhaupt etwas im strengen Sinne beweisen? Oder handelt es sich bei all dem eher um Gedankengänge, die einer geistigen Vergewisserung gleichkommen? Wie es sich auch damit verhält, es wird deutlich, von wie existentieller Bedeutung, vielleicht sogar Notwendigkeit, Platon und auch Sokrates der Gedanke der Unsterblichkeit der Seele, ihrer Trennung vom Körper im Moment des Todes und ihres Aufstiegs in andere Welten gewesen ist. Für beide Denker ist der Tod nur ein Übergang in diese anderen Welten, eine Wanderung von hier dorthin. So stirbt Sokrates gelassen und mit Zuversicht. Und es ist sicherlich kein Zufall, dass gerade Platon es für bedeutsam hält, die Nahtoderfahrung eines Soldaten, „Er" genannt, im 10. Buch seines Werkes „Der Staat" darzustellen. Dieses Erlebnis ist den heutzutage berichteten „Schleusenerlebnissen" zwischen dem Hier und dem Dort sehr ähnlich. Die Geschichte des „Er" ist ein weiterer Hinweis für die Richtigkeit seiner in den früheren Werken genannten Gedanken zum Thema der unsterblichen Seele. Sokrates' und Platons Überlegungen sind Betrachtungsweisen, die dem Menschen Hoffnung geben. Ohne diese „Hoffnung auf Unsterblichkeit", so sagte schon der Philosoph Moses Mendelssohn (1729 - 1786) in seiner Schrift 'Phädon oder über die Unsterblichkeit der Seele' „ist der Mensch ... das elendeste Tier auf Erden, das zu seinem Unglück über seinen Zustand nachdenken, den Tod fürchten und verzweifeln muss."[81]

Hatte der Schüler Platons, Aristoteles (384 - 322 v. Chr.), zunächst gelehrt, die Seele sei unsterblich, dann aber das Gegenteil behauptet, so fand er schließlich einen Kompromiss: Er unterschied zwischen der Seele des Menschen, die mit dem Tode stirbt, und dem Geist, der als unsterblich gedacht wurde und beim Tode in das unendliche Meer des Weltgeistes eingehen werde. Unter diesen Voraussetzungen erübrigten sich weitere Gedanken über mögliche Nahtoderlebnisse oder ein individuelles Leben in einer jenseitigen Welt.

In der Antike gab es allerdings auch ganz andere Ansichten über das Sterben und den Tod. Das soll hier am Rande und auch nur plakativ kurz am Beispiel des Philosophen Epikur (341 - 271 v.Chr.) erwähnt werden. „Der Tod, das schlimmste aller Übel, geht uns nichts an." So schreibt er in einem Brief und fährt dann fort: „Denn solange wir existieren, ist der Tod nicht da. Wenn er aber da ist, existieren wir nicht mehr." Diese Ansicht wird auch heute gern vertreten. Das habe ich in manchen Diskussionen erfahren. Wenn wir aber den Tod niemals erleben werden, warum nennt Epikur ihn dann überhaupt „das schlimmste Übel"? Er brennt ihm doch wohl auf der Seele, wird aber - wie heute bei seinen Geistesverwandten - verdrängt. Nahtoderfahrungen haben in dieser Gedankenwelt keinen Platz. Die von diesem bis in die Neuzeit durchaus einflussreichen Denker vertretene Ethik, man solle vor allem das eigene Leben um jeden Preis genießen und sich sonst weiter um wenig kümmern, kann zu einem rigorosen Egoismus führen. Die Leidtragenden sind dann die Schwachen der Gesellschaft, zu denen Epikur übrigens nicht gehörte. Die Idee der „Pflicht" anderen oder gar der Gesellschaft und dem Staat gegenüber fehlt in seiner Ethik. Wie anders ist da das Lebenskonzept von Menschen, die zu einer von Epikur abweichenden Sicht des Todes durch ein Nahtoderlebnis gelangt sind, die Blicke hinter den Horizont haben werfen können: „Plötzlich war mir alles ganz klar; ich wusste genau, was ich zu tun hatte. So einfach war das. Und ich fühlte diesen Drang in mir - ich weiß nicht, woher er kam -, aber ich spürte, dass ich ... Menschen helfen musste."[82]

Einiges aus der Philosophie der Neuzeit

Wenden wir uns nun aber wieder unserer eigentlichen Frage-stellung zu: Was spricht für die Existenz einer Seele und ihren möglichen Ewigkeitscharakter? Hier möchte ich noch einige Beispiele bringen, damit nicht der Eindruck entsteht, dass im Bereich der Philosophie nur die Antike auf diesem Gebiet Hilfreiches und Hoffnungsvolles anzubieten gehabt hat. Nein, das gilt auch für Denker aus späteren Zeiten. Es ist selbstverständlich, dass hier eine mehr oder weniger willkürliche Auswahl getroffen werden muss, um das zu zeigen. Die Hypothese, dass der materielle Körper und die Seele nicht notwendig und dauerhaft aneinander gebunden sein müssen, soll also auch durch Gedanken aus der Philosophie der neueren Zeit (seit ca. 1700) erhärtet werden. Dabei kann es nicht darauf ankommen, ob die jeweiligen Denker ein Erlebnis in Todesnähe gehabt haben. So etwas war in früheren Zeiten ohnehin seltener, als es heute dank moderner Medizin ist. Direkte Reflexionen von ihrer Seite über ein eigenes Nahtoderlebnis werden wir also kaum ausmachen können. Einige Ausnahmen sind allerdings auch hier zu verzeichnen. So hatte der französische Gelehrte Blaise Pascal (1623 - 1662) am 23. 11. 1646 ein mit großer Sicherheit als Nahtoderfahrung anzusehendes Erlebnis. Wichtig ist in unserem Zusammenhang allein, ob für Philosophen durch die Idee der Eigenständigkeit der Seele gegenüber dem Körper im Sterben ein Weg von hier nach dort in Betracht kommen kann. Und wenn solche Ideen in den jetzt anzuschauenden philosophischen Denkweisen vorkommen, ist mit einer großen Wahrscheinlichkeit anzunehmen, diese Gelehrten hätten auch ohne eigenes Erlebnis die heute bekannten Grenzerfahrungen als Hinweise für die Richtigkeit ihrer Annahmen begrüßt. Bei den in unserer Zeit vorliegenden Berichten der inneren psychischen Vorgänge im Sterben, das wurde schon mehrfach gesagt, bieten die Hypothese von der Existenz einer auch eigenständig lebensfähigen Seele und die sich anschließende zeitlose Existenzweise die m.E. beste Möglichkeit, wirklich alle Einzelheiten dieser komplexen Erfahrung plausibel erscheinen zu lassen. Unsere persönlichen Überlegungen zum Problem einer Seele, die den Tod überlebt, haben dann für uns ein aus der Philosophie gewonnenes Fundament für die Vermutung, auch unseren Seelen werden Blicke hinter den Horizont in einer Nahtoderfahrung während des Erdenlebens möglich oder an dessen unwiderruflichem Ende aller Wahrscheinlichkeit nach Wirklichkeit sein.

Der Empirismus

Ohne Bedeutung sind für unsere Fragestellung die „Empiristen". Die Anhänger dieser philosophischen Richtung in all ihren Formen (Positivismus, Materialismus usw.) begrenzen ihren Begriff von der Wirklichkeit - ganz einfach gesagt - auf das, was mit den Sinnen oder ihren technischen Verlängerungsarmen wahrnehmbar ist. Nur das verdient nach ihrer Ansicht Beachtung, was „objektiv" von jedermann erfahrbar und erkennbar ist. Sie verlangen für alles „Beweise", um es ernst nehmen zu können. Die Naturwissenschaften verdanken dem Empirismus übrigens sehr wertvolle Impulse. Und diese Philosophie ist in Vielem zu Recht ihr wichtigstes Fundament. Aber folgendes Erlebnis, das mir bei einem seelsorgerlichen Gespräch anvertraut wurde, verdient nach dieser Philosophie keinen Anspruch, für Wirklichkeit gehalten zu werden, obwohl es für den Mann, der es mir berichtet hat, die allergrößte Bedeutung besitzt. Er fragte mich, ob es wohl möglich sei, die Seele von Sterbenden wahrzunehmen, sie z.B. zu sehen. Als nämlich, so fuhr er fort, seine Tochter starb, habe er beobachtet, dass sich eine nebelartige Wolke vom Körper abhob, langsam nach oben gegen die Decke des Raumes schwebte und dann durch sie hindurchgleitend verschwand. Für ihn selbst handelte es sich um ein wirkliches Ereignis, das sich vor seinen eigenen Augen zugetragen habe. Ich bestätigte ihn in dieser seiner Beurteilung. Mir ist so etwas oder Ähnliches übrigens schon mehrmals erzählt worden. Ein Empirist würde hier beispielsweise nach photographischen Aufnahmen oder weiteren Zeugen dieses Vorganges fragen. Sollte es das tatsächlich gegeben haben, was nicht der Fall war, hätte der empirische Skeptiker auch diese Hinweise wohl nicht akzeptiert und deren Erkenntniswert angezweifelt, weil sie nicht seinen Anforderungen nach Objektivität genügen würden. Sicherlich handele es sich dabei um Fälschungen irgendwelcher Art oder eine unerklärliche Suggestion der anderen Anwesenden. Eventuell liege hier einfach ein Fall von Betrug vor. Die Möglichkeit, dass der Vater für Augenblicke aus Gründen, die wir nicht kennen und schon gar nicht zu beurteilen haben, eine Art von Hellsichtigkeit hat entwickeln können, kommt für Empiriker nicht in Betracht. Die Beweissucht, die der große Physiker Werner Heisenberg (1901 - 1976) einmal „eine Krankheit des 20. Jahrhunderts" genannt hat, verstellt ihnen jeglichen Blick und Zugang zu Phänomenen wie einem Nahtoderlebnis und Ereignissen, die damit in Zusammenhang gebracht werden können wie die eben beschriebene davonschwebende Seele. Und da eine solche vermutete Seele sich selbst normalerweise der Erkennbarkeit entzieht, ist ihnen natürlich auch der Gedanke ihrer Trennung vom empirisch erfassbaren Körper undenkbar. Und sie kommen sich dabei noch gegenüber philosophisch anders Denkenden, den Rationalisten, trotz der Enge ihres Denkens überlegen vor. „Eng" kann ich diese Weltsicht nennen, da bis in unsere Tage hinein die ausschließlich empirisch denkenden Menschen Gegebenheiten ignorieren müssen, die ohne Zweifel vorhanden, aber nicht erklärbar sind. Ich denke hier z.B. an Phänomene aus dem Bereich der Parapsychologie. Auch müsste man die Anhänger empiristischer Philosophien einmal fragen, ob ihnen das ganz prinzipielle Problem der Täuschbarkeit auch ihrer Sinne überhaupt in der Weise bewusst ist, wie es z.B. Kant in seinen erkenntniskritischen Texten dargestellt hat. Diese

Gedanken, auf die ich noch zu sprechen kommen werde, haben nämlich ihre grundsätzliche Gültigkeit bis heute nicht verloren.

Der Rationalismus

Befassen wir uns jetzt mit der Gegenposition, dem „Rationalismus", dessen Vertreter - ganz kurz gesagt - auch den Verstand und die Vernunft als „Erkenntnisorgane" anerkennen. Wir befragen jetzt Philosophen dieser Denkweise, ob die Auffassung von der Unsterblichkeit der Seele von ihnen für sinnvoll erachtet werden kann, obwohl sich empirisch eine solche Daseinsweise nicht feststellen lässt.

Allen seelischen, gedanklichen und emotionalen Prozessen, die es ja ohne Zweifel gibt, liegt nach Ansicht der Philosophen des Rationalismus eine „geistige Substanz" zugrunde, „...denn kein mentales Geschehen kann stattfinden, ohne dass es etwas gibt, das Subjekt dieses Geschehens ist."[83] An das Gehirn oder ein anderes Organ ist das alles allerdings nicht gebunden. Mit unterschiedlichen Begriffen wird nun versucht, dieses empirisch nicht wahrnehmbare, aber vom Verstand aus gesehen sinnvolle „Etwas" zu beschreiben. So entwickelt G. W. Leibniz (1646-1716) in seiner Lehre von den „Monaden" (das sind „eigentlich" unteilbare Kraftzentren ohne irgendeine Ausdehnung, die dem gesamten All innewohnen, es auch gestalten und ihm Leben verleihen) ein sehr kompliziertes Gedankengebäude, in dem auch eine unsterbliche Seele ihren Platz hat. Sie ist Kern (also doch ein Teil?) bestimmter Monaden, der auch bei deren Zerfall erhalten bleibt, weil er nicht materieller Natur ist.

Wir treffen hier -so eigenartig das auf den ersten Blick erscheinen mag- auf Gedanken und Begriffe, zu denen Menschen immer wieder ihre Zuflucht nehmen, wenn sie ein Nahtoderlebnis mitteilen wollen: Die Unzerstörbarkeit eines Seelenkerns oder auch der ganzen Seele, der geistigen Substanz des Menschen. Es gibt eine „Natur", die nicht materiell zu denken ist. Die Einheit alles Seienden im All gehört auch zu diesen Gedanken, die der Mensch aus der Schleuse zwischen dem Diesseits und dem Jenseits in unsere Welt mitbringt.

Ohne die Annahme eines solchen Seins der Seele wäre für uns vieles sinnlos. Auch das zeitlich begrenzte Schicksal des Menschen auf dieser Erde gehört dazu. Und warum hat dieses bedauernswerte Wesen dann auch noch einen Verstand mitbekommen, der sich der Kalamität seines Endes zu allem Übel und Überfluss sogar noch bewusst ist? Der Verstand mit seiner Einsichtsfähigkeit und den Gedanken an eine mögliche Unsterblichkeit werden dann zu Hoffnungsträgern! Der schon mehrfach von mir zitierte Hanspeter Weigl formuliert dann auch ein - wie er sagt - „schlichtes, einfaches und eindeutiges, vom Verstand her durchaus zu verantwortendes Glaubensbekenntnis", das folgendermaßen lautet: „Wir glauben daran, dass es außerhalb unseres Wahrnehmens, Empfindens und Denkens noch eine richtige, reale, mehr oder minder handfeste physikalische Welt gibt, die womöglich gar metaphysische Dimensionen besitzt – und zwar völlig unabhängig davon, was wir von der Welt wahrnehmen können und wie weit unsere Wahrnehmungen der Realität der Welt tatsächlich auch entsprechen."[84] Wir sind im Augenblick zwar in dieser Welt, aber nicht nur von dieser Welt. Und wenn jetzt ein Anhänger des Empirismus triumphierend sagt: „Aha, also ist doch alles nur ein Glaube!", dann sollte er sich einmal daranmachen, sich seines eigenen Glaubensbekenntnisses bewusst zu werden und es zu formulieren, damit er merkt: Keiner kommt bei Deutungen der Welt ohne irgendeinen Glauben als dessen geistige Grundlage aus.

Kant, über den jetzt etwas gesagt werden soll, hatte sich in den jüngeren Jahren seines Gelehrten-Lebens für die Gedanken und Visionen von Emanuel Swedenborg (1688 - 1772), dem „Geisterseher des Nordens", interessiert, der nach eigenen Angaben sogar mit den Seelen Verstorbener Verbindung aufnehmen konnte. Das ist natürlich nur dann möglich, wenn die Seele den Tod des Körpers überdauern kann. So hatte Swedenborg z.B. einmal auf Bitten der schwedischen Königin Kontakt zu einem vor längerer Zeit verstorbenen Verwandten hergestellt. Der ganz offensichtlich medial begabte Schwede war in der Lage, seiner Königin einige Tage nach dem Vorbringen ihres Anliegens den Inhalt eines sehr intimen Gespräches mitzuteilen, das diese mit ihrem Verwandten ohne Anwesenheit einer dritten Person geführt hatte und über das absolutes Stillschweigen vereinbart worden war. Auch war Swedenborg imstande gewesen, aus dem fernen Göteborg einen genauen Bericht über das gerade brennende Stockholm zu geben, der sich in allen Details später als richtig herausstellte. In späteren Jahren distanzierte sich Kant allerdings von Swedenborg. Waren ihm die Geschichten von und über den allseits anerkannten, hoch angesehenen Naturwissenschaftler und späteren Mystiker, Visionär, Hellseher und auch Theologen doch zu sehr auch im Irrationalen angesiedelt?

Für den Philosophen aus Königsberg ist die Unsterblichkeit der Seele eine Forderung der reinen praktischen Vernunft. In seinem Werk „Kritik der reinen Vernunft" hat er völlig zu Recht dargelegt, Gott, das Mensch-Sein an sich und damit auch die Seele und ihre mögliche Unsterblichkeit können kein Gegenstand der Erkenntnis durch die Sinne, sondern nur des Denkens, der „Spekulation" sein, wobei dieses Wort bei Kant durchaus positiv verstanden werden muss. Das bedeutet nun allerdings nicht, dass all dies nicht existieren könne. Es gibt für ihn drei Gebiete, mit denen sich nicht die sinnliche Wahrnehmung, sondern nur die Metaphysik zu beschäftigen habe: Gott, Freiheit und Unsterblichkeit.[85] Man muss nur den richtigen Weg finden, sich z.B. dem Problem der Seele und ihrer Unsterblichkeit zu nähern. Und den zeigt er in der „Kritik der praktischen Vernunft" auf.[86] Die Erfüllung des Sittengesetzes, von ihm mehrfach formuliert im berühmten „Kategorischen Imperativ",[87] muss möglich sein, da dieser sonst letztendlich sinnlos wäre. Da die vollkommene Erfüllung dieses Sittengesetzes aber im Erdenleben aus mancherlei Gründen nicht möglich ist, muss es eine weitere Existenzmöglichkeit über dieses Leben hinaus geben, damit die Bemühungen sinnvoll und möglich sind, das große Ziel einer solchen Einhaltung irgendwann einmal zu erreichen. Und das wird in einem Jenseits sein, in dem die Seele fortleben wird. Dort wird sie sich weiter bemühen können und müssen, um den Forderungen des für Kant ohne jede Frage gültigen Sittengesetzes zu entsprechen.

Ein weiterer Gesichtspunkt kommt dann auch noch zu einem zufrieden stellenden Ende: Wie oft geht es Menschen im alltäglichen Leben schlecht, obwohl sie sich um ein „moralisches" Leben entsprechend den Forderungen des Kategorischen Imperativs bemühen? Viele fragwürdige, finstere Gestalten dagegen führen auf der Erde ein Leben in Saus und Braus mit allen nur erdenklichen Freuden. Im von Kant geforderten, über die Sinnenwelt hinausgehenden Jenseits der unsterblichen Seelen wird ein gerechter Ausgleich stattfinden. Man wird dort nachzuholen haben, was im Erdenleben versäumt wurde. Und da außerdem „Glückseligkeit" bei Kant nur durch Erfüllung der Pflicht gegenüber dem Sittengesetz möglich ist, kann die höchste Glückseligkeit sich für den Menschen nur dann einstellen, wenn er diese unvollkommene Welt verlassen hat und sich im Jenseits weiter entwickeln wird.

Auch hier finden wir Gedanken wieder, die uns aus den Nahtoderlebnissen bekannt sind. Es gibt so etwas wie eine „Pflicht" (so würde Kant es wohl nennen) zur Nächstenliebe. Das Lernen, die geistige Weiterentwicklung, hört nicht mit dem körperlichen Tode auf. Es ist nicht einerlei, ob ich auf der Erde ein Leben in Verantwortung mir und der übrigen Schöpfung gegenüber geführt habe oder nicht. Gerechtigkeit in einer für uns vielleicht nicht vorstellbaren Weise wird sein. Höchste Glückseligkeit wird dem Menschen nur dann möglich werden, wenn er die Grenze zur anderen Welt überschritten hat.

Mit Gedanken dieser und ähnlicher Art umkreisen in der Zeit Kants und auch danach andere große Philosophen die Thematik der Seele. So ist für Georg Wilhelm Friedrich Hegel (1770 - 1831) die Seele eine „Entwicklungsstufe des Geistes", der unsterblich ist. Und Johann Gottlieb Fichte (1762 - 1814), der im Tod kein Übel sehen konnte, schreibt: „Ich werde überhaupt nicht für mich sterben, sondern nur für andere, für die Zurückbleibenden, aus deren Verbindung ich gerissen wurde. Für mich ist die Todesstunde die Geburt zu einem neuen, herrlicheren Leben."[88] Über die im Einzelnen durchaus auch unterschiedlichen Begründungen soll hier nichts weiter ausgeführt werden. Gemeinsam ist beiden Denkern, dass die Ursachen für ihre Lehren über die Seele - wie bei Kant - nicht in der Empirie, sondern im Verstande zu finden sind.

Und abermals erkennen wir Ideen, die auch im Bereich der Nahtodes-Forschung immer wieder auftauchen: Die Entwicklung des Menschen ist mit seinem Tode nicht zu Ende. Sterbende merken oft erst am Verhalten der Menschen in ihrer Umgebung, dass man sie für tot hält. Auch wird die endgültige „Todesstunde" bei späteren Reflexionen über das Nahtoderlebnis bisweilen als die Stunde der Geburt in eine neue Welt hinein verstanden.

Arthur Schopenhauer (1788 - 1860) lässt - im Gegensatz zu den Rationalisten - auch Intuitionen als Begründungen für Erkenntnisse zu. Ihm sagt nun ein in jedem Menschen vorhandenes Gefühl oder auch Gespür, also eine Intuition, dass der Tod nicht das absolute Ende ist. Dieser lässt nur das Erscheinungsbild der jeweiligen Person vergehen. Was im Tode bleibt, ist des Menschen „Dasein" an sich, sein „Wille zum Leben überhaupt", der sich aber unserer sinnlichen Erkennbarkeit entzieht.[89] Der Tod nimmt dem Menschen allerdings sein individuelles Bewusstsein. Das hat aber in der Ewigkeit ohnehin nichts verloren oder zu suchen, da es voller Mängel aller Art ist. Hier wird der misanthropische Zug des Denkens von Schopenhauer deutlich. Wilhelm Busch (1832 – 1908), dieser Maler und vor allem auch großartige satirische Dichter hat diesen „Mängelwesen" in so gut wie allen Charakteren seiner Dichtungen (z.B. „Max und Moritz") unnachahmliche Gestalt verliehen.

Auch bei Schopenhauer können wir Gedanken finden, die uns an Nahtoderfahrungen erinnern. „Ich glaube, dass, wenn der Tod unsere Augen schließt, wir in einem Lichte stehen, von welchem das Sonnenlicht nur ein Schatten ist."[90]

Hiermit will ich die Reihe der Philosophen beenden, die in dem Gedanken einer Unsterblichkeit der „Seele" etwas Sinnvolles sehen. Diese Vermutung ist nicht wertlos oder gar unnütz, nur weil sie sich der Beweisbarkeit entzieht. Die Berichte von Nahtoderlebnissen wären bei ihnen mit großer Wahrscheinlichkeit auf einen fruchtbaren Boden gefallen. Ganz sicher scheint mir zu sein, dass Menschen mit einer Nahtoderfahrung viele Ideen dieser Philosophen - ungeachtet der stets vorhandenen Sprachproblematik - als richtig und dem Erleben angemessen erachten würden. Denn sie selbst deuten ihre Erlebnisse als einen Hinweis auf die Ewigkeit und das Vorhandensein einer anderen Welt. Ein Junge einer 10. Klasse formulierte einmal in einer Philosophiestunde als letzten Satz seiner Erzählung über ein eigenes Nahtoderlebnis: „Und als ich das alles erlebt hatte, da wusste ich: Das ist der Ewigkeitszustand der Seele." Er war mit sechs Jahren beinahe bei einem Verkehrsunfall ums Leben gekommen.

Mit dem Wegbereiter des Materialismus, Ludwig Feuerbach (1804 – 1872), beginnt der Siegeszug dieser Philosophie im 19. Jahrhundert. Er leugnet sowohl die Existenz einer Seele als auch ein Weiterleben nach dem physischen Tod. In der Philosophie des 19. und 20. Jahrhunderts kümmerte man sich mehr um den als endgültig empfundenen Tod als um den Gedanken an Unsterblichkeit. Den Erlebnissen in Todesnähe steht die Philosophie auch bis heute noch weitgehend kritisch und desinteressiert gegenüber. Es ist zu hoffen, dass sich - wie schon in den Bereichen der Physik und der Medizin bemerkt werden konnte - auch hier ein Wandel vollziehen wird.

Die Sehnsucht des Menschen nach solchen alten, wieder neu werdenden Ansichten ist ohne Zweifel vorhanden. Umfragen belegen dies, ebenso Verhaltensweisen von vielen Menschen. Ich denke da nur an das große Interesse an esoterischer und spiritueller Literatur. Die Philosophie des Materialismus hat dem Menschen vieles weggenommen; dieser ist, wie der Philosoph Vittorio Hösle (geb. 1960) es einmal gesagt hat, „unheilbar religiös".[91]

4. Ansichten zum Thema aus Theologie und Gemeinde

„Die Sache mit der Seele" betrachtend sind wir nun bei der Theologie angelangt. Das ist die Wissenschaft, die nicht nur religiöse Texte zu interpretieren hat und sich um Religions- und Kirchengeschichte Gedanken macht. Sie untersucht auch alle Arten religiöser Erfahrungen des Menschen. Möglichkeiten der Seelsorge werden reflektiert. In Seminaren und anderen Lehrveranstaltungen werden neben Religionslehrern vor allem zukünftige Seelsorger ausgebildet. So sollte man erwarten, dass hier und auch im Bereich der Kirche das Interesse für die Nahtoderlebnisse besonders groß ist. In der kirchlichen Volksfrömmigkeit ist eigentlich stets der für unsere Kultur im Mittelmeerraum schon früh in Erscheinung getretene und auch durch manche Bibelstellen bezeugte Gedanke einer Trennung von Körper und Seele im Tod lebendig gewesen. Im Grunde genommen dürfte man in religiösen Umkreisen auf die geringsten Schwierigkeiten für eine Akzeptanz dieser Denkweise stoßen. Religionen sollen u.a. Angst nehmen und Hoffnung verbreiten. Nahtoderfahrungen leisten das auch, und zwar durch die Blicke der Seele hinter den Horizont. Sie sind allerdings keine Ersatzreligion, sondern ein zusätzlicher Weg zum Verständnis von Religionen aller Art überhaupt. Der Schulleiter eines Gymnasiums sagte einmal, nachdem er sich mehrere Unterrichtsstunden bei mir über diese Erfahrungen angehört hatte, dass dieses Gebiet eigentlich eine ganz wichtige und große Sache gerade auch für die Kirchen sei. Und er fragte mich dann: „Ob das dort wohl gemerkt wird?"

Moody widmet ein ganzes Kapitel den „Reaktionen von kirchlicher Seite".[92] Ich möchte hier gern etwas differenzierter fragen: „Wie begegnen religiöse Institutionen, Theologie und Gemeinde den Berichten über die Nahtoderfahrungen?" Gemeinsame, einmütige Stellungnahmen hat Moody nicht ausmachen können. Seine Forschungsergebnisse sind von etlichen Geistlichen begrüßt worden, andere wiederum haben sie aus unterschiedlichen Gründen aber abgelehnt.

Eigene positive Erfahrungen

Zunächst möchte ich einige eigene positive Erfahrungen aus den Bereichen Theologie und Kirche schildern. Zum ersten Male sprach ich in der Öffentlichkeit über die Thematik der Erlebnisse im Zustand des klinischen Todes oder vergleichbarer Ereignisse in Vertretung eines Pfarrers, der in einer Kirchengemeinde ein Referat über „Leben und Sterben" halten sollte, kurzfristig aber hatte absagen müssen. Nach diesem Vortrag erhielt ich immer einmal wieder Einladungen von Kirchengemeinden, über diese wichtige Thematik zu sprechen und auch Unterricht vor Konfirmanden zu geben. Ich erlebte dabei so gut wie ständig eine außerordentlich positive Resonanz, ein starkes Interesse, manchmal sogar einen Wissensdurst gerade bei den jungen Zuhörerinnen und Zuhörern. Sie hatten häufig noch nie von solchen Erlebnissen gehört. Die Pastoren und Pastorinnen merkten meistens sehr schnell, dass ich stets Kernaussagen aus religiösem Bereich vor den Konfirmandinnen und Konfirmanden ausbreitete. Es wurde das alles von der Mehrzahl der Zuhörer als „existentiell" und sehr hilfreich empfunden. Nun ist es eine der wichtigsten Aufgaben von Religion, so hatte der eingangs schon einmal erwähnte Theologe Schleiermacher gesagt, den Menschen „Sinn und Geschmack für das Unendliche" erleben zu lassen und zu ermöglichen. Und dieser „Sinn und Geschmack für das Unendliche" ist uns in den letzten 150 Jahren sehr zum Schaden abhanden gekommen. Ein Leben ohne erkennbaren Sinn und ohne Rückbindung an überindividuelle Ideen und Werte wird sehr oft als leer und schal empfunden. Daraus erwachsen dann viele Probleme wie Süchte, Rauschzustände aller Art, Werteverluste, depressive Stimmungen u.a.m. Den von Schleiermacher für die Religion geltend gemachten „Sinn und Geschmack für das Unendliche" vermitteln die Erlebnisse in Todesnähe aber auf immer wieder beeindruckende Weise. Dabei darf man allerdings nicht weltfremd oder gar jenseitssüchtig werden. Und so sei denn noch ganz kurz angemerkt, dass der große Glaubenslehrer sich neben den geistigen auch sehr weltliche Genüsse vielerlei Art nicht versagt hat.

Projekte zur Sterbeforschung habe ich in fast allen Schularten im Rahmen des Religions- und Philosophieunterrichts durchgeführt. Davon wird später noch ausführlich die Rede sein.

Gern erinnere ich mich immer auch daran, dass der ehemalige Hauptpastor der Jacobikirche in Hamburg, Dr. Lutz Mohaupt, sich sofort bereit erklärte, mit der Ärztin einer Palliativstation und mir an einer Rundfunkdiskussion über Nahtoderfahrungen unter der Moderation des erfahrenen Journalisten Eduard Kopp, der ebenfalls ein Theologe ist, teilzunehmen. So konstruktiv hatte ich mir die Zusammenarbeit mit Theologen und Vertretern der Kirche immer gewünscht.

Ich empfand es als einen besonderen Moment in meinem Leben, als nach einem Gespräch zwischen dem berühmten Hamburger Theologen Helmut Thielicke (1908 – 1986) und mir über die Erfahrungen in Todesnähe, von denen er noch kaum etwas gehört hatte, er mir sagte, hier klaffe eine große Lücke in Theologie und Gemeindearbeit. Und er forderte mich auf zu versuchen, diese auszufüllen. Das alles sind sehr wertvolle und erfreuliche Erfahrungen, die ich im Zusammenhang mit der Thematik des Übergangs in eine andere Welt im Rahmen von Theologie und Kirche gemacht habe.

Problematische Erfahrungen

Leider sind solche Einsichten und Weitblicke nicht immer die Regel. Schon die Stellungnahme zu den Nahtoderlebnissen durch H. Küng in seinem Buch „Ewiges Leben?" befremdet oder lässt zumindest Missverständnisse aufkommen. Er schreibt: „Solche Sterbeerlebnisse beweisen für ein mögliches Leben nach dem Tod nichts; denn hier geht es um die letzten fünf Minuten *vor* dem Tod und nicht um ewiges Leben *nach* dem Tod."[93] Das mag für viele nach einer gewissen Bedeutungslosigkeit des ganzen Themenkomplexes klingen, auch wenn es von Küng nicht so gemeint ist. Zunächst einmal ist festzuhalten, dass die Ansicht, man könne hier nichts beweisen, immer wieder schon von den Sterbe-Forschern selbst betont worden ist und noch wird. Von den Erlebenden wird so gut wie stets der Gedanke geäußert, sie lieferten ohnehin keine Beweise, sondern es handele sich bei ihren Erkenntnissen um eine unüberbietbare erlebte Wahrheit. Und diese besagt, es gibt ein Leben nach dem Tod in einer uns bislang unbekannten Wirklichkeit. Sie haben etwas erfahren, was im Weiterdenken Rückschlüsse anderer Art möglich macht als dieses eigentümliche „Nichts" von Küng. Die Selbstdeutungen derer, die eine Grenzerfahrung gemacht haben, sind m. E. wichtiger, als das, was eine reduktionistische, in sehr engen Grenzen denkende Wissenschaft zulässt. Zugespitzt könnte man sagen, dass nicht die Erlebnisse in der Schleuse zwischen hier und dort, sondern die etablierten Wissenschaften an dieser Stelle des Lebens eben nicht gar so viel zu sagen haben, wie mancher es sich vielleicht wünschte. In der wissenschaftlichen Theologie ist dann auch die häufigste Reaktion auf die Ergebnisse der Sterbeforschung die, dass man sie meistens nicht zur Kenntnis nimmt. Bei führenden Dogmatikern wie Wilfried Joest (1914 - 1995), Wolfhart Pannenberg u.a. wird nirgends „die Notwendigkeit empfunden, auch nur mit einem Sterbenswörtchen auf jenes Phänomen spontaner Todesnähe-Erfahrungen einzugehen..."[94]

Bei recht vielen Theologen - ob im Gemeindedienst oder in Schulen tätig - spiegelt sich etwas von dieser Haltung wider. Angebote meinerseits, Veranstaltungen zur Lehrerfortbildung in kirchlichen Institutionen durchzuführen, werden leider bisweilen wegen mangelnden Interesses oft abgelehnt. Das macht mich, der ich engagierter Christ bin, traurig und sollte sich ändern.

Sehr befremdlich waren für mich auch die Erfahrungen in einem Predigerseminar. Hatte man bei einer ersten Veranstaltung meine Ausführungen als „frisches Quellwasser, das endlich einmal auch in die Theologie wieder hineinfließt", bezeichnet, so wurde ich bei einer weiteren Seminarsitzung mit anderen Teilnehmern außerordentlich unsachlich kritisiert. Ich sei ein ganz „unkirchlicher Mensch", halte wohl gar nichts von „Offenbarungen", hätte allem Anschein nach ein „missglücktes Theologiestudium" hinter mich gebracht usw.

Immer wieder werden mir auch Gedanken vorgetragen, die an die „Ganztodtheorie" in der protestantischen Theologie erinnern. Diese vor allem von Karl Barth (1886 – 1968), einem der einflussreichsten Theologen des 20. Jahrhunderts, vertretene Lehre besagt folgendes: Im Tode stirbt der ganze Mensch, d.h. der Körper und die Seele. Die Auferstehung ist dann eine "Neuschöpfung" des Menschen durch Gott aus dessen Gedächtnis heraus. Die Befürworter dieser Theorie behaupten, dass die Bibel keine Trennung von Leib und Seele kenne. Das sei das Denken der griechischen Welt gewesen. Auferstehung und die Unsterblichkeit der Seele schließen sich außerdem aus; denn wenn die Seele unsterblich ist, braucht es gar keine Auferstehung zu geben. Weiter wird ausgeführt: Der ganze Mensch habe mit Leib und Seele gesündigt. Da nun der Tod „der Sünde Sold" sei, müsse auch die Seele sterben. Und als letztes Argument wird genannt, der Mensch solle nicht auf Eigenschaften seiner Natur - das wäre die Unsterblichkeit der Seele -, sondern allein auf Christus seine Hoffnung setzen. So argumentieren auch Paul Althaus (1888 – 1966), Oscar Cullmann (1902 – 1999) und andere bedeutende Theologen des 20. Jahrhunderts. Der Leser mag sich hier selbst ein Urteil über die Schlüssigkeit derartiger Argumentationen bilden! Ich frage mich, ob diese Gelehrten auch einmal auf das wirkliche Leben der von ihren Studentinnen und Studenten später einmal zu betreuenden Menschen geschaut haben, auf die Erfahrungen der Gläubigen beim Tod geliebter Menschen und die Not derer, die dann von Seelsorgern mit solchen Thesen überschüttet worden sind. Ein Kollege erzählte mir, dass nach der Beisetzung seiner Großmutter deren Mann zum Geistlichen sagte, seine Frau hätte doch sicher die schöne Feier irgendwie auch miterleben können. Darauf habe dieser nur geantwortet: „Na, na, wir wollen doch jetzt nicht wunderlich werden!"

Heinz Zahrnt (1915 - 2003), der große, alte Mann der protestantischen Theologie und gleichzeitig einer ihrer wichtigsten Schriftsteller, hat auf dem Hamburger Kirchentag 1995 in einem Vortrag seine Zuhörer geradezu beschworen, diese Ganztodtheorie nicht weiter zu vertreten. Keine einzige theologische Lehre im 20. Jahrhundert hat der Sache des Glaubens und der Religion so sehr geschadet, wie dieser

Gedanke vom gleichzeitigen Sterben von Seele und Körper. Sie entspricht nicht den Erfahrungen der Menschen und lässt sich im Gegensatz zur Meinung ihrer Verfechter biblisch auch nicht eindeutig begründen. Eine einheitliche Dogmatik des Sterbens und des Todes liefert die Bibel ohnehin nicht. Zu unterschiedliche Gedanken und Erfahrungen der Menschen werden in diesem Buche während des langen Zeitraumes seiner Entstehung reflektiert. Im Alten Testament finden sich sehr düstere und furchterregende Aussagen zum Thema „Sterben und Tod". So heißt es im 6. Psalm: „Im Tod gedenkt man deiner nicht. Wer will dir bei den Toten danken?" Tod ist hier also Gottesferne schlechthin. Es gibt daneben aber auch tröstliche Stellen. So spricht der Prophet Jesaja: „Deine Toten werden leben … Wacht auf und rühmt, die ihr unter der Erde liegt, … denn die Erde wird ihre Toten herausgeben." (Jes 26, 19) Es gibt außerdem eine Reihe von Bibelstellen, die gerade eine Trennung von Leib und Seele kennen. (z.B. Apg 20, 10.) Auch der Gedanke der Existenz der Seele über den leiblichen Tod hinaus ist der Bibel nicht fremd. Eugen Drewermann (geb. 1940) hat deutlich gemacht, dass sich während der gesamten Zeit der Entstehung der Bibel der Gedanke einer Trennung von Leib und Seele und damit verbunden auch die Idee von der Unsterblichkeit des Menschen wie ein Flüsschen durch dieses Buch hindurchschlängeln. Bekannt wurde den Israeliten diese Welt- und Jenseitssicht schon zu der Zeit, als sie noch in Ägypten lebten.[95] Der Ba und der Ka, beides Begriffe aus der ägyptischen Mythologie, bezeichnen unterschiedliche Aspekte einer Seele, die sich vom Körper im Moment des Todes trennen und ein Eigenleben führen kann. Solche Gedanken waren den Israeliten beim Auszug aus Ägypten unter der Leitung von Moses mindestens bekannt und wurden nie ganz fallen gelassen.

Lassen wir H. Zahrnt noch einmal ausführlich zu Wort kommen: „Bisher hat die christliche Theologie, vor allem die protestantische, im Bann ihres traditionellen antiplatonischen Affekts, die Vorstellung von einer eigenen, vom Leib getrennten Existenz der Seele strikt abgelehnt. Das hat sie in ein Dilemma gebracht. Auf der einen Seite hat sie auf der Ganzheit von Seele und Leib bestanden und entsprechend konsequent auch mit beider *ganzem* Tod gerechnet – auf der anderen Seite aber hat sie, sozusagen im gleichen Atemzug, das Weiterleben des Menschen nach dem Tod behauptet. Wie geht das zusammen? Das ist es, was auch Christen heute zunehmend Beschwer bereitet.

In dieser Situation bietet sich ein neues Leib-Seele-Modell an. Die Parapsychologie legt zuverlässig beglaubigte Beispiele außersinnlicher Wahrnehmung vor, die eine außerkörperliche geistig-seelische Existenz als möglich erscheinen lassen. ...

In einer Dokumentation der ‚Evangelischen Zentralstelle für Weltanschauungsfragen', einer ebenso zuverlässigen wie unverdächtigen Quelle, lese ich: ‚Es stellt sich die Frage, ob Theologen eine Ganztod-Theorie entworfen hätten, wenn ihnen diese vielfältigen Materialien bekannt und einer gründlichen Reflexion wert gewesen wären ... Über die Theologie hinaus zeigt sich die Relevanz der Forschung auch für Philosophie, Biologie, Physik etc. Das uralte Problem des Verhältnisses von Geist und Materie erscheint unter neuen Vorzeichen.' ...

Wie in aller Theologie geht es auch hier darum, den Glauben nicht aufzuheben, sondern ihn verstehbar zu machen. Wenn irgendwo, dann ist hier im ursprünglichen Sinn des Wortes ‚Seelsorge' geboten."[96]

Solche geistige Weite, die auch den Gedanken einer sich im Sterben vom Leib trennenden Seele mit einschließt, ist der gesamten Theologie zu wünschen. Das Annehmen der Nahtoderfahrung als eines Erlebnisses dieser Seele bietet dafür eine gute Grundlage. Und dann wird es auch kaum Schwierigkeit mehr geben, diese Erfahrungen so zu akzeptieren, wie sie berichtet werden.

Erheblich tröstlicher als die absurde Theorie vom „Ganztod des Menschen" ist das, was von katholischer Seite zum Thema der Seele verlautbart wird. So kann man in einem Text der Päpstlichen Kongregation für die Glaubenslehre vom 17.5.1979 lesen: „Die Kirche hält an der Fortdauer ... eines geistigen Elements nach dem Tod fest, das mit Bewusstsein und

Willen ausgestattet ist, so dass das ‚Ich des Menschen' weiter besteht." Die Nahtoderfahrungen unterstützen eine solche Ansicht. Es ist daher verständlich, dass in der katholischen Kirche Nahtodeserlebnisse sehr viel häufiger als in der evangelischen mit positiven Attributen versehen werden. Sie werden als Hinweise auf ein Leben in anderen Dimensionen akzeptiert, können aber - wie auch sonst üblich - nicht als Gottesbeweise angesehen werden.

Ich spüre aber noch weitere Probleme von Seiten einiger Theologen. Nahtoderlebnisse ereignen sich unabhängig von bestimmten Religionszugehörigkeiten, sind auch nicht von Alter, Geschlecht oder anderen äußeren Faktoren abhängig. Verficht man nun den Gedanken, dass die Mitgliedschaft zu einer bestimmten Glaubensgemeinschaft (natürlich meistens nur der eigenen!) für das ewige Seelenheil unabdingbar notwendig ist, zeigen uns die Erlebnisse in der Nähe des Todes etwas anderes. Das Licht verströmt stets eine unaussprechliche Liebe gegenüber jedermann. Dieser Lichtgestalt ist es offenbar nicht wichtig, welche Religion oder Weltanschauung man im Leben die eigene genannt hat. Und das als richtig und wahr anzuerkennen, ist für manche schwer, besonders für fundamentalistisch denkende Menschen.

Entsetzt sah ich einmal eine Fernsehsendung über Hospize und Palliativstationen in Deutschland. Eine Ordensschwester, die sich in aufopfernder Weise um die Sterbenden kümmerte, äußerte ihr heftiges Bedauern darüber, dass es ihr nicht gelungen sei, einen bestimmten Patienten von der Wahrheit christlicher Lehren zu überzeugen. Sie würde ihn selbstverständlich bis zu seinem Tode liebevoll pflegen, aber dann, so schloss sie ihre Aussage, sehe sie für ihn keine weitere Lebensmöglichkeit als die, in ewiger Verdammnis existieren zu müssen.

Solche Ansichten sind nicht der Regelfall. Das weiß ich wohl. Es wird aber deutlich, wie vermeintliche Glaubensstärke zu pervertierter Religiosität führen kann. Geistige Enge war noch nie ein Zeichen von wirklicher Stärke und echter Wahrheitssuche. Meine Zugehörigkeit zu einer bestimmten

Glaubensgemeinschaft, Gruppe, Gemeinde oder zu einem anderen weltanschaulich orientierten Kreis ist für das Leben hier auf Erden oft sehr wichtig und wertvoll. Das würde ich nie bestreiten wollen. Und für jeden z.B. kirchlich gebundenen Menschen sollte es nicht einerlei sein, wo er sich geistig zu Hause fühlen kann. Diese Bedeutung scheint sich allerdings in dem Moment zu verlieren, wo ich im Begriff bin, unsere enge Welt zu verlassen. Und wenn Gott Liebe ist, wie es im 1. Johannesbrief (1 Joh 4, 16) heißt, dann gilt das ohne jede Einschränkung. Die wahre Liebe ist stets vorbehaltlos. Solche Gedanken gehören zum religiösen Gehalt der Nahtoeserfahrungen.

Und die Hölle?

Mit großem Befremden berührt mich stets ein Gedanke, den ich in keiner Weise nachvollziehen kann. Er wird aber in Diskussionen immer wieder ernsthaft angemahnt. In den Nahtoderfahrungen werde, so heißt es dann, viel zu wenig von der „Hölle" berichtet. Ich erlebe dann geradezu ein Verlangen nach Strafen für grausame Verbrechen, die andere begangen haben. (Hitler und Stalin werden hier fast immer genannt!). So etwas kommt aber in den Erlebnisberichten nicht vor. Das Wort „Strafe" fällt niemals. Erlebt der Mensch im „Lebensfilm" das, was er anderen angetan hat, noch einmal an sich selbst, wie es oben geschildert wurde, dann ist immer nur von einem sinnvollen und nötigen Erkenntnisprozess die Rede. Das ist bei jedem Menschen auch schmerzhaft. Man wird aber weder von Gott und schon gar nicht von irgendwelchen Teufeln für schwere Sünden abgestraft. Hinweise, dass aber die Verfasser der Bibel und auch Jesus selbst doch ganz eindeutig von Höllenstrafen reden, sollen diesem Verlangen nach Strafe Nachdruck verleihen. Hier wirkt sich dann ein über 2000 Jahre alter Glaubensirrtum aus. Einige Sätze über die Geschichte der Hölle mögen das verdeutlichen.[97] Gedanken über die Hölle als einen Strafort sind der biblischen Botschaft des Alten und Neuen Testamentes eigentlich wesensfremd. Sie gehören dort gar nicht hinein, sind dort aber trotzdem zu lesen. Wie ist es dazu gekommen?

Auch im alten Israel kannte man durchaus - wie überall im Orient - eine Unterwelt. Dort, an diesem Ort großen Missbehagens und vieler Defizite, waren aber sämtliche Verstorbenen nach ihrem Tod versammelt, sogar ehrwürdige Propheten wie Samuel. Macht über dieses Reich der Unterwelt hat aber nicht irgendein Satan, sondern Gott selbst. Das lässt sich durch Textstellen belegen (z.B. 1 Sam 2, 6). Satan oder der Böse stellten sich erst sehr viel später als Herrscher dieser Gefilde ein. Das geschah in der Zeit nach dem Exil, das Teile des Volkes Israel in Babylon erleiden mussten (598 – 539 v.Chr.). Dort lernten die Israeliten eine für sie völlig neue Antwort auf die uralte Frage nach dem „Woher des Bösen" kennen. Ein „Gegengott" war dafür verantwortlich. In der Religion des Zarathustra hieß er Ahriman. Und dieser Gedanke wurde, als das Exil beendet war, wie ein Denkmodell nach Israel mit heimgenommen und in den eigenen Glauben und das Denken mehr oder weniger fest integriert. Dieser Gegengott wurde „Satan" genannt und übernahm nun auch für die Israeliten das Regiment über die Unterwelt, die sich dadurch langsam zu einem Strafort wandelte. Alle Texte des Alten Testamentes, in denen von Satan die Rede ist, stammen aus der Zeit nach dem Exil.

Später entwickelte sich im alten Israel eine nur auf das Ende der Welt ausgerichtete Denkweise, „Apokalyptik" genannt. Ein außerbiblisches Buch muss hier genannt werden, das die wichtigsten Gedanken über die hereinbrechende Endzeit und ein Gericht enthält: das „Äthiopische Henochbuch". Dessen Ansichten - oft handelte es sich dabei um Strafandrohungen- waren in Israel in fast jedermanns Kopf, sie wurden geradezu sprichwörtlich immer wieder zitiert. Die Unterwelt wurde jetzt als Strafort gedacht, und Satan war als dessen Herr eingesetzt. Dies ist der Beginn der Ausstaffierung einer Hölle mit sich stets wandelnden und immer schrecklicher werdenden Folterwerkzeugen. Das israelitische Volk war durch vielerlei Feinde in großer Not und erwartete sehnsüchtig einen Retter, den Anbeginn einer neuen Welt und damit im Zusammenhang auch eine gerechte Bestrafung seiner Feinde.

Es ist nachgewiesen, dass kein einziges „Höllenwort" des Neuen Testamentes originär und - gleichsam als Offenbarung - nur aus dem Munde Jesu stammt, sondern apokalyptische Gedanken des außerbiblischen Henochbuches durch ihn wiedergibt. Vielleicht wurde ihm später auch das eine oder andere Wort erst in den Mund gelegt. Und waren diese Worte ursprünglich schreckliche Androhungen, so haben sie bei Jesus stets den Charakter einer eher pädagogischen Ermahnung, damit sich Unheil gar nicht erst einstellt.

Bis in die Zeit des Mittelalters hinein baute man die Hölle gedanklich stets weiter mit den immer gerade erfundenen Folterwerkzeugen aus. Im Teil über die Hölle in Dantes (1265 - 1321) „Göttlicher Komödie" erreicht diese Entwicklung ihren Höhepunkt. Mit der Botschaft Jesu, die ja eine Freudenbotschaft ist, hat das alles nichts zu tun, eher schon mit Problemen des Machterhalts der Kirche. Es handelt sich bei allen Höllen-Ideen um zeitgebundene Aussagen, die uns heute nicht mehr zu beunruhigen brauchen. In der Volksfrömmigkeit haben sie sich aber erhalten und so verfestigt, dass man sie bei den Gedanken an unser Ende immer irgendwie angstvoll mitdenkt. In den Nahtoderlebnissen spielen sie mit wenigen Ausnahmen, über die noch zu reden sein wird, so gut wie keine Rolle. Und gerade das stört manche Menschen.

Und die Dogmatik?

Mitunter wird mir auch gesagt, der gesamte Themenkomplex der Nahtoderfahrungen sei mit dem Christentum gar nicht recht vereinbar. Vermeintlich unverzichtbare Gedanken aus Theologie und Kirche fehlen offenkundig. Bei weiterem Nachfragen erfährt man dann, der Glaube an Aussagen der ersten Gemeinden über die Person Jesu spielte offensichtlich bei diesen Erlebnissen so gut wie keine Rolle. Diese frühchristlichen Gedanken haben sich ja bekanntlich dann später in der Auseinandersetzung mit verschiedenen geistigen Strömungen zu den Glaubensbekenntnissen weiter entwickelt. Titel, sogen. „Hoheitstitel", wie „Gottes Sohn", „Sohn Davids" u.a.m., die Jesus nach seinem Erdenleben beigelegt worden sind, werden vermisst. Ebenso verhalte es sich mit der Bedeutung des Opfertodes Jesu, der für viele Gläubige Voraussetzung für Gottes Verzeihen sei. Für Jesus selbst war das übrigens nicht der Fall. Er vergab den Menschen ihre Sünden ohne einen Hinweis darauf, dass dafür sein künftiger Kreuzestod und dessen Deutung als Erlösungstat die Vorbedingung sein werde.

Vor dem Hintergrund all dieser Einwände mag es manchem verwunderlich erscheinen, was J. Zink zum Thema der Übereinstimmung der Erlebnisse in Todesnähe mit Jesu Botschaft sagt. Es heißt bei ihm: „Was können wir vom Evangelium her gegen das Bild einwenden, das uns die Nahtoderfahrungen vermitteln? Zunächst: gar nichts. Was geschildert wird, ist mit dem christlichen Glauben voll vereinbar."[98] Wichtig ist hier die Formulierung „vom Evangelium her". Die theologischen Aussagen späterer Entwicklung in Form kirchlicher Dogmen finden in den Nahtoderlebnissen so gut wie keine Parallelen oder gar Bestätigungen. Das sahen wir schon. Sie mögen richtige Antworten auf damalige Fragestellungen gewesen sein. Auch heute können sie bei entsprechender Interpretation manchen Christen Hilfestellung im Glauben bieten. Schaut man aber auf das, was der große liberale Theologe A. v. Harnack das „Wesen des Christentums" nennt[99], so wird vielen deutlich: Notwendig für uns heute sind diese Hilfestellungen aus vergangener Zeit für eine erhebliche Anzahl von Gläubigen kaum noch. Im Religionsunterricht habe ich es oft erfahren, dass altkirchliche dogmatische Aussagen den Zugang zu Jesu Lehre Jugendlichen geradezu verstellen und versperren. In Gesprächen mit Erwachsenen stelle ich übrigens Gleiches fest. Das ursprüngliche Christentum war eben ein undogmatisches Christentum. Jesus war kein Lehrer in Sachen Dogmatik, sondern ein Verkünder der Liebe Gottes. Das zeigen Texte wie die zentralen Gleichnisse des Neuen Testaments: „Der verlorene Sohn" und die anderen „Gleichnisse vom Verlorenen" (Lk 15); auch das Gleichnis von den „Arbeitern im Weinberg" (Mt 20) gibt die große Hoffnung der Menschen wieder, die in Jesu Verkündigung eine so entscheidende Rolle spielt; der „barmherzige Samariter" (Lk 10) hat wie kein anderer Text gerade das soziale Engagement der Christen zu allen Zeiten geprägt. Jesus spricht von einem „Reich

Gottes", das A. v. Harnack in seiner Vorlesungsreihe über das „Wesen des Christentums" etwas „Überweltliches"[100] nennt. Bemerkenswert ist diese Aussage, weil man sich im Bereich der „Liberalen Theologie" mit Gedanken über ein Jenseits oft schwertat. Dieses überweltlich geglaubte Gottesreich ist den Menschen ein Grund zu einer Hoffnung über den Tod hinaus. Und es ist wohl bei v. Harnack auch transzendent gemeint, obwohl im 19. Jahrhundert ein Begriff wie der des „Reiches Gottes" in der protestantischen Theologie ebenso auch innerweltlich verstanden werden konnte. v. Harnack zählt dann die Liebe Gottes und den „unendlichen Wert der Menschenseele"[101] zu den wesentlichen Kernpunkten der Predigt Jesu. Und bei solchen Gedanken sind wir mitten in der Erlebniswelt der Todesnähe. Deswegen hat J. Zink Recht, wenn er diese Erfahrungen mit dem christlichen Glauben für vereinbar hält. Ist die Sprach- und Bilderwelt dieser Grenzerfahrungen vielleicht sogar *die* Art und Weise, in der man heute über Endzeitliches reden sollte? Die Zukunft wird zeigen, ob sich diese Vermutung als richtig erweist. Vieles spricht dafür. Von der Sache her scheint es geboten, und es wird auch von den Menschen bei allen Sprachschwierigkeiten, die dann zu meistern sein werden, durchaus verstanden.

Ein Leben im Jenseits?

Eine der wichtigsten, immer wieder gestellten Fragen ist die, ob die Nahtod-Erfahrenen im „Jenseits" waren oder nicht. Gerade die von mir so hoch geschätzten Selbstdeutungen derjenigen, die ein Nahtoderlebnis gehabt haben, legen oft nahe, man habe das Jenseits schon betreten dürfen. Als ein Beispiel für viele mag folgender Bericht gelten: „Zuerst fand ich mich unter der Decke des Operationssaales wieder... . Dann habe ich ein sehr helles, pastellfarbenes Licht wahrgenommen und fand mich kurz darauf in einer Menge von Menschen wieder. Ich war mir schnell darüber im Klaren, dass ich mich zu diesem Zeitpunkt im Himmel befand. Was sollte es sonst für ein Ort sein, an dem man auf bereits Verstorbene trifft? ... Jeder Mensch entscheidet selbst, wie er diesen anderen Ort nennen möchte, doch ich habe mich ganz bewusst für den Namen „Himmel" entschieden.

Meiner Meinung nach assoziiert man mit diesem Begriff sofort etwas Schönes, etwas Wunderbares. ... Die Wissenschaft benutzt hierfür das Wort „Jenseits"... ."[102]

Nun ist gerade dieses Wort „Jenseits" nicht eindeutig zu verstehen, da es in unserem Zusammenhang zwei Deutungsmöglichkeiten gibt. Zum einen bezeichnet man mit diesem Ausdruck alles, was sich jenseits unseres Erkenntnisvermögens befindet. Unsere uns bekannte Wirklichkeit ist z.B. für einen Regenwurm bei dieser Begriffsbestimmung zum allergrößten Teil schon etwas Jenseitiges. Bei vielen außerkörperlichen Erlebnissen kann man mit gewissem Recht die Bezeichnung „Jenseits" in diesem erkenntnistheoretischen Sinne benutzen. Den Nahtod-Erfahrenen wird die Erkenntnis einer Welt zuteil, die uns verborgen ist. Wenn alles dann auch noch, wie es meistens geschieht, als eine unendlich schöne Episode wahrgenommen wird, darf es nicht verwundern, wenn sich Gedankenverbindungen zur zweiten Deutungsmöglichkeit des Begriffes „Jenseits" einstellen. Zum anderen wird dieses Wort nämlich zur Benennung des Reiches Gottes, des Paradieses oder etwas Ähnlichem benutzt. Auch in dem von mir ausgewählten, eben zitierten Bericht sind - wie so häufig - Anklänge an beide Möglichkeiten der Interpretation denkbar und sinnvoll. Hier werden wieder die Sprachschwierigkeiten deutlich, die eingangs dargestellt wurden. E. Wiesenhütter spricht „von der anderen Seite"[103] und gab seinem Büchlein über die Selbsterfahrungen im Sterben ja den Titel „Blick nach drüben". Betrachtet man Erfahrungen in der Nähe des Todes als „Schleusenerlebnisse" zwischen hier und dort, so wird die Frage, ob sich das Nahtoderlebnis nur im Jenseits unserer Erkenntnismöglichkeiten oder schon im Paradies, der Welt Gottes, abgespielt hat, etwas entschärft, aber nicht zufriedenstellend gelöst.

Ein in diesen Betrachtungen bisher kaum berücksichtigter Gedanke vermag hilfreich zu sein, um die „Jenseitsfrage" einer Klärung näher zu bringen. Immer wieder ist in verschiedensten Bildern von einer Grenze die Rede, die nicht überschritten werden darf. Von einem Fluss wird gesprochen, von einem Seeufer, einem Zaun und anderem mehr.[104] Wer diese Linie überschreitet, kann nicht mehr zur Erde zurückkehren, so die einhelligen Mitteilungen. Und wenn es denn ein paradiesisches Jenseits gibt, das man vielleicht sogar mit dem Begriff „Reich Gottes" umschreiben könnte, dann ist es sinnvoll anzunehmen, dass die Nahtoderlebnisse ein Vorspiel, eine Ouvertüre zu diesem von A. v. Harnack „überweltlich" genannten Zustand sind. Es sind Erlebnisbilder, die in den Berichten dann zu sprachlichen Symbolen werden. Diese Symbole haben Anteil an dem, was sie zeigen wollen, weisen aber immer auch über sich hinaus. Ein in der Literatur ganz bekanntes Beispiel für eine solche Interpretation des Symbolbegriffes sind die Zähne der Familienmitglieder in Thomas Manns Roman „Buddenbrooks". Sie werden von Generation zu Generation schlechter und weisen dabei auf den wirtschaftlichen, gesellschaftlichen und letztlich auch persönlichen Verfall dieser Familie hin. Viele Bilder in der Schleuse zwischen Diesseits und Jenseits deuten auch auf das hin, was die Seele zu erwarten hat. Sie haben daran Anteil und sind deswegen dazu in der Lage. Das gilt für viele Erlebniselemente, nicht aber für alle. Die Verstorbenen, die uns in der Schleuse begegnen, sind wohl mehr als ein Symbol. Sie sind schon Teil der anderen Wirklichkeit.

Werden die Schleusenerlebnisse wegen ihrer Intensität und auch wegen der nachprüfbaren Folgen im Leben als Wirklichkeit einer neuen Daseinsweise erlebt, so sollte man als Außenstehender das einfach so gelten lassen, wie es gesagt wird. Eines scheint mir aber ganz klar zu sein: Gott bleibt weiter ein Geheimnis. Er „wohnt in einem Licht, dem sich keiner nahen kann" (1 Tim 6, 16). Wenn selbst Atheisten durch die Nahtoderlebnisse zu einem Glauben an etwas Göttliches kommen, dann nicht deswegen, weil sie Gott gesehen haben, sondern weil ihnen ihre innerste, oft verdrängte Gottesahnung jetzt zu einer unumstößlichen Glaubensgewissheit geworden ist.

Sektiererisches

Und nun noch ein kleiner, trauriger Exkurs: Einige Sektierer, eifrig in Sachen Mission gerade auch an unseren Haustüren, sehen hinter den Nahtoderfahrungen Satan persönlich am

122

Werk. Etwas Dämonisches solle die Menschen davon abhalten, sich zum rechten (ihrem!) Glauben zu bekehren. Deswegen berichte ihnen auch Satan nichts von der Hölle. Da sie nun keine Angst mehr vor ewiger Pein haben, werden sie kräftig sündigen, sich nicht bekehren und damit das Opfer eines triumphierenden Teufels werden. Welch grausiges Menschenbild und welche Ohnmacht Gottes stehen hinter solchen Gedanken! Bei aller Toleranz anderer Glaubensrichtungen gegenüber kann ich hier nur von geistigem Müll reden, der da in die Welt gestreut wird. Dass der Böse nun gerade in Lichtgestalt auftrete, stünde übrigens auch schon in der Bibel, wo er in der lateinischen Übersetzung, die „Vulgata" genannt wird, als „Luzifer", d.h. „Lichtträger", bezeichnet wird. In Wirklichkeit handele es sich um einen gefallenen Lichtengel, also Satan persönlich.

Meine Entgegnung, dass die Welt solche Satansgestalten dringend in großer Zahl benötige, wurde mit Entsetzen quittiert. „Aber was geschieht denn durch sie?", war meine Frage. Sie bereiten den Menschen doch höchste Glücksgefühle, zeigten ihnen die Wirklichkeit einer Seele, brächten uns mit unseren jetzt froh und zufrieden in einem Jenseits lebenden verstorbenen Verwandten oder Freunden wieder zusammen, ließen uns erkennen, dass ein Gott sei, nähmen uns die Angst vor dem Tode und führten alle, die wieder in das Erdenleben zurückkehren konnten, zu einem Leben in großer Verantwortung sich und anderen gegenüber. Endlich habe der Mensch das Gefühl, für kurze Zeit einmal zu Hause gewesen zu sein. Eine große Hoffnung sei das Ergebnis dieser Erfahrungen. Und das sollen die Taten Satans sein? Ja, war die Entgegnung, gerade da zeige sich die Hinterhältigkeit des Bösen, dass er selbst angeblich Gutes in endgültig Erschreckendes zu verwandeln im Stande ist. Ihm sei eben jedes Mittel recht, um Menschen in seine Netze einzufangen. Ich bat daraufhin die ansonsten recht höflichen Mitmenschen zu meiner Wohnungstür, garantierte ihnen, dass sie bestimmt ins Himmelreich kämen, nur müssten sie sich auf eine kleine Überraschung gefasst machen: Ich würde mit großer Sicherheit auch dort sein.

Schluss

Die Nahtoderlebnisse sind konfessions- und auch religionsübergreifend. Sie ereignen sich auch dort, wo Religiosität als etwas Überwundenes gilt. Nur schweigt man dort geflissentlich darüber oder hat große Schwierigkeiten, mit ihnen geistig umzugehen. Das Phänomen existiert weltweit. Meine Deutungen dieser Erfahrungen entstammen dem Umkreis der abendländischen Kultur. In anderen Kulturkreisen werden diese Deutungen inhaltlich ähnlich sein. Ihre sprachliche und bildhafte Gestaltung wird sich aber nach den Denkgepflogenheiten eben dieser Bildungslandschaften richten. Das darf nicht zu dem Fehlschluss führen, man habe dort anderes erlebt. Nein, anders ist nur die geistige Verarbeitung dieser Erlebnisse. Grundstruktur und Sinn des Erlebten sind stets mit den Erfahrungen in anderen Kulturkreisen vergleichbar.[105]

Nach den Deutungen, die sich der Gedanken aus Physik, Medizin, Philosophie und Religion bedienten und keinesfalls irgendwie den Anspruch auf Vollständigkeit erheben können, sollen im folgenden nun die *Bedeutungen* der Erlebnisse in Todesnähe etwas genauer untersucht werden. Dabei kann ich auf viele Erlebnisse zurückgreifen, durch die mir in den letzten 25 Jahren immer wieder verdeutlicht wurde, wie wichtig es ist, dieses Gedankengut aus der Tabuzone herauszuholen.

5. Kapitel: Bedeutung der Nahtodeserlebnisse

Für wen sind nun diese Erkenntnisse über die Erlebnisse in Todesnähe bedeutsam, von ganz praktischem Belang und wichtiger Tragweite? Die Antwort ist einfach: Eigentlich sind sie für alle Menschen von Bedeutung. Denn wir werden mit großer Wahrscheinlichkeit allesamt einmal in diese Schleuse hineinkommen und sie durchqueren. Diese Erlebnisse, diese „Blicke hinter den Horizont", sollten und können auch als Teil des Seelenlebens am Ende unserer irdischen Existenz angesehen werden. Dafür spricht vieles. Denn es gilt nach meiner festen Überzeugung: Entweder haben wir alle eine Seele oder keiner von uns. Und für die Existenz einer auch eigenständigen Seele gibt es viele überzeugende Argumente. Man muss nur dafür offen sein, dass unser Nachdenken über die Wirklichkeit unter dem Eindruck von Grenzerfahrungen erweitert wird. Dass es sich bei dieser Annahme um reines Wunschdenken handelt, scheint mir ausgeschlossen. Und selbst wenn sich hier nur eine Sehnsucht Gehör verschafft: Was lässt sich dann dagegen ins Feld führen, dass dieser Hoffnung nicht eine Wirklichkeit entspricht oder wenigstens entsprechen kann? Alexander v. Humboldt (1769 - 1859), einer der größten Naturwissenschaftler überhaupt, hat einmal gesagt: „Die Beweise gegen eine Seelenfortdauer nach dem Tode kann ich durchaus nicht anerkennen."[106] Sie waren ihm offenbar einfach nicht überzeugend genug. Und das kann man, gerade bei klarer Kenntnis der Nahtoderfahrungen, sehr gut nachvollziehen.

Viele, viel zu viele Menschen wissen allerdings von alledem nichts oder kaum etwas Genaues. Denn - wie schon mehrfach gesagt - im Gebiet der Grenzsituation „Ende des Erdenlebens" wird vielerlei einfach nicht zur Kenntnis genommen oder verdrängt. Diese Erlebnisse, auch wenn man nur von ihnen gehört hat, vermitteln Mut, Zutrauen zum eigenen Leben, Optimismus, Angstfreiheit und manches mehr. Das kann derjenige, der sich ihnen verschließt, nicht ahnen.

Manchmal ist mir gerade von sehr gläubigen Menschen mitge-teilt worden, sie brauchten für sich selbst einen solchen Trost und eine solche Hilfestellung nicht. Ihnen sei ihr eigener Glaube genug. Das ist ohne Wenn und Aber zu akzeptieren. Wer will und kann dagegen etwas einwenden? Nur: Reicht dieser persönliche Glaube aus, um andere Menschen zu erreichen? Tröstet ein solches individuelles Vertrauen auf Gott oder in eine andere Weltsicht fremde Menschen, die sich in großer persönlicher Not befinden und denen man sehr gerne helfen möchte? Hilft ein solcher Glaube suchenden Jugendlichen weiter, die gerade dabei sind, ihre eigene Weltanschauung zu finden? Ich habe da meine durch viele Erfahrungen legitim begründeten Zweifel. Nicht nur für mich, sondern auch für viele andere sind die Berichte über Nahtoderfahrungen ein Geschenk für unsere Zeit geworden, die so wenig an wirklich hilfreichen Gedanken zu bieten hat und die so arm ist an Sinn stiftenden Ideen.

An einigen Beispielen möchte ich nun verdeutlichen, für welche Personenkreise die Kenntnis von diesen Erfahrungen in der Nähe des Todes oder auch vergleichbarer Geschehen von besonderer Bedeutung ist.

1. In medizinischen und pflegerischen Berufen

Die Schule, an der ich fast 4 Jahrzehnte unterrichtet habe, feierte ihr 30-jähriges Jubiläum. Viele Ehemalige waren gekommen. Eine Schülerin, die ich einige Jahre im Fach Philosophie unterrichtet hatte, bat mich um ein Gespräch. Wir setzten uns gemeinsam in eine stille Ecke und sie erzählte, dass sie Krankenschwester geworden sei. Besonders gern widme sie sich schwerstkranken, sterbenden Patientinnen und Patienten. Ihre Kolleginnen und Kollegen vermieden es dagegen, sich länger als unbedingt nötig in diesen Krankenzimmern mit Sterbenden aufzuhalten. Offenbar war ihnen deren Gegenwart eine seelische Belastung. Mochten sie nicht an ihr eigenes Ende erinnert werden? Konnten sie das oft schwere Leiden, das sich ihnen bot, nicht ertragen? Fürchteten sie Fragen der Kranken über deren Zustand? Meine ehemalige Schülerin wusste es nicht genau. Die oftmals traurig-düstere Atmosphäre in den Räumen hellte sich nun stets schlagartig auf, wenn sie eines dieser Krankenzimmer betrat. Sie verbreitete nämlich Zuversicht, Hoffnung und ein Vertrauen in die Zukunft. Und das wirkte sich irgendwie ansteckend auf die Kranken und die Stimmung im Raum aus. „Für mich", so schloss sie ihren kleinen Bericht, „sind diese Patienten nämlich nicht bedauernswerte Menschen, die noch eine kurze Zeit zu leben hätten und dann ist alles aus. Es geht dann ab in die Grube. Nein, diese Menschen haben noch eine kleine Zeitspanne auf dieser Erde vor sich, und dann fängt für sie etwas Neues, Schönes an. Und diese Gedanken hat mir in der Ausbildung kein einziger Mensch gesagt. Das weiß ich nur aus Ihrem Unterricht. Damals haben wir ja ausführlich über Leben und Sterben und auch über die Nahtoderlebnisse gesprochen."

Heute wird sich hier schon einiges geändert haben, aber bei weitem noch nicht in dem Ausmaße, wie es nötig ist. Ein Facharzt für Schmerztherapie an einer Hamburger Klinik sagte mir vor etwa zwei Jahren, es sei vor allem nötig, zuerst einmal Ärztinnen und Ärzte von der Seriosität und Wichtigkeit der Nahtoderlebnisse zu überzeugen. Dann würde sich vieles auch in der Ausbildung des Pflegepersonals zum Positiven ändern. Ich schloss aus diesen Bemerkungen, dass er selbst in diesem Bereich noch große Defizite spürte. Meiner ehemaligen Schülerin wird man in ihrer Lehrzeit etliches über die Phasen gesagt haben, die der Mensch beim Sterben zu durchlaufen hat. E. Kübler-Ross' Forschungsergebnisse haben hier trotz einiger Kritik noch immer Gültigkeit. Das habe ich selber bei der tödlichen Krankheit meines Bruders miterlebt. Zunächst hatte er alles nicht wahrhaben wollen. Nachdem er seinen Zustand im Prinzip nach kurzen Versuchen der Auflehnung akzeptiert hatte, wollte er unbedingt noch einige Dinge erleben. Wir haben gemeinsam noch mehrere Reisen unternommen und auch kulturelle Veranstaltungen besucht. Die Phase der Depression war nur sehr kurz zu spüren. Und dann schließlich hat er seine „große Hoffnung" auf ein Jenseits gesetzt.

Dieses von E. Kübler-Ross beschriebene Modell des Sterbens kannte meine Schülerin durchaus. Sie sei aber glücklich, damals in der Schule auch von den Erfahrungen in unmittelbarer Todesnähe gehört zu haben. Ihr Berufsleben habe dadurch eine ganz besondere Qualität bekommen. Sie stand Fragen nach dem Sterben nicht mehr hilflos gegenüber. Hoffentlich verhindern der zunehmende Personalnotstand und die weiter um sich greifende Bürokratisierung von Krankenhäusern und Pflegeheimen nicht, dass solche sachkundigen und engagierten Pflegerinnen und Pfleger ihre Arbeit in dieser segensreichen Weise fortführen können.

Auch für die Patienten, die vielleicht im Zusammenhang mit ihrer gerade bestehenden Erkrankung oder die schon früher einmal eine Erfahrung in Todesnähe gehabt hatten, ist es wichtig, dass das Pflegepersonal sich mindestens mit diesen Erlebnisformen auskennt. Kaum etwas kann nämlich Patienten innerlich mehr aus der Fassung bringen, so berichtet der schon mehrmals erwähnte amerikanische Kardiologe M. Sabom, „wenn sie versuchten, darüber zu sprechen und man ihnen nicht zuhörte."[107] „Schlimmer noch war, wenn man argwöhnte, sie seien nicht ganz richtig im Kopf, und ihnen riet, sich behandeln zu lassen. Sie zogen sich in eine Isolation zurück. … Sie glaubten, mit ihrer Erfahrung allein zu sein. Trotzdem empfanden sie das große Bedürfnis, sich mitzuteilen. Es war also unbedingt notwendig, dass solche Menschen sich anderen eröffnen konnten. Und diese Aufgabe fiel dem Pflegepersonal zu."[108] Wenn aber nun, wie es meiner Schülerin widerfahren ist, nichts oder nicht viel davon in der Aus- und Weiterbildung mitgeteilt wird, so entsteht ein Zustand, der nur als unhaltbar bezeichnet werden kann. Ich bin deswegen immer froh, wenn ich im Rahmen der Ausbildung ehrenamtlicher Helferinnen und Helfer in der Hospizbewegung oder auch zur Schulung von zukünftigem Krankenpflegepersonal um einen Vortrag über diesen gesamten Themenkreis gebeten werde. Und die Rückmeldungen, die ich nach solchen Veranstaltungen erhalte, sind so gut wie immer außerordentlich positiv und für mich ermutigend, meine Arbeit fortzusetzen.

Ein ganz besonderer Glücksfall liegt dann vor, wenn eine nahtoderfahrene Person sich dazu entschließt, Sterbende in Hospizen, auf Palliativstationen oder auch anderswo zu begleiten. Ein emotionaler Gleichklang besonderer Art und die sich daraus ergebenden intensiven und authentischen Gespräche können das Leben aller Beteiligten bereichern. Gerade auch Angehörige von Sterbenden wissen solchen Gedankenaustausch zu schätzen. Sie erfahren hier vielleicht zum ersten Male etwas über die hoffnungsvollen Ergebnisse der Sterbeforschung.

Sterbebegleitung erstreckt sich auch immer auf die Betreuung Verwandter und Freunde des Kranken. Und dabei ist es unbedingt notwenig, Sachkenntnisse aus eigener Erfahrung oder durch die Schilderungen von Erlebnissen anderer zu besitzen. Das „Loslassen-Können" spielt beim Weggang von dieser Erde eine ganz entscheidende Rolle. Diese Tugend wird erleichtert, wenn ich weiß, es geht eben nicht hinab in eine dunkle Grube, sondern in eine andere, lichtvolle Welt. Mir sagte einmal ein Neurochirurg, er könne manchmal seine Arbeit mit hoffnungslos Erkrankten nur deswegen seelisch so gut durchstehen, weil er genau wisse, wir treffen uns ohnehin im Jenseits wieder. Das ist natürlich sein privater, nicht beweisbarer, aber deswegen nicht unvernünftiger Glaube. Die wichtigsten Dinge im Leben lassen sich ohnehin nicht beweisen. Was sich durch Fakten eindeutig belegen lässt, spielt für unser Seelenleben und das persönliche Wohlbefinden ohnehin kaum eine Rolle, wie es sinngemäß einmal H. v. Ditfurth gesagt hat.

Wie unterschiedlich die Nahtoderfahrungen von medizinischer Seite gedeutet werden, haben wir in dem entsprechenden Kapitel gesehen. Die Bedeutung und die daraus resultierende Reaktion, die ein solches Erlebnis für einen Mediziner haben sollte, dem so etwas von Patienten berichtet wird, hat sich streng nach dem Leitsatz zu richten: Seine Verhaltensweisen dürfen auf keinen Fall irgendeinen Schaden anrichten. Das heißt zuallererst: Der Arzt hat ernst zu nehmen, was ihm ein Patient hierüber berichtet. Er darf es nicht einfach übergehen, was heute noch häufig geschieht. Auch zu einer Bagatellisierung dieses stets als äußerst wichtig beschriebenen Erlebnisses darf es nicht kommen. Notfalls muss ein Arzt einmal über seinen weltanschaulichen Schatten springen. Und das sollte nicht nur gespielt sein, es muss mit Ernst und gutem Willen zum Verstehen geschehen. Ist ein Mediziner dazu nicht in der Lage, verkommt bei ihm die Wissenschaft zur Ideologie.

E. Kübler-Ross hat einmal den Wunsch geäußert, es sollten nur diejenigen Mediziner Sterbende betreuen, die an ein Leben nach dem Tod glaubten. Viel Leid könne dadurch einem Menschen erspart bleiben. Auch Mediziner müssen irgendwann einmal ihre Patienten „loslassen". Das fällt Menschen mit einer aus den Nahtoderlebnissen hergeleiteten Weltanschauung leichter. Mehrere Beispiele aus meinem Bekanntenkreis fallen mir ein, die mich das Fürchten vor einigen Ärzten gelehrt haben, weil man die Patienten nicht hatte gehen lassen wollen oder können. Ein betagter Mann wurde entgegen seiner Verfügung in einem Patiententestament künstlich beatmet und durch eine Magensonde ernährt, wechselte immer wieder von der Intensivstation in ein Krankenzimmer, dann für kurze Zeit in eine Rehabilitations-Klinik, bis man ihn wieder in die Intensivstation einlieferte. Das ging über Monate so. Immer wieder äußerte der Patient den dringenden Wunsch, sterben zu dürfen. Aber man wollte ihn keines „natürlichen Todes" sterben lassen. Es ist für einen Arzt sicherlich immer eine schwierige Entscheidung des Gewissens, wie man sich in solch einem Fall verhalten soll. Entschlüsse müssen nach vertretbaren Richtlinien gefällt werden. Der oberste Grundsatz sollte hier der Wille, das Wohl und die Lebensqualität des Kranken sein. Am Lebensende spielt doch, bei entsprechend unheilbarer Grunderkrankung, eine zusätzlich medizinisch erarbeitete Lebensspanne von wenigen Tagen oder Wochen ohne eine spürbare Lebensqualität keine große Rolle mehr. Wem ist denn damit gedient? Was an herrlichem Erleben der Seele enthält man denen, die man nicht sterben lassen kann oder will, vor? Und welchen Sinn hat das alles?

Diese von mir geäußerten Gedanken können jetzt grob missverstanden werden. Ich möchte nicht einem leichtfertigen und vorzeitigen Aufgeben von Patienten das Wort reden. Was sinnvollerweise getan werden kann, muss an Therapien auch durchgeführt werden. Was aber sinnvoll ist, entscheiden Arzt und Patient oder dessen Vertrauter gemeinsam. Dabei haben dann auch die Weltanschauung des Patienten und seine religiösen Ansichten gebührende Berücksichtigung zu finden. Manchmal liegt ein Fall allerdings so kompliziert, dass man zu einer eindeutigen Entscheidung nicht gelangen kann. Dann darf man einen Mediziner niemals vorschnell verurteilen. Weitere, mir bekannte ähnliche Beispiele von einem sinnvollen Sterben, das man den Patienten vorenthielt, möchte ich hier nicht schildern.

Aktive Sterbehilfe ist ein großes Problem. Ich möchte sie an sich nur ablehnen. Sollte es nicht aber bei schwersten Erkrankungen (wie z.B. ALS) um der Menschlichkeit und letztlich auch um der Liebe willen genau geregelte Ausnahmen geben? Kritik von Außenstehenden und auch von jeglichen Institutionen verbietet sich in diesen Fällen. Im Exkurs über den Suizid wird uns dieses Problem noch einmal begegnen.

Die aus guten Gründen immer wieder geleistete *passive* Sterbehilfe kann ich nur gutheißen. Jeder Mensch hat ein Recht auf Leben und zugleich eines auf einen natürlichen Tod. Niemand hat die Pflicht, sich durch künstliche Maßnahmen quälen zu lassen, nur weil medizin-technisch vielleicht noch einiges möglich ist.

Ein wichtiger Gedanken darf nie aus den Augen verloren werden: Der Tod ist nicht immer nur der Feind des Menschen. Matthias Claudius (1740 - 1815), uns bekannt als der Dichter des Liedes „Der Mond ist aufgegangen", lässt in seinem Gedicht „Der Tod und das Mädchen" den Tod sich selber mit den Worten charakterisieren: „Bin Freund und komme nicht zu strafen." Nahtod-Erfahrene und Mediziner mit entsprechenden Kenntnissen können dieser Zeile sicherlich einen Sinn abgewinnen. Und nun noch ein wichtiger Rat: Eine juristisch korrekte Patientenverfügung ist genauso wichtig wie ein gültiger Reisepass.

Ein ganz schwerer Kunstfehler eines Mediziners, der die Bedeutung der Nahtoderlebnisse nicht erkannt hat, besteht darin, hinter ihnen etwas Krankhaftes zu sehen. Das Gegenteil ist der Fall. Diese Erkenntnis ist medizinisch gesichertes Gedankengut. Eine positive Bewertung dieser Erlebnisse durch den Arzt dient sogar möglicherweise der schnelleren Genesung eines Kranken.

Ein besonderer Glücksfall liegt dann vor, wenn Arzt und Patient beide ein Erlebnis in Todesnähe gehabt haben und ehrlich darüber miteinander sprechen können. Missverständnisse in Bezug auf mögliche Therapien sind in einem solchen Fall so gut wie ausgeschlossen.

Ich unterhielt mich einmal mit einer schon älteren Ärztin über das Phänomen der Todesnäheerlebnisse. Sie erzählte mir, dass sie oft bei sterbenden Patienten, selbst nachts, am Bett sitzen bliebe, bis das Erdenleben sich vollendet hätte. Und bei all dem, was man dabei erlebe, geschehe es immer wieder, dass man selbst als Wissenschaftler „jenseitsgläubig" wird. Allen Ärztinnen und Ärzten möchte ich einen weisen Gedanken von Paracelsus (1493 - 1541) ans Herz legen: „Der Tod ist kein Ender, sondern ein Wender. Das Beste in diesem Leben ist die Hoffnung auf ein künftiges Leben."[109] Natürlich kann auch dieser Gedanke missbraucht und als fade Ausrede für mancherlei Zwecke benutzt werden. Das ändert aber nichts an seiner Richtigkeit.

2. In der Seelsorge

Von großer Bedeutung und Hilfe können Kenntnisse über Nahtoderlebnisse für Seelsorger und für selbst von einem Todesfall Betroffene bei der Trauerarbeit sein. Hat ein Seelsorger selbst einmal eine Nahtoderfahrung durchlebt, besitzt er von dieser Zeit an meistens ein weit über das normale Maß hinausgehendes Einfühlungsvermögen. Diese Fähigkeit kann für seelsorgerliche Gespräche äußerst wichtig sein. Solche Seelsorger spüren in dem Gegenüber, in dessen Worten, Gefühlen und manchmal sogar auch Gedanken selbst feinste Nuancen, auf die sie dann eingehen können. Außerdem strahlen diese Seelsorger, wie mir berichtet wurde, eine besondere innere Sicherheit aus. So können sie durch ihr erfahrenes Wissen, ihre Gedanken und auch durch die besondere Atmosphäre während des Gespräches manches an Kummer nehmen, auch wenn es in dem Gespräch gar nicht um einen Trauerfall geht.

Nun muss man davon ausgehen, dass die meisten Seelsorger ein eigenes Erleben in Todesnähe gar nicht selbst erfahren haben. Aber auch hier gilt: Schon ein intensives Wissen um diesen Themenkomplex kann in ähnlicher Weise hilfreich sein. Man ist dann auch durchaus in der Lage, vieles zu erspüren und vor allem manches aus einer anderen Warte zu erahnen.

Oft braucht ein Nahtod-Erfahrener nach diesem Erlebnis selbst seelsorgerliche Hilfe. Er muss seine Erlebnisse in das bisher Gedachte und Geglaubte einordnen können. Und das ist oft nicht ohne seelsorgerliche oder psychotherapeutische Hilfe möglich. Partnerschaften geraten in Gefahr, sich aufzulösen, weil man mit dem jeweils anderen wegen seiner neuen Lebensziele nicht mehr zurechtkommt. Man ist sich fremd geworden und muss sich wieder neu finden. Sind den Seelsorgern oder Therapeuten diese Erlebnisse aus dem Grenzbereich des Sterbens bekannt, wird ihnen dies mit großer Sicherheit besser gelingen als im gegenteiligen Fall. Kennt man nur die Probleme, die aus solchen Erfahrungen erwachsen können, und nicht die Erlebnisse selbst, besteht die Gefahr, dass man aneinander vorbeiredet. Sieht ein Seelsorger in dem

gesamten Erlebnisfeld der Nahtodeserfahrungen nur Patholo-
gisches, für das dann ein Arzt und sonst niemand zuständig
ist, kann Seelsorge hier gar nicht stattfinden. „Mein Pastor
hat mich schroff zurückgewiesen", das hörten wir schon am
Beginn des Buches. Und damit solche Fehleinschätzungen
nicht vorkommen, gehört das Thema „Nahtoderfahrung" in die
Ausbildung aller hinein, die sich um Probleme mit der Seele
aus beruflichen Gründen zu kümmern haben.

Bei der seelsorgerlichen Begleitung *nach* einem Trauerfall ist
die Sachkenntnis von den Nahtoderfahrungen mindestens
ebenso wichtig. Trauer ist ein vielschichtiges psychisches, stets
individuelles Geschehen und immer von starken Emotionen
begleitet. Zorn kann sich einstellen, denn der Verstorbene hat
den Trauernden alleine zurückgelassen. Hat man früher die
Fähigkeit besessen, einsame Stunden zu genießen, empfindet
man jetzt die Einsamkeit als sinnlos und leer. Der Verlust
des lieben Menschen überdeckt die Fähigkeit, in irgendetwas
überhaupt noch einen Sinn zu erblicken. Über dem gesamten
Leben liegt ein Schleier unendlicher Traurigkeit.

Der seelische Schmerz kann sich ebenfalls in körperlichen
Symptomen zeigen. Immer wieder wird von Schlaflosigkeit
berichtet. Man hat kaum noch Appetit, und eine große
Kraftlosigkeit stellt sich ein. Auch von Atemnot ist gelegentlich
die Rede.

Der Hinterbliebene entwickelt oft Schuldgefühle. Er fragt sich,
ob er alles Notwendige und Mögliche für den Verstorbenen
getan habe. Bestehen noch irgendwelche „unerledigten
Geschäfte"? (Dieser Begriff stammt von E. Kübler-Ross.) Ist
alles, was gesagt werden musste, auch in angemessener Form
ausgesprochen worden? Diese Reihe von Beispielen für Trauer
lässt sich mühelos erweitern.

Nun bilde ich mir nicht ein, all dies ließe sich durch einen Vortrag
über Nahtoderlebnisse in einem Trauerseminar schnell einem
guten Ende zuführen. Dazu ist oft eine längere Intervention
notwendig. Selbsthilfegruppen bieten ihren Beistand an.
Kirchen und andere Organisationen stellen Hilfsmöglichkeiten

zur Verfügung. Ebenfalls erfüllen verantwortungsbewusst handelnde Bestattungsunternehmen hier wichtige Aufgaben. Auch gibt es viele gute Bücher, die sich mit dem Thema „Trauer" in wertvoller Weise auseinandersetzen. Eventuell muss zusätzlich noch eine Psychotherapie durchgeführt werden. Es ist aber immer wieder sinnvoll, sich zur Bewältigung der Trauer auch mit den Grenzerfahrungen der Todesnähe zu beschäftigen. Das bestätigte mir einmal nach einer Veranstaltung eine Mutter, deren Kind verstorben war. Sie erklärte mir, es tröste sie sehr, durch die Nahtoderlebnisse zu wissen, dass ihr Kind beim Sterben nicht gelitten habe. Jetzt sei es in einer guten Wirklichkeit geborgen. Dort lebe es, bis sie sich wiedersehen würden. Für diese Mutter hatte sich der zunächst destruktive Schmerz in eine konstruktive Trauer verwandelt, die von Hoffnung getragen wurde.

Es ist auch möglich, die Trauerarbeit mit dem unheilbar Erkrankten gemeinsam zu leisten. E. Kübler-Ross hat Phasen des Sterbens ausmachen können. Über die Phasen des Trauerns erfahren wir vor allem etwas bei Verena Kast.[110] Ließen sich nun die Sterbephasen durch die Kenntnis der Nahtoderfahrungen günstig beeinflussen, so gilt dies auch für die Phasen der Trauer. Dazu möchte ich einige sehr persönliche Bemerkungen machen. Denn gerade das habe ich erleben dürfen. Lange vor der tödlichen Erkrankung meines Zwillingsbruders hatten wir beide uns intensiv mit den Nahtoderfahrungen auseinandergesetzt. Als wir dann die furchtbare Diagnose: „Besonders bösartiger Hirntumor, nicht zu heilen" erhielten, war das ein schrecklicher Moment. Wir fielen aber nach dem ersten Schock nicht ins Bodenlose. Die uns noch gemeinsam verbleibende Zeit wollten wir sinnvoll gestalten. Und das war, wie ich später merken sollte, ein Stück gemeinsamer Trauerarbeit vor dem eigentlichen Tod. Für so eine Gemeinsamkeit in schwerster Zeit ist es nötig, dass man das bevorstehende Ende dieses Erdenlebens nicht verdrängt, sondern bewusst akzeptiert. Das war auch uns nicht in jedem Moment der verbleibenden Zeit möglich. Wir unternahmen aber noch einige Reisen an Ziele, die wir gemeinsam schon früher aufgesucht hatten. Das lenkte uns etwas ab. Aber wenn dann wieder einmal ein besonderes Gespräch glückte, gab mir mein Bruder gute Ratschläge, wie auch ohne ihn ein Leben für mich möglich sein werde. Immer wieder sprach er davon, dass der bevorstehende Abschied ja kein Abschied für immer sei, sondern wir uns einmal in einer besseren Welt ohne Krankheit wiedersehen würden. Von Zeit zu Zeit gab er mir regelrechte Tipps für meine Zukunft. Ich dürfte die Wohnung, in der wir 20 Jahre gemeinsam gelebt hatten, auf gar keinen Fall verlassen, um mir eine andere zu mieten. Ich müsse nun endlich lernen, mit Geld umzugehen, und anderes mehr. Vor allen Dingen bat er mich, ich möge mich nicht allzu sehr der Traurigkeit hingeben. Davon hätte er nichts und ich erst recht nicht. Diese Bitte zu erfüllen, war schwer, aber nicht unmöglich. Wir hatten am Ende seines Lebens ein kurzes, aber intensives Abschiedsgespräch. Danach verlor er die Fähigkeit zu sprechen und schlief dann einige Tage später ruhig ein. Das alles schreibt sich heute, 20 Jahre nach seinem Tod, leichter, als es damals für uns gewesen ist. Die Zeit der gemeinsamen Trauerarbeit hat mir aber sehr geholfen, wieder recht schnell in das Leben zurückzufinden. Ich wünschte mir, dass es anderen Menschen auch möglich sein könnte, so etwas zu erleben. Durch diese gemeinsame Trauerarbeit ist uns beiden Unabänderliches erträglicher geworden.

Bei einem plötzlichen oder auch gewaltsamen Tod ist dies alles so nicht möglich. Aus vielen Gesprächen weiß ich aber, dass Berichte über Nahtoderlebnisse, wenn man diese denn ernst nimmt, so gut wie immer als etwas Hilfreiches zur Bewältigung von Trauer empfunden werden und man schneller wieder einen jetzt allerdings neuen Weg in das Leben zurückfinden kann.

3. In pädagogischen Bereichen

a. Allgemeines

Ich halte es für einen unhaltbaren Zustand, wenn bei der Erziehung und Persönlichkeitsentwicklung von Kindern und Jugendlichen Erkenntnisse der Sterbeforschung einfach ausgeklammert werden. Die Frage, ob man junge Menschen mit der Thematik des Lebensendes konfrontieren sollte, kann nur mit einem eindeutigen „Ja" beantwortet werden. Ich werde diese Aussage zu belegen versuchen. Junge Menschen werden, wenn man die Thematik sachgerecht angeht, nicht „in Verwirrung gestürzt", „überfordert" oder sonst wie geschädigt. Manche Eltern, Pädagogen und Geistliche befürchten das. Sie sind über Gebühr skeptisch und besorgt. Ich habe ganz andere Erfahrungen gemacht: Kinder sind oft in Not, weil mit ihnen nicht über diesen Themenkreis gesprochen wird. Werden Erziehungsberechtigte vor geplanten Unterrichtseinheiten gerade im Bereich der Klassenstufen 4, 5 und 6 zu diesem Thema um ihre Zustimmung gefragt, erhalte ich manches Mal eine Absage. Unterrichte ich aber einfach ohne große vorhergehende Problematisierung Schulklassen oder andere Kinder dieser Altersgruppe, ist mir noch niemals eine Beschwerde zu Ohren gekommen. Eltern ließen mich dagegen durch ihre Kinder oder durch Briefe ausdrücklich wissen, wie dankbar und froh sie seien, dass ich dieses als heikel empfundene Thema so konstruktiv angefasst hätte.

Dass man bei dieser Arbeit im methodischen Bereich altersgemäß zu differenzieren hat, ist selbstverständlich. Kognitive Entwicklung, ein zunehmendes Begreifen dessen, was wir die „Zeit" nennen, und ein stets wachsendes Abstraktionsvermögen müssen berücksichtigt werden. Nur unter diesen Voraussetzungen kann man mit Kindern und Jugendlichen über das Thema des Lebensendes in richtiger Weise sprechen. Und dabei ist es dann immer wieder möglich und nötig, auch auf die Nahtoderlebnisse und deren Bedeutung hinzuweisen.

Wird diese Thematik aus falsch verstandener Rücksichtnahme Kindern und Jugendlichen vorenthalten, so entwickeln gerade die Kleineren unheimliche und unglaublich destruktive Phantasien und Ängste, deren Bearbeitung sich viel schwieriger gestalten wird, als eine rechtzeitige, sachliche Information und Aussprache. Kinder erfahren nun einmal trotz aller Tabuisierung durch die Erwachsenen das Sterben und den Tod in der Familie, im Freundes- und Verwandtenkreis, ja auch bei Haustieren. Von den Massenmedien will ich hier gar nicht reden! Man erlebt aber alles nur „von außen gesehen", wie es oben genannt wurde. Hinweise auf diese Grenzerfahrung aus der Sicht „von innen" sind, so meine Erfahrungen, immer hilfreich und sollten deswegen mitgeteilt werden. Kinder, denen diese Problematik vorenthalten wird, merken: Über Wichtiges sprechen die Erwachsenen offenbar mit uns nicht. Das hat dann geradezu fatale Folgen für das weitere Leben. Diese Kinder werden sich als Jugendliche in den für sie wichtigen Angelegenheiten ebenfalls nicht an die erwachsenen Bezugspersonen, sondern vor allem an ihre Altersgenossen wenden. Das Ergebnis ist dann ein großes Schweigen innerhalb der Familie, in der sinnvolles Reden miteinander dringend nötig gewesen wäre.

Nach Unterrichtseinheiten über Sterben und Nahtoderfahrungen lasse ich immer eine anonyme Befragung durchführen, ob die Stunden als hilfreich, wichtig, interessant oder dergl. empfunden oder als unwichtig, Angst erregend, langweilig und für Kinder und Jugendliche ungeeignet angesehen wurden. Das Ergebnis ist immer: Über 90% der Unterrichteten, oft auch 100% freuten sich über das, was sie hier Neues und für ihr Leben Wichtiges gelernt hatten. Einige wenige Male wurde mir sogar von Jugendlichen gesagt, die Thematik dieser Unterrichtsstunden gehörte zum Wichtigsten, was sie überhaupt in der Schule erfahren hätten.

Besonders bedeutsam scheint mir noch ein anderes, zusätzliches Problem zu sein: Immer häufiger können Mediziner junge und sehr junge Menschen aus dem Zustand des klinischen Todes zurückholen. Immer mehr Eltern und Pädagogen werden sich damit auseinanderzusetzen haben. Viele Fragen werden ihnen im Zusammenhang mit diesen Erfahrungen gestellt, Sorgen und Freuden mitgeteilt. Sie sind privat oder beruflich in dieser Sache also gefordert und müssen sich kundig gemacht haben, wenn sie kein Unheil anrichten wollen. Der Ernst dieser Situation ist vielen noch völlig unbekannt.

Ein besonders dramatischer Fall wurde mir in einer Realschule in Süddeutschland anvertraut. Ich unterrichtete mehrere Stunden in den 9. Klassen dieser Schule. Am Ende der Unterrichtseinheit kam ein 15-jähriger Junge auf mich zu und bat um ein Gespräch. Gern willigte ich ein. „Das, was wir heute erfahren haben, habe ich alles schon selbst erlebt." So begann er. Ich entgegnete ihm freundlich, dass mir so etwas schon häufiger von Jugendlichen mitgeteilt worden sei. Er brauche sich darüber keine Sorgen zu machen. Er unterbrach mich: „Nein, nein, bei mir ist alles ‚ganz besonders' gewesen." Nun war ich gespannt und erfuhr zu meinem Erstaunen, er sei während seiner Geburt gestorben und habe dabei eine außerkörperliche Erfahrung gemacht. Dann sei er durch den Tunnel gesogen und an dessen Ende von einem freundlichen Mann empfangen worden, der sich ihm als sein Urgroßvater vorgestellt habe, der schon viele Jahre vor seiner Geburt gestorben sei. Die unendliche Liebe des Lichtes habe er gespürt und als etwas besonders Schönes und Wertvolles genossen. Nur der Lebensfilm fehlte in seinem Erleben. Das war für uns leicht zu erklären: Er hatte ja auch noch gar nicht gelebt. Das alles hätte sich ihm so intensiv eingeprägt, dass es ihm während seiner Säuglings- und Kleinkindzeit immer präsent gewesen wäre. Als er 3½ Jahre alt gewesen sei, habe er versucht, seiner Mutter von alledem zu erzählen. Sie bestätigte, dass er während der Geburt gestorben sei. Das hatte ihm bisher noch niemand erzählt. Er wusste es aber wegen seines Erlebnisses trotzdem. Die Ärzte hätten ihn nur mit großer Mühe ins Leben hereinholen können. Was er allerdings „sonst so" berichtete, hielt sie für ausgemachten Unsinn. Darunter hätte er während seines ganzen weiteren Lebens sehr gelitten. Wie, außer durch eigenes Erleben, hätte er denn an all diese Informationen herankommen können? Ich sei nun, so fuhr er fort und dabei standen ihm Tränen in den Augen, der zweite Mensch, dem er das alles erzählte. Waren es Tränen der Erleichterung, weil er endlich einen Menschen gefunden hatte, der ihn verstand?

Aus neurologischer Sicht ist das eben Berichtete natürlich völlig unmöglich. Zu solchen merkwürdigen und unglaublichen Erkenntnis- und Gedächtnisleistungen sei das Gehirn eines Neugeborenen gar nicht in der Lage. Dem will ich auch nicht widersprechen. Es ist ja auch folgende, uns bereits bekannte Hypothese denkbar, sie schließt sich lückenlos an vorherige Kapitel an und ist auch mit der gerade berichteten Lebenserfahrung des Neugeborenen vereinbar: Dieses ganze Erlebnis hat zunächst überhaupt nichts mit dem Gehirn zu tun. Die Seele, die sich vom Körper während der Geburt getrennt hat, erlebte das alles. Später war dann diese Seele - Eccles spricht in solchen Zusammenhängen von dem „sich seiner selbst bewussten Geist" - in der Lage, sich des Gehirns zu bedienen, und so hat dann alles Sprache werden können. Mir kommt bei alledem wieder der Ausspruch des nahtoderfahrenen Arztes in den Sinn, den Moody interviewt hatte und der ihm sagte: „Als Naturwissenschaftler würde ich denken: ‚so etwas gibt es nicht. Aber gegeben hat es das trotzdem.'"[111] E. Kübler-Ross fordert von den Wissenschaftlern bei der Beurteilung solcher und ähnlicher Fälle Demut. „Von uns Wissenschaftlern wird Demut verlangt. Wir müssen demütig akzeptieren, dass es viele Millionen Dinge gibt, die wir noch nicht verstehen können. Das heißt aber nicht, dass diese Dinge, nur weil wir sie nicht verstehen, etwa nicht existieren und Realitäten sein dürfen."[112]

Eine Studie der Amerikanerin Phyllis Atwater, über die sie in einer Fernsehsendung berichtete, zeigt uns, dass Kinder, die ein Nahtoderlebnis gehabt haben, sich in einer ganz problematischen Situation befinden. Können sie wegen mangelnder Kenntnisse und fehlender Einsicht und Bereitschaft von Ärztinnen und Ärzten nicht mit ihnen über ihre Erlebnisse sprechen, fühlen sie sich zurückgestoßen. Wissen dann auch Eltern, Pädagogen und Geistliche nichts mit dem Berichteten anzufangen, breitet sich in den Seelen der inzwischen Heranwachsenden eine große Einsamkeit aus. Diese ist außerdem mit der Angst vor dem Verlust von Liebe und der Furcht vor gesellschaftlicher Ächtung gepaart. Das alles steigert sich noch in der Zeit der Pubertät, in der man sich ohnehin oft nicht akzeptiert fühlt. Diese Jugendlichen neigen dann eher als andere dazu, in Problemsituationen Drogen zu konsumieren.

Es droht dann aus all diesen Gründen möglicherweise sogar ein Suizid. Solche Jugendlichen sind die einzige Gruppe, die nach einer Nahtoderfahrung, da über sie nicht gesprochen werden konnte, in verstärktem Maße suizidgefährdet ist. Unwissenheit der Gesellschaft hat sie zum Schweigen verurteilt mit allen daraus resultierenden negativen Folgen. Das ist ein unerträglicher Zustand. Was ist nötig, damit er sich ändert?

Aufklärung in großem Ausmaße ist hier unbedingt erforderlich. Öffentliche und private Bildungseinrichtungen aller Art, kirchliche und nichtkirchliche Jugendarbeit haben sich dieser Thematik anzunehmen. Sachkenntnisse müssen unbedingt erworben werden. „Die Verarbeitung der Todeserfahrung kann ein Kind von sich aus nicht leisten, denn alles Lernen in diesem Bereich kann nur im Dialog mit einem verlässlichen Erwachsenen erfolgen."[113] Das gilt nicht nur für die Trauer nach einem Todesfall, sondern für die gesamte geistigseelische Verarbeitung, die zu leisten ist, wenn man das Ende des Erdenlebens bedenken will. Etwa vom 10. Lebensjahr an ist es einem Kind möglich, den Gedanken der Endgültigkeit zu begreifen. Von dieser Zeit an ist es daher auch angebracht, sich in größeren Gruppen der Thematik anzunehmen. Mit dieser Altersgruppe beginnen auch meine eigenen Unterrichts-erfahrungen. Für den Zeitraum vom Kleinkind bis zum 9. Lebensjahr scheint es mir am sinnvollsten zu sein, sich im Trauerfall nur den ganz konkreten Kinderfragen zu stellen und sie altersgemäß, aber sachlich richtig zu beantworten. Die von Erwachsenen gegebenen Auskünfte sollten wahrheitsgemäß sein, sodass man später nichts zurücknehmen muss, weil man aus vermeintlich notwendiger Rücksichtnahme Notlügen oder Aussagen benutzt hat, hinter denen man gar nicht steht. Kindliche Bilder zu benutzen, ist dabei oft hilfreich. Sie können in späteren Jahren bei Bedarf erläutert werden.

Aber Ausnahmen bestätigen bekanntlich jede Regel. Ein Kollege teilte mir während einer Fortbildungsveranstaltung mit, dass auch schon die Kinder seiner 2. Klasse einen Weg gefunden hätten, das bei einem Todesfall Erlebte spielerisch zu bewältigen: Mehrere Tage hintereinander spielten die Kinder „Beerdigung". Sie bastelten Särge, hoben Gruben aus, legten einen Friedhof mit vielen Blumen an, suchten z.B. tote Vögel und führten dann regelrechte Bestattungsrituale durch. Wenn so etwas von einfühlsamen Erwachsenen verbal mit Erkenntnissen aus der Sterbeforschung begleitet wird, stellt sich kein psychischer Schaden bei den Kindern ein.

Die Erkenntnisse aus den Nahtoderlebnissen können in ihrer Gesammtheit noch nicht Gegenstand kindlicher Belehrung oder Aufklärung sein. Sie dienen vorerst den Erwachsenen als „Resonanzkasten", der den Antworten Gewicht und einem selbst Sicherheit verleiht. Ein solches zwar vorhandenes, aber trotzdem noch unausgesprochenes Wissen ist für die Bezugspersonen der Kinder in jedem Falle hilfreich, da es zu einer glaubwürdigen Atmosphäre beiträgt. Kinder sind sehr sensibel in der Beurteilung dessen, was ihnen von Erwachsenen mitgeteilt wird.

b. Eigene Unterrichtserfahrungen

Ich möchte jetzt von einigen meiner Unterrichtserfahrungen berichten. Vielleicht bekommen Kolleginnen und Kollegen dadurch Anregungen für ihre eigenen Tätigkeiten, bei denen sie natürlich auch ganz andere Wege gehen können. Meine eigenen, in der Schulpraxis gemachten Erfahrungen sollen nur ein Angebot sein. Fast alles, was ich hier vorstelle, ist im Unterricht erprobt worden und hat sich bewährt.

Erfahrungen in der 4. bis 6. Klassenstufe

Die Fächer Religion und Philosophie/Ethik bieten sich für die Betrachtung der Nahtoderlebnisse besonders an. In den Klassenstufen 4, 5 und 6 ist natürlich eine komplette systematische Beschreibung von Nahtoderfahrungen in vortragsähnlicher Form ebenso unangebracht, wie auch bei den noch jüngeren Kindern. Anschauliches Unterrichtsmaterial soll angeboten werden. Gute Erfahrungen habe ich mit dem ca. 25 Minuten langen Beginn des Filmes „Die Brüder Löwenherz" nach der Erzählung von Astrid Lindgren (1907 - 2002) gemacht.

Diese Dichterin ist so gut wie allen Kindern ein Begriff. Der Einstieg in die Unterrichtseinheit ist daher sehr leicht. Die Kinder erzählen gern von den Büchern dieser Autorin und von den weiteren Umgestaltungen durch Hörspiele und Filme. Nach der Absicht gefragt, welche sich wohl hinter all diesen Erzeugnissen verbirgt, nennen die Kinder: Unterhaltung, das Bereiten von Freude, Spannung und Ähnliches mehr. Direkt auf den Titel „Die Brüder Löwenherz" angesprochen, ändert sich hier zunächst wenig. Denn nach der traurigen Einleitung, die noch hier auf der Erde spielt, handelt auch dieses Werk von ausgesprochen spannenden Abenteuern, allerdings im Jenseits, die den Kindern vor allem anderen im Gedächtnis geblieben sind. Bis aber dieser Abenteuerteil beginnt, ist vom langsamen Sterben des noch nicht einmal 10-jährigen lungenkranken Jungen Karl („Krümel") und dem plötzlichen Tod von dessen älterem Bruder Jonathan die Rede. Wichtige Gespräche zwischen den Geschwistern über Leben, Krankheit,

Sterben und Tod bilden dabei den inhaltlichen Schwerpunkt. Bevor jedoch der kranke Karl stirbt, erleidet Jonathan den Tod, als er seinen Bruder aus einem brennenden Haus rettet. Einige Zeit später stirbt auch Karl während eines Hustenanfalls. Seine Seele gleitet in das Jenseits hinüber, das A. Lindgren „Nangijala" nennt. Dort wird er von Jonathan in Empfang genommen. Beide genießen ihr neues Leben. Bis zu dieser Stelle sollte im Unterricht der Film gezeigt werden.

Die Kinder haben nun viele Fragen zu dem Geschehen. Diese kann man am besten dadurch gemeinsam bearbeiten, dass die Lehrkraft zurückfragt, ob uns nicht A. Lindgren durch den Film selbst die Antworten geben könne. Dadurch werden die Kinder angehalten, sich noch einmal selbst intensiv mit dem Gesehenen und Gehörten auseinanderzusetzen. Einige wichtige abstraktere Probleme können der Klasse durch Denkanstöße näher gebracht werden, die dann weiterhelfen: Wenn ich Literatur im Unterricht einsetze, verfolge ich ein bestimmtes Ziel. Mehr oder weniger schnell wird der Gedanke geäußert, Karl und ebenfalls wir alle sollten die Angst vor dem Tode verlieren. In diesem Moment des Unterrichtes artikulieren die Kinder dann meistens selbst ihre Ängste vor dem Sterben, identifizieren sich mit Karl und denken zunächst - wie er - sehr ängstlich über diese Lebensproblematik nach. Ihnen sollte jedoch in diesem Moment deutlich werden, dass A. Lindgren den Tod als einen Übergang von einer Welt in eine andere versteht. Sie will uns Mut machen, in gleicher Weise zu denken.

Außerordentlich ergiebig für den Unterricht sind an dieser Stelle Reflexionen über die ganz kleine Pause, die Jonathan einlegt, als ihn Karl fragt, ob er überhaupt wisse, wie schwer sein kleinerer Bruder erkrankt sei und dass er sterben müsse. Was könnten beide Jungen in dieser Pause alles denken? Was erhofft Karl sich als Antwort? Warum antwortet Jonathan erst nach eben dieser kleinen Denkpause? Dabei gerät dann der ältere Bruder mit seinen tröstlichen Ansichten ins Zentrum des Gespräches, denen auch einige Gedanken aus dem Bereich der Nahtoderfahrungen entsprechen: Die Seele verlässt den Körper. Es erwartet uns Schönes, wenn wir diese Welt verlassen. Krankheiten sind dann unbekannt. Die Zeit erfährt eine mit dem Verstand kaum zu begreifende Relativierung. Das kann den Kindern mit einfachen „Parallelereignissen" aus der Sterbeforschung nähergebracht werden. In den meisten Gruppen habe ich es dann erlebt, dass die Kinder selbst mit Berichten, von denen sie gehört hatten, das Gespräch weiterführten. Ich kommentierte das dann nicht mehr, sondern lasse sie nur noch staunen.

Wenn die Glaubwürdigkeit der Erzählungen allerdings prinzipiell angezweifelt wird, habe ich zur Vorsicht sowohl beim gedankenlosen Akzeptieren als auch beim grundlosen Kritisieren geraten. Kinder auch dieser Altersstufen sollen schon eine Ahnung von Shakespeares Gedanken bekommen, dass es mehr Dinge zwischen Himmel und Erde gibt, als sich unsere Schulweisheit träumen lässt. Auch das gehört zur Bildung. Schmunzeln muss ich, wenn mir mitgeteilt wird, Mutti hielte das alles meistens für richtig, wichtig und spannend, der eine oder andere etwas skeptische Vater dagegen manchmal für etwas Merkwürdiges. Aber über so etwas einmal nachzudenken, das könne wohl - auch seiner Meinung nach - keinen Schaden anrichten.

Wertvolle und hilfreiche Einsichten können die Nahtoderfahrungen auch schon diesen ganz jungen Menschen bringen. Die Geschichte des 10-jährigen Jungen, die oben von mir geschildert wurde, konnte das deutlich machen. Noch Dramatischeres erlebte ich an einer anderen Schule bei einem Gleichaltrigen. Auf die für dieses Alter eigentlich noch recht untypische Frage nach dem Suizid - bei Jugendlichen hat die Suizidproblematik ein erheblich stärkeres Gewicht - hatte ich die kurze, knappe Antwort gegeben, dass jedes Leben, auch wenn man manches nicht versteht, einen Sinn habe und ein Suizid deshalb etwas Sinnloses wäre. Der Junge hatte offenbar Todesängste auszustehen gehabt, so vermute ich. Nach der Stunde kam er auf mich zugerannt, weinte, drückte meine Hand ganz fest an seinen Körper und sagte mehrmals „danke" für diese Stunde. Ich blickte ihn erstaunt an und erfuhr dann, er sei ein - das dann folgende Wort ging in heftigem Schluchzen unter - und er hätte immer „ganz, ganz schreckliche Gedanken in seinem Kopf" gehabt, die er keinem sagen könnte. Ich bot ihm meine Hilfe an. Vielleicht würde ihm ein Gespräch nützlich sein. „Nein, das ist jetzt gar nicht mehr nötig! Diese Gedanken sind auf einmal weg. Ich freu' mich so." Das waren seine Worte. Wie lange ein solcher Effekt anhalten kann, weiß ich nicht. Den Jungen habe ich auch inzwischen aus den Augen verloren. Mein persönliches Erlebnis, wie sinnvoll die Arbeit über das Ende des Lebens auch schon mit Kindern ist, werde ich aber nicht vergessen. In einer Veranstaltung der Hospizbewegung meinte einmal ein Pfarrer, man solle doch dem Tod nicht sein Geheimnis entreißen. Der Mensch brauche schließlich nicht alles zu wissen. Ich entgegnete ihm, dass man heute sehr viel mehr über das Sterben und den Tod wisse als früher. Geheimnisvoll bleibe sicher vieles. Manches sei aber eben gar kein Geheimnis mehr, sondern werde nur noch aus mir unerklärlichen Gründen dafür gehalten. Und dann erzählte ich die Geschichte dieses Jungen. Ich kann es nicht verantworten, Kindern so etwas Hilfreiches vorzuenthalten.

Ein geradezu poetisches Nahtoderlebnis hat Hans-Christian Andersen (1805 - 1875) mit seinem Märchen „Das kleine Mädchen mit den Schwefelhölzchen"[114] der Welt geschenkt. Dieser Text ist für die Arbeit mit Kindern der Klassenstufen 5/6 oder auch in der 4. Grundschulklasse geradezu prädestiniert. Ein kleines Mädchen versucht ohne Erfolg in hartem Winter Streichhölzer zu verkaufen. Im Sterben erlebt es zunächst einige Phantasieerscheinungen. Als der Tod dann eintritt, erblickt es seine verstorbene Großmutter, die das Mädchen in das Jenseits abholen will. Aus dem matten Licht der von ihm angezündeten Hölzer wird beim Sterben eine überirdische Helligkeit. Die Großmutter erscheint so, wie sie in ihren besten Jahren ausgesehen hat, und schwebt mit dem Mädchen in den Himmel hinein, wo alle schrecklichen Gefühle des Erdenlebens verschwunden sind. Dieser Text ist in seiner 2. Hälfte voller Mosaiksteine aus den Nahtoderlebnissen, die den Kindern gut mit einfachen Worten erklärt werden können. Wissenschaftliche und den Kindern fremde Begriffe aus der Sterbeforschung können dadurch vermieden werden, dass man den Text unter der Fragestellung betrachtet, was uns Andersen über den Wechsel in die andere Welt erzählen wollte. Das Märchen ist ebenso auch als Einstieg in die Thematik geeignet. Es kann auf jeden Fall mit A. Lindgrens „Die Brüder Löwenherz" verglichen werden. Einer Diskussion wert ist auch der religiöse Schluss des Märchens.

Erfahrungen in der 9. und 10. Klassenstufe

Wenn man einige Jahre später mit diesem Thema Jugendliche erreichen möchte, die nicht das Abitur als Schulabschluss anstreben, wird man es im Unterricht der 9. oder 10. Klassenstufe durchzunehmen haben. Hier ergeben sich durch die sich gerade vollendende Pubertätszeit einige besondere Schwierigkeiten. Jugendliche dieses Alters haben sich soeben aus ihrer Kinderwelt verabschiedet, sind aber noch etwas unsicher in der Beurteilung alles Neuen. Oft wird das neue Leben als etwas sehr Ambivalentes erfahren. Den Gedanken der Erwachsenen stehen sie häufig recht ablehnend gegenüber. Sie probieren ihre neue Freiheit mit mehr oder weniger Erfolg aus. Sie suchen noch nach dem, was für sie wesentlich werden soll. Das wirkt manchmal provozierend. Als Unterrichtseinstieg in das Thema Nahtoderfahrungen habe ich mir deswegen auch etwas leicht Herausforderndes ausgedacht. Ich hebe nur Moodys Buch mit dem Titel „Leben nach dem Tod" hoch und sage gar nichts. Zunächst herrscht dann ein großes Schweigen in der Klasse, bis endlich einer wagt zu fragen, was denn das überhaupt alles solle. Ich bitte dann, mir kurz mitzuteilen, was so an Gedanken durch die Köpfe laufe, wenn man diesen Titel sieht. Und da werden mir dann durchaus auch manchmal aggressive Bemerkungen und eher holzschnittartige Gedanken entgegengeworfen, besonders wenn es sich um Klassen in einer Großstadt handelt. Überempfindlich darf ich in diesem Moment als Lehrer nicht reagieren. Ich arbeite dann zunächst mit den Jugendlichen an der Sprache des eben Gemeinten, bis alles mehr oder weniger salonfähig ist. Meistens bilden sich dann zwei „Parteien" in der Gruppe. Ich lasse daraufhin gern kurz darüber abstimmen, wer hier „eher skeptische Gedanken entwickelt" und wem das alles „mindestens interessant" vorkommt. Meistens ist das Ergebnis in dieser Phase des Unterrichts noch etwa 50:50. Wer es möchte, kann seine Ansicht auch begründen. Habe ich nur 3 oder 4 Stunden Zeit, mit den

Jugendlichen zu arbeiten, halte ich einen kleinen Vortrag, um die Erlebnisse aus Moodys Buch darzustellen, und bitte, auf Zwischenfragen im Moment möglichst zu verzichten. Jede Frage zieht nämlich meistens Zusatzfragen nach sich. All das zwischendurch zu beantworten, benötigt zu viel Zeit. Nach dem Referat könnten sie dann alles ihnen Wichtige fragen. Bevor ich mit der Darstellung der Todesnäheerlebnisse beginne, muss unbedingt der Hinweis erfolgen, dass man bei allem Schönen und Verheißungsvollen nicht auf den Gedanken kommen solle, ein Suizid löse so manches Problem. In diesem Fall läuft nämlich einiges anders ab. Nach einem Selbsttötungsversuch wieder reanimierte Menschen, so hat es einmal der schwedische Arzt Nils-Olof Jacobson gesagt, sind die einzigen, die ihm sofort nach dem Erwachen dankend die Hand schütteln.

Nach dem etwa 45-minütigen Referat haben sich übrigens die Wogen der Unsachlichkeit meistens schon erheblich geglättet. Habe ich mehr Zeit zur Verfügung, sind zwischendurch gestellte Fragen oft wertvoll und willkommen. Die Seriosität des gesamten Problemkomplexes wird jetzt in beiden Fällen langsam geahnt. Die vorgebrachten Erkundigungen sind oft schon erfreulich sachdienliche Fragestellungen. Man will nun wissen, wie viele Menschen solche Erlebnisse gehabt haben, ob es medizinische Vermutungen zu ihrer Entstehung und ihrem Verlauf gibt, wie ich überhaupt auf dieses Thema gekommen sei, welche Einzelheiten mir und auch den Klassenkameraden besonders wichtig erscheinen, ob ich persönlich Menschen kenne, die so etwas erlebt haben, was man denn vor dem Hintergrund all dieses Wissens nun vom Suizid und der aktiven Sterbehilfe halten solle und anderes mehr. Sehr wichtig ist es, die Jugendlichen mit möglichst genauen Einzelheiten und auch weiteren Beispielen in all diesen Fragebereichen zufrieden zu stellen.

Vor allen Dingen sollte man von dieser Altersstufe an auf die Forschungsergebnisse M. Saboms über die außerkörperlichen Erlebnisse großes Gewicht legen. Nachprüfbare außerkörperliche Erlebnisse sind gerade für junge, kritisch denkende Menschen besonders spannend. Sie werden von ihnen auch als „wissenschaftlich" anerkannt. Mit so exakten Ergebnissen innerhalb der Sterbeforschung hat kaum jemand gerechnet.

Gerade seine Untersuchungen fördern die Akzeptanz auf diesem Wissensgebiet ganz außerordentlich. Auch in dieser Altersstufe ist am Schluss einer Unterrichtseinheit die große Mehrheit der Schülerinnen und Schüler der Ansicht, dass es sich bei alledem um etwas Sinnvolles, wichtig zu Wissendes und für das Leben Hilfreiches handelt.

Dem Phänomen des Lichtwesens, auf das im Rahmen des Religionsunterrichtes besonders intensiv eingegangen werden kann, begegnet man in 9. und 10. Klassen jedoch zunächst eher mit einiger Skepsis. Manch ein Jugendlicher befürchtet, auf diesem Wege solle ihm die Religion seiner Kinderzeit wieder schmackhaft gemacht werden, aus deren Bilderwelt er sich gerade gelöst hat. Und mit dem für Menschen dieses Alters typischen Rigorismus wird etwa wie folgt Kritik geübt. „Ach, nun geht das wieder los mit Himmel und Hölle!" Auf solche und ähnliche Bemerkungen sollten sich Pädagogen einstellen. Eine genaue Sachkenntnis, besonders auch eine größere Zahl von Fallbeispielen im Kopf zu haben, in denen niemals von Strafe oder dergleichen die Rede ist, scheint mir jetzt unabdingbar zu sein. So eben am Rande einmal vielleicht in einem Illustriertenartikel etwas gelesen zu haben, das reicht für den Unterricht nicht aus. Solche Mitteilungen können als Einstieg in die Thematik benutzt werden, vor allem, wenn sie von Jugendlichen selber in den Unterricht gebracht werden. Eine gewisse Zahl von authentischen Basistexten (Moody, Ring etc.) muss der Unterrichtende stets parat haben. Das zu erreichen bedeutet natürlich Arbeit, aber diese Mühe bringt für einen selbst auch eine ungeheure Bereicherung mit sich. So ist jedenfalls meine persönliche Erfahrung. Hat ein Pädagoge selbst keinen Zugang zu solchen Themen, sollte er auf diesen Unterricht verzichten, auch wenn der Lehrplan es von ihm erwartet. Vielleicht lässt sich die Bearbeitung dieser Thematik dann an einem Projekttag nachholen, zu dem auch problemlos schulfremde „Spezialisten" gebeten werden können. Unterricht über Nahtoderlebnisse kann eigentlich nur engagiert oder gar nicht erteilt werden. Es verhält sich hier so ähnlich wie bei der Behandlung von z.B. Lyrik im Unterricht. Das vorhandene oder auch nicht vorhandene eigene Engagement des Unterrichtenden überträgt sich so gut wie immer auf die Lerngruppe.

Auch erkenntnistheoretische Ansätze sollten bei diesen Themen schon kurz ins Auge gefasst werden. Das ist sowohl für den Philosophie- als auch für den Religionsunterricht in gleicher Weise nützlich. In den Klassenstufen 9/10 ist den Jugendlichen ohnehin recht gut zu vermitteln, dass unsere Sinnesorgane uns die Welt, in der wir leben, nur insoweit zugänglich machen, als dafür eine biologische Notwendigkeit vorliegt. So haben sie sich im Verlaufe der Evolution ja auch entwickelt. Kann sich die Erkenntnisfähigkeit während eines Grenzerlebnisses in Todesnähe steigern? Diese Frage begriffen zu haben ist für Jugendliche immer etwas Spannendes. Nahtodeserlebnisse werden auf einmal denkmöglich. Sie widersprechen nicht prinzipiell und ohne eine Kompromissmöglichkeit jeglichem naturwissenschaftlichen Denken, sondern sie ergänzen dieses. All das führt zu einer zunehmend interessierten Bejahung der Nahtoderfahrungen sowohl im Fach Religion als auch in Philosophie. In einem Gymnasium bin ich sogar schon gebeten worden, fachübergreifend mit der Lehrkraft für Biologie gemeinsam Unterrichtsstunden über das Sterben durchzuführen.

Sowohl im Religions- als auch im Philosophieunterricht kann im Anschluss an die Besprechung der Nahtoderfahrungen der ethische Entwurf Albert Schweitzers Gegenstand weiterer Unterrichts werden: „Ehrfurcht vor dem Leben" ist sein großes Motto, und das steht als ethische Forderung auch hinter den Grenzerfahrungen in Todesnähe. Möchte man im Literaturunterricht auf die Trennung von Leib und Seele beim Sterben eingehen, empfiehlt sich z. B. Heinrich v. Kleists (1777 - 1811) Erzählung „Das Bettelweib von Locarno". Reiches Textmaterial bietet die Anthologie von Friederike Waller „Alles ist nur Übergang – Gedichte und Texte über das Sterben".[115]

Bevor ich mich didaktischen Problemen zur Sterbeforschung in der gymnasialen Oberstufe zuwende, möchte ich noch von einer Unterrichtseinheit berichten, die allen Pädagogen Mut machen sollte, sich auch in ungewöhnlich zusammengesetzten Klassen an dieses Unterrichtsthema heranzuwagen. Mich bat in einem großen Berufsschulzentrum eine Religionslehrerin, doch auch einmal in ihrer etwas eigenartigen Lerngruppe zu unterrichten. Ich würde dort Mädchen und junge Frauen vorfinden, von denen die eine Hälfte keinen Schulabschluss aufzuweisen hätte, der übrige Teil der Klasse besäße einen Hauptschulabschluss. Als weitere Besonderheit nannte sie mir, dass etwa 50% ihrer Schülerinnen muslimischen Glaubens seien. Den Unterricht begann ich wieder mit dem oben schon beschriebenen Denkanstoß, dass ich den Titel von Moodys Buch „Leben nach dem Tod" zur Diskussion stellte. Sämtliche muslimischen Schülerinnen stimmten mir sofort zu: Ja, das hielten sie für eine wahre Aussage. So etwas stünde auch in etlichen Suren des Korans. Ich wandte mich daraufhin den eher skeptisch dreinblickenden nicht-muslimischen Schülerinnen mit der Bemerkung zu, in der Bibel ließen sich auch entsprechende Aussagen finden. Das allein, so entgegnete man mir, sei für sie noch kein ausreichendes Argument für eine Bejahung dieser These. Ich benutzte die günstige Gelegenheit, um ganz kurz ein Stück europäischer Kulturgeschichte zu erklären: Seit der Zeit der „Aufklärung" (diesen Begriff musste ich kurz erläutern) hätten wir das Recht und auch die Möglichkeit, selbst als heilig angesehene Texte kritisch zu hinterfragen. So stand als fast selbstverständlicher Gedanke die Frage im Raum, ob es neben den Aussagen des Korans und der Bibel noch weitere Möglichkeiten gäbe, sich hier Klarheit zu verschaffen. Ich referierte die Erfahrungen von Wiederbelebten und erntete dabei Kopfnicken von der einen Gruppe und ein mehr oder weniger bejahendes Erstaunen bei der anderen. Die anschließende Diskussion verlief ausgesprochen engagiert, hatte ein hohes Niveau und war von dem ganz offenkundigen Willen getragen, sich und auch die anderen in der Klasse bei diesem Lebensbereich besser zu verstehen. Die Mädchen und Frauen waren sich bei alledem, so hatte ich das Gefühl, in dieser Stunde geistig näher gekommen. Religionsübergreifende Ökumene war für einen Moment entstanden. Nahtoderfahrungen bilden für einen solchen Prozess eine hervorragende Grundlage. Das hatte ich in der Stunde durch diese ganz konkreten Situationen lernen dürfen. Ein einziges Mädchen schwieg und lächelte. Sie wollte sich nicht äußern und hatte auch keine Fragen. Sie hatte selbst einmal ein Nahtoderlebnis erfahren.

Am Ende der Klassenstufen 9/10 werden häufig Prüfungen verlangt, die einen erfolgreichen Haupt- oder Realschulabschluss dokumentieren sollen. Einige für Religions- oder Philosophielehrer dieser Jugendlichen geeignete Prüfungsmöglichkeiten möchte ich noch kurz ansprechen. Ein Vergleich der Gedanken von M. Claudius' Gedicht „Der Tod und das Mädchen" mit den Erfahrungen aus der Sterbeforschung ist eine sehr gut durchführbare Prüfung. Im todkranken Mädchen spiegelt sich unser eigenes Verständnis vom Sterben wider, während der Tod sich selbst so darstellt, wie ihn die Seele des Menschen von innen her erleben wird.

Ebenfalls können Prüflinge den oben schon zitierten Satz Alexander v. Humboldts ohne große Schwierigkeiten inhaltlich analysieren: „Die Beweise gegen eine Seelenfortdauer kann ich durchaus nicht anerkennen." Ein gutes Prüfungsgespräch ergibt sich, wenn Prüflinge diese Gegenbeweise, die im Unterricht sicherlich zur Sprache gekommen sind, referieren und diskutieren. Vermutungen zu A. v. Humboldts Haltung und Gedanken aus der ihm selbstverständlich noch nicht bekannten systematischen Sterbeforschung unserer Tage können eine solche Prüfung abrunden.

Möchte man den Prüflingen einen für dieses Alter sehr beliebten bildhaften Zugang zum Thema Sterben, Tod und der damit oft verbundenen Verzweiflung geben, kann man ihnen Edvard Munchs (1863 - 1944) Bild „Der Schrei" vorlegen und mögliche Bezüge zum Prüfungsthema verbalisieren lassen. Der Maler gestaltet hier m.E. das Seelenleben des hoffnungslosen, eine apokalyptische Endzeit fürchtenden Menschen. Die verdrängte Angst vor dem Leben und dem Sterben werden uns in einer unglaublichen Eindringlichkeit vor Augen geführt. Als weiteres Bild, das dann zum Vergleich herangezogen werden kann, eignet sich z.B. eine Darstellung aus dem alten Ägypten, die einen Sterbenden zeigt, dessen Seele gerade in Gestalt eines flatternden Vogels den Körper verlässt, um sich auf den Weg in ein Jenseits zu begeben. Ein Denkanstoß während des Prüfungsgespräches könnte dann so aussehen, dass man beide Bilder einem Menschen mit einer Nahtoderfahrung vorlegen könnte. Welchen Kommentar würde er wohl zu den Bildern abgeben?

Im Fach Religion kann der Text des Gleichnisses vom „Verlorenen Sohn" herangezogen und dieses gleichzeitig mit folgendem Gedanken von J. Zink dem Prüfling vorgelegt werden: „Was können wir vom Evangelium her gegen das Bild einwenden, das uns Nahtoderfahrungen vermitteln? Zunächst: gar nichts. Was geschildert wird, ist mit dem christlichen Glauben voll vereinbar."[116] Als zusätzlichen Gedanken kann man noch in ein Prüfungsgespräch einbringen, dass der Mensch nach Ansicht vieler Gelehrter ein „religiöses Wesen" sein solle. Was erfahren wir aus den Grenzerfahrungen zu diesem Problem? Im Übrigen verweise ich noch einmal auf die Fülle von Texten in F. Wallers Anthologie[117], die sich oft ganz hervorragend für Prüfungsgespräche - auch im Abitur - eignen.

Erfahrungen in gymnasialen Oberstufen und an Hochschulen

Gern spreche ich auch mit Jugendlichen der gymnasialen Oberstufe über die Erlebnisse in Todesnähe. Prinzipiell ähnelt alles, was jetzt ausgeführt wird, dem, was auch mit Jugendlichen aus den Klassen 9 und 10 erörtert wurde. Das inzwischen höher entwickelte Abstraktionsvermögen lässt aber eine größere Ausführlichkeit und ein tieferes Eindringen in das gesamte Gebiet zu.

Als Einstieg wähle ich jetzt nicht einen reißerisch anmutenden Buchtitel, sondern die Begriffe „Gehirn" und „Geist". Die Schülerinnen und Schüler breiten dann ihr Wissen über diese Begriffe aus. Meistens stammt es aus dem Fachbereich Biologie. Fast stets wird mir erklärt, Geist und auch seelische Regungen aller Art seien von einem funktionierenden Gehirn abhängig. Dieser von der Philosophie des Materialismus bestimmten Denkweise wird bisher so gut wie immer das Gros der Meinungsäußerungen entnommen. Mein Einwurf, was dieses alles denn für das Phänomen des Todes bedeute, wird ganz folgerichtig mit der Bemerkung beantwortet, dass im Sterben das Leben auch des Geistes oder einer Seele beendet sein müsste.

Wenn Religionen oder andere Weltanschauungen etwas über eine mögliche Hoffnung über den Tod hinaus verkündeten, so sei das eine durchaus schätzenswerte Glaubensaussage. Eine verbindliche Akzeptanz wie im Bereich der Naturwissenschaften gäbe es hierbei aber nicht. In diesem Zusammenhang fällt auch oft das Wort „Illusion". Ich lese dann nach einem ganz kurzen Bericht über das Leben des Naturwissenschaftlers J. C. Eccles den letzten Absatz des Buches „Gehirn und Geist" vor, in dem von der Freude auf das, was uns nach dem Tode bevorsteht, gesprochen wird. Den Jugendlichen wird dabei klar, dass es auch im Bereich der Naturwissenschaften durchaus noch andere Denkansätze zum Verhältnis von Geist und Gehirn und damit auch zur Frage des Überlebens der Persönlichkeit beim Tod des Körpers gibt. Dann berichte ich über die Anfänge der modernen Sterbeforschung, über E. Kübler-Ross und R. Moody. Manche haben schon etwas davon gehört, können aber selten mehr als nur Kernbegriffe wie „Licht", „Tunnel" und „Lebensfilm" nennen. Auch haben mir Schüler Filme genannt, die von diesen Merkwürdigkeiten handeln. Sie werden der Science Fiction Filmproduktion zugerechnet. Als Wirklichkeit, also nicht als Science Fiction, werden aber heute so gut wie immer die Phänomene der Nahtoderfahrungen anerkannt. Strittig ist eigentlich nur ihre Interpretation. Ich referiere daraufhin zunächst die einzelnen Mosaiksteine, aus denen die Erlebnisse in Todesnähe bestehen. Besonderes Gewicht lege ich dabei immer wieder auf die Arbeiten von M. Sabom über die Forschungen zum überprüfbaren außerkörperlichen Erleben. Nachprüfbares in Grenzbereichen des Lebens fasziniert immer.

In Klassen der gymnasialen Oberstufe lohnt sich in diesem Zusammenhang stets ein etwas ausführlicherer Ausflug in die Gedankenwelt von Kants Erkenntnistheorie. Dabei beschränke ich mich auf einige Ideen des Werkes „Kritik der reinen Vernunft". Insbesondere folgender Gedankengang sollte den Jugendlichen erklärt werden: Der Mensch nimmt seine Welt mit den Sinnen wahr und ordnet alles dann mit dem Verstand. Im Rahmen dieser Gegebenheiten ‚erscheint' ihm die Welt. Er nimmt von allem nur ein ‚Erscheinungsbild' wahr, das von Mensch zu Mensch oder auch von Gattung zu Gattung durchaus unterschiedlich ist. Dieses Erscheinungsbild ist allerdings keine Illusion. Hinter ihm verbirgt sich das, was Kant mit dem Begriff vom ,Ding an sich' umschreibt. Zu diesem ,Ding an sich' kann man mit den Sinnen und dem Verstand allerdings niemals vordringen. Alles, was wir zu erkennen vermögen, ist also stets nur das Vorfeld der eigentlichen Wirklichkeit. Der Dichter H. v. Kleist hat diesen Sachverhalt sehr anschaulich in einem Brief an seine Verlobte dargestellt: „Vor kurzem ward ich mit der neueren, sogenannten kantischen Philosophie bekannt – und Dir muss ich jetzt daraus einen Gedanken mitteilen, indem ich nicht fürchten darf, dass er Dich so tief, so schmerzhaft erschüttern wird als mich. Wenn alle Menschen statt der Augen grüne Gläser hätten, so würden sie urteilen müssen, die Gegenstände, welche sie dadurch erblicken, sind grün - und nie würden sie entscheiden können, ob ihr Auge ihnen die Dinge zeigt, wie sie sind, oder ob es (das Auge) nicht etwas zu ihnen (den Dingen) hinzutut, was nicht ihnen, sondern dem Auge gehört. So ist es (auch) mit dem Verstande. Wir können nicht entscheiden, ob das, was wir Wahrheit nennen, wahrhaft Wahrheit ist oder ob es nur so scheint...“[118] Diese Erkenntnisse Kants sorgen dafür, dass den Jugendlichen die Relativität unserer eigenen Erkenntnisfähigkeit deutlich werden kann. Das sorgt für eine notwendige Sachlichkeit und auch für eine gewisse Zurückhaltung in der zunächst oft negativen Beurteilung der Erkenntnisse und Wahrnehmungen in Todesnähe. Ist der Mensch nicht mehr allein auf seine Sinne und den ordnenden Verstand angewiesen, kann sich offenbar - wir sahen es auch schon im Abschnitt über die Klassenstufen 9/10 - die Erkenntnisfähigkeit erweitern. Begegnungen mit verstorbenen Verwandten, das lebendige Licht und der Lebensfilm können jetzt als bisher unbekannte und unerkannte Wirklichkeit angesehen werden. Sterben ist nicht nur ein meistens zutiefst beglückendes Ereignis, sondern auch ein Weg, um mehr zu wissen und zu begreifen.

Weitere Hinweise auf die oben beschriebenen physikalischen Erklärungen einiger Mosaiksteine der Sterbeerfahrung können für ein noch weitergehendes Verständnis dieser Erlebnisse sorgen. Da die notwendigen physikalischen Kenntnisse in der Oberstufe des Gymnasiums vermittelt werden, ist der Blickwinkel aus dieser Sicht auf die Nahtodes-Phänomene für die Jugendlichen erst zu dieser Zeit ihres Schulbesuches möglich, wird aber als besonders interessant empfunden. Auch sind die Bücher von M. Niemz für Oberstufenschüler eines Gymnasiums gut lesbar. Die Trennung der Seele vom Körper wird von ihm als eine notwendige Hypothese vorausgesetzt, um bestimmte Phänomene in einem vernünftigen Denkrahmen abzuklären. Auch die Idee eines Jenseits wird von ihm, einem exakten Naturwissenschaftler, in sein Denken mit einbezogen. Solche Gedanken sind noch für fast alle Jugendlichen geistiges Neuland.

In einem Gymnasium unterrichtete ich einmal eine Gruppe, in der sich ein Junge befand, den ich als fanatischen Verfechter ausschließlich naturwissenschaftlicher Ansichten kennengelernt hatte. Sein stets wiederholtes Argument war, dass die heutige Wissenschaft eben noch nicht so weit sei, um alles mit ihren Methoden zu ergründen. Das ist natürlich denkbar. Alle Gegenargumente wies er aber zurück. Ich wollte ihm dann gedanklich ganz weit entgegenkommen. Gesetzt den Fall, so sagte ich, er habe in allem recht, man finde einen bisher noch völlig unbekannten Stoff ‚X' im Gehirn oder anderswo im Körper, mit dem sich sämtliche Vorkommnisse beim Sterben erklären ließen. Was würde das bedeuten? Er antwortete, indem er noch einmal betonte, dass dieser Moment kommen würde, dann sei die gesamte Sterbeforschung bedeutungslos geworden. Ich könne dann „einpacken", wie er sagte. Meine Entgegnung machte ihn dann aber doch stutzig und etwas ratlos. Ich sagte ihm nämlich, dass in diesem Moment der Ergebnisse wissenschaftlichen Forschens die eigentliche Frage erst noch gestellt werden müsse. Die laute nämlich nicht, wie das alles zu erklären sei. Die Antworten auf diese Frage können durchaus von Nutzen sein. Möglicherweise ließen sich aus solchen Erkenntnissen psychisch und schmerzlindernd wirkende Medikamente entwickeln. Aber der jetzt zu beantwortende Punkt sei, warum uns die Natur oder - religiös gesprochen - der Schöpfer mit eben diesem Stoff ‚X' versehen habe. Dass es sich um eine Substanz handelt, die bestimmte Schutzfunktionen vor dem Leiden im Sterben ausübe, kann nicht richtig sein. Warum gibt es dann „negative" Nahtoderlebnisse? Und der beste Schutz in einem solchen Todesmoment ist immer noch die vollkommene Bewusstlosigkeit, ein traumloser Schlaf, wie es schon Sokrates in seiner berühmten Verteidigungsrede vor Gericht gesagt hatte. Es wird sich wohl - und das scheint mir die sinnvollste Deutung der Nahtoderlebnisse zu sein - um eine Art Vorbereitung auf ein neues Leben handeln. Diese Interpretation deckt sich auch mit vielen Selbstdeutungen Betroffener. Wir werden in einer uns bisher unbekannten Art hellsichtig für das, was da kommen wird. Ich fügte dann, um die materialistische Bedeutung dieses Stoffes ,X' noch einmal grundsätzlich in Frage zu stellen, ein weiteres Beispiel an, das mir ein Mann von zwei ganz unterschiedlichen Erfahrungen in Todesnähe berichtet hatte. Zweimal hatte er ein solches Erlebnis gehabt. Beide Male wäre er fast verblutet. Das erste Mal sei es schrecklich gewesen. Er hatte sich nämlich selbst in suizidaler Absicht die Pulsadern aufgeschnitten und war in letzter Minute gerettet worden. Das zweite Mal hatte er einen Unfall gehabt, bei dem er ebenfalls einen fast tödlichen Blutverlust erlitten hatte. Und da war alles wunderschön gewesen, so wie es in den Berichten immer wieder beschrieben wird. Ein sich im Moment des Todes bildender Stoff ,X' hätte doch wohl zwei identische Nahtoderfahrungen zur Folge gehabt; denn physiologisch gesehen war in beiden Fällen Gleiches geschehen, psychisch aber nicht. Und das erhärtet wiederum die These, dass es sich bei allen Grenzerlebnissen vor allem um psychische, physiologisch letztlich nicht befriedigend zu ergründende Ereignisse handelt. Zumindest war es mir gelungen, ein mächtiges Fragezeichen in den Kopf dieses Jungen hineinzubringen.

Als Anschlussthema im Philosophieunterricht bietet sich an, E. Fromms Buch „Haben *oder* Sein" oder auch nur Teile daraus zu lesen.

Als interessante Einsicht für den Religionsunterricht hat die Sterbeforschung eine Kritik an der geläufigen Religionskritik zur notwendigen Folge. Diese immer wieder gern vorgetragenen ablehnenden, manchmal sogar abschätzigen Ansichten zum Phänomen „Religion" aus der Sichtweise des Materialismus können vor den Tatsachen, die beim Sterben erlebt und auch beobachtet werden, keinen Bestand mehr haben. Will man also weiterhin die Religion einer kritischen Betrachtungsweise unterziehen, müssen die Argumente andere sein als die, die auf dem Boden der materialistischen Philosophie gewachsen sind.

Ein Thema, das sich gut im Anschluss an die Nahtoderfahrungen im Religionsunterricht behandeln lässt, sind Gedanken aus H. Küngs „Projekt Weltethos". Die Ethik der Nahtoderlebnisse ist in Vielem mit Küngs Gedanken zur Deckung zu bringen und ebenfalls weltweit gültig.

Als mögliche Themenbereiche für mündliche Abiturprüfungen kann man folgende Gedanken gut verwenden:

- Kants vier Grundfragen der Philosophie, mit denen er darge-legt hatte, was die Philosophie überhaupt zum Gegenstande habe, seine eigenen Antworten und diejenigen der Sterbe-forschung auf die gleichen Fragen

- Aspekte des Materialismus zur Anthropologie im Vergleich zu den Aussagen der Sterbeforschung

- Die positiven Ansichten zum Suizid in W. Kamlahs Philo-sophie[119] und eine Darstellung dieses Problemkreises im Lichte der Nahtoderfahrungen

- H. Küngs „Projekt Weltethos"[120] und die Ethik der Nahtodes-erlebnisse

- Sokrates'/Platons und Epikurs Einstellung zu Sterben und Tod und die Auffassungen der modernen Nahtodesforschung

An Pädagogischen Hochschulen oder in Lehrerfortbildungs-stätten bieten sich methodisch bei der Darstellung der Nahtoderfahrungen keine besonderen Schwierigkeiten. Ein Referat wird gehalten und der Inhalt zur Diskussion gestellt. Konstitutiv für den Erfolg solcher Veranstaltungen ist nur die unbedingt notwendige Einsicht, dass im Bereich der Erziehung tätige Menschen dieses Thema kennen müssen. Auf weitere Besonderheiten sollte von Fall zu Fall geachtet werden. Bei Referaten in kirchlichen Einrichtungen kann der im positiven Sinne förderliche Aspekt für das Phänomen Religion gesondert hervorgehoben werden. Soll in Schulen oder Heimen, in denen Menschen mit körperlichen und/oder geistigen Behinderungen unterrichtet oder betreut werden, von Nahtoderfahrungen berichtet werden, wird man diese Umstände zu berücksichtigen haben. Wichtig sind solche Kenntnisse nicht nur für die Schülerinnen und Schüler, sondern auch für die Betreuerinnen und Betreuer in diesen Institutionen.

Unterricht für Menschen mit Behinderungen

Nirgendwo sonst in pädagogischen Bereichen werden Kinder und Jugendliche mit der Endlichkeit des Körpers so elementar konfrontiert wie in Familien, Schulen und Heimen, in denen man sich um Menschen mit körperlichen Behinderungen kümmert. An Unterrichts- und in Betreuungsstätten für Menschen mit solchen Behinderungen begegnet man dem Tod in einer ganz anderen Intensität, als es sonst für diese Altersstufen typisch ist. Diese jungen Menschen erleben nicht selten, wie befreundete Mitschüler/innen manchmal schon in jungen Jahren sterben. Manche wissen auch oft selbst schon um die eigene, nur begrenzte Lebenserwartung. Man befindet sich in einer ähnlichen, vielleicht sogar gleichen Situation wie der gerade Verstorbene, da man an der gleichen Krankheit oder Behinderung leidet. Die Frage nach der eigenen Sterblichkeit wird geradezu unausweichlich. Sie kann nicht mehr durch Verdrängen beiseitegeschoben werden. Die Endlichkeit der Existenz wird bei sich und anderen erlebt, die einem ganz nahe stehen. Unheilbare Erkrankungen wie z.B. ein inoperabler maligner Hirntumor, fortschreitende Muskeldystrophien, vielleicht auch AIDS und anderes mehr stehen diesen Kindern und Jugendlichen immer vor Augen.[121] Sie erleben die Unabweisbarkeit des eigenen Todes dadurch, dass ihr Körper ständig an Kraft verliert. Schleichend lassen die körperlichen Fähigkeiten nach.

Der gut begründete Gedanke aus den Grenzerfahrungen in der Nähe des Todes, dass das Leben nach dem Körpertod weitergehen kann, wird für viele ein Trost und ein Grund zur Hoffnung sein. Auch die Erzählungen der Nahtod-Erfahrenen, dass die Seele oder der ‚neue', spirituelle Körper im Zustand der Außerkörperlichkeit keinerlei Beschränkungen mehr unterliegt, mag für viele Menschen mit körperlichen Behinderungen eine Botschaft der Zuversicht sein, irgendwann einmal, und wenn es auch nicht mehr auf dieser Welt sein kann, ohne jegliche Beeinträchtigung leben zu können. E. Kübler-Ross hatte einmal geäußert, nach Möglichkeit sollten nur Menschen mit einem Glauben an die Unsterblichkeit mit der Behandlung und Pflege Todkranker betraut werden. Ich möchte Ähnliches auch für Pädagogen sagen, die Menschen mit einer Behinderung betreuen. In irgendeiner Form sollten diese Lehrkräfte an die Unendlichkeit der menschlichen Existenz glauben. Was die Endlichkeit unseres Lebens uns vorenthält, wird in der Unendlichkeit vielleicht zur Wirklichkeit. Auch das ist eine Botschaft der Nahtoderlebnisse. Sie darf nicht als billiger Trost missverstanden werden, sondern es ist ein Wissen, das eine lebensbejahende Existenz schon im Diesseits trotz der vorhandenen Defizite ermöglicht. Der von dem liberalen Theologen A. v. Harnack immer wieder beschworene „unendliche Wert der Menschenseele"[122] sollte ebenfalls jedem vor Augen stehen, der in irgendeiner Art und Weise an Personen mit Behinderungen herantritt und mit ihnen gemeinsam das Leben gestalten möchte.

Diesem Personenkreis gilt nun ein weiterer Gedanke. Oft bildet sich gerade zwischen Betreuern oder Lehrern und den zu betreuenden Kindern und Jugendlichen eine emotional besonders intensiv ausgeprägte, positive Beziehung. Für Eltern gilt übrigens Gleiches. Pädagogen erleben die Gedanken der Nahtodes-Forschung oft als eine große psychische Entlastung. Sie ermöglichen ihnen ein besseres und leichteres „Loslassen-Können", wenn es denn erforderlich ist. Wir alle sind eben nur zu Gast auf diesem Stern. Endet aber dieses Gast-Dasein, so geht es nicht hinunter ins Nichts. Dann dürfen wir hoffen, es fange etwas Neues an. Und das ist für alle in diesen pädagogischen Bereichen Lebenden eine Perspektive, die sie ihre Existenz mit vielen möglichen Freuden bestehen lässt. Man braucht dann nicht immer nur das Ende vor Augen zu haben; denn dieses ist nur ein Übergang in eine neue Welt. Mit einem hübschen

Bild drückte das einmal ein Mädchen in einer 6. Klasse aus: „Wir haben dann eigentlich nur einen Sprung in ein schöneres Leben vor uns."

Der Unterricht über die Nahtoderfahrungen in Klassen mit Menschen, die eine Körperbehinderung haben, erfordert nichts grundsätzlich Neues an methodischen Gedanken. Die große Sensibilität, die bei diesem Themenkreis ohnehin immer angebracht ist, sollte allerdings hier eine ganz besondere Beachtung finden. Hat sich gerade ein Sterbefall in einer Gruppe ereignet, lassen sich mit Hilfe der Erlebnisse in Todesnähe vielleicht besondere Trauerrituale durchführen, die dann die „Trauerarbeit" erleichtern können.

Ich wurde einmal gebeten, kurz nach dem Tode eines jungen Mannes mit einer Körperbehinderung, der in einem Heim betreut worden war und den ich auch persönlich gekannt hatte, mit den übrigen Bewohnern der Station ein Gespräch zu versuchen, das die große Traurigkeit lindern könne. Die Gruppe war sehr gemischt zusammengesetzt. Sie bestand aus Kindern, Jugendlichen und Erwachsenen, die sowohl eine körperliche als auch zusätzlich manchmal eine geistige Behinderung hatten, die allerdings nicht sehr gravierend war. Für mich bedeutete diese Situation etwas völlig Neues. So etwas hatte ich bisher noch nie gemacht. Ich erzählte einfach mit schlichten Worten, dass ich heute eigentlich mit dem Verstorbenen verabredet gewesen sei und ihn hätte besuchen wollen. Er sei wohl aber trotzdem hier und höre uns zu. Dabei machte ich einige Bewegungen, die ein Schweben im Raum verdeutlichen sollten. Sein Zimmer sei zwar leer, aber er lebe sicherlich weiter in einem Zimmer, das wir nur nicht sehen könnten. Er sei jetzt in einer anderen Welt und fühle sich dort ganz wohl. Einige Mosaiksteine aus der Sterbeforschung fügte ich noch in meine wenigen Sätze ein. Daraufhin begann ein sehr lebhaftes Fragen, was er denn nun alles könne: Gehen, laufen, Rad fahren, Fußball spielen, ganz andere Musik machen, als es sonst für ihn üblich und möglich gewesen war, tanzen usw. Alles wurde weitschweifig ausgemalt. Viel wurde dabei geweint, aber - und das war für alle besonders schön - man fing an, sich auch mit dem Verstorbenen über sein neues Leben mit all diesen Möglichkeiten zu freuen. Eine ganz konstruktive Trauerarbeit hatte beginnen können. Die Heimleitung bestätigte mir das wenige Stunden später.

Bei meinen zahlenmäßig eher geringen, dabei aber sehr intensiven Erfahrungen mit Menschen, die Behinderungen haben, ist mir deutlich geworden, dass ich bisher die verbale Kommunikationsfähigkeit dieser Menschen unterschätzt hatte. Ein weiteres Beispiel mag dies verdeutlichen. Ich hatte mich bereit erklärt, in einer Gesamtschule in Hamburg, die auch Kinder mit Behinderungen aufnimmt, über das Thema „Sterben" einige Unterrichtsstunden zu geben. Die Kinder waren etwa 11-13 Jahre alt. Eine dieser Klassen besuchte nun auch ein Junge, der wegen spastischer Lähmungen einen Rollstuhl benötigte. Er hatte zudem auch noch eine leichte geistige Behinderung, nahm aber am „normalen" Unterricht teil. Manches, so sagte man mir, würde er sicherlich verstehen. Während ich mit den Kindern über die Nahtoderfahrungen sprach, stieß er plötzlich mehrfach das Wort „Angst" aus. Dabei zeigte er auch durch Bewegungen seine Unruhe. Er hatte also durchaus verstanden, dass wir ein recht problemgeladenes Thema bearbeiteten. Manches war ihm offenkundig aber noch unklar geblieben. Versuche, ihn vom Pult aus zu beruhigen, schlugen fehl. Erst nachdem ich zu ihm hingegangen war, ihm eine meiner Hände auf den Kopf gelegt hatte und ihm mit der anderen Hand eine Wange streichelte, wurde er langsam ruhiger. Ich sah ihm dann fest in die Augen und wiederholte mehrfach ganz langsam gesprochene tröstliche Sätze. Jetzt verstand er, dass es in diesen Unterrichtsstunden nicht um Angstvolles, sondern um Tröstliches ging. Den Rest der Stunde verbrachte er in einer sehr ausgeglichenen Stimmungslage. Ein zunächst intellektuelles Missverständnis, das sich korrigieren ließ, und ein emotionales Verstehen, das diese Korrektur noch unterstützte, spielten bei diesem Jungen wohl zusammen. Die positive Sichtweise des Lebensendes, die ich in diesem Unterricht zu vermitteln suchte, hatte er nun doch auf seine Weise verstanden. Sie hielt bei dem Jungen an. Als ich 9 Monate später an der gleichen Schule eine kleine Arbeitsgemeinschaft im Fach Philosophie übernahm, trafen wir uns wieder. Er war glücklich, mich zu sehen, drückte meinen Kopf ganz fest an seinen und sagte den Vorbeikommenden: „Das ist mein Freund!" Dann fragte er mich, ob ich auch ihn jetzt wieder unterrichten würde. Über mein „Nein" war er recht traurig.

Menschen mit einer geistigen Behinderung die Erlebnisse in der Nähe des Todes näher zu bringen, ist nicht unmöglich, aber doch in besonderer Weise schwierig. Die gesamte Thematik einfach mit dem Hinweis auszuklammern, Berichte über solche Erlebnisse würden diese Menschen ohnehin nicht erreichen, sie könnten sie gar nicht erfassen, ist eine Verfahrensweise, die nicht sein darf. Jeder hat ein Anrecht darauf, im Rahmen seiner Möglichkeiten Bildung und auch tröstliche Hilfe und Hoffnung zu erhalten. Und wer sagt uns, wie weit oder eng dieser Rahmen bei geistigen Behinderungen gesteckt ist?

Wie wir schon bei Kindern und Jugendlichen mit einer körperlichen Behinderung festgestellt haben, erleben Menschen mit einer geistigen Behinderung es ebenfalls eindringlich, dass ihr Erdenleben sehr schnell beendet sein kann. Auch ihnen ist der Tod näher als den Menschen ohne irgendeine Behinderung. Nicht selten treten beide Formen der Behinderung bei ein und demselben Menschen auf. Hilfe ist also dringend erforderlich.

Zunächst einmal ist es klar und gut nachvollziehbar, dass man von Menschen mit einer geistigen Behinderung kaum verbale und dann auch noch eindeutig zu verstehende Äußerungen über eine eventuell selbst erlebte Nahtoderfahrung erhalten kann. Sicherlich werden diese Erlebnisse auch von ihnen erfahren werden. Im Falle eines klinischen Todes oder in ähnlichen Zusammenhängen werden sie mit großer Sicherheit Gleiches erleben wie jeder andere Mensch auch. Die schon häufig geäußerte und durch viele Fallbeispiele erhärtete Hypothese, dass es sich bei den Nahtoderfahrungen letztendlich um Erlebnisse einer Seele handelt, die sich vom Körper hat trennen können, macht all dieses plausibel. Ein Gehirn mit Fehlfunktionen wird dann kein Störfaktor mehr sein. Aber sprachliche Anknüpfungspunkte an mögliche Informationen zur Klärung dieser Erfahrungen wird es kaum geben können. Solche Äußerungen werden wohl gar nicht gemacht. Die schon oft erwähnte Sprachproblematik wirkt sich bei Menschen mit geistiger Behinderung zusätzlich noch dramatischer aus, als es ohnehin schon immer der Fall ist.

Gleichzeitig ist es aber auch wichtig zu wissen, dass Menschen mit geistiger Behinderung teilweise ausgesprochen stark auf verbale Kommunikationen reagieren können, selbst wenn sie dabei wenig oder gar nicht sprechen. Sie sind durchaus in der Lage, etwas zu verstehen.

Menschen mit dem „Down-Syndrom", das man früher „Mongolismus" genannt hat, sind dazu noch oft recht sprechfreudig. In solchen Fällen ist dann die Vermittlung des Gedankengutes und der Gefühlswelt der Nahtoderlebnisse etwas einfacher. Aber auch bei Menschen mit sehr viel gravierenderen geistigen Behinderungen sollte man diese Möglichkeit der verbalen Kommunikation nicht aus den Augen verlieren.

Erweist sich aber all dies nach unserer Einschätzung als nicht möglich, weil die Behinderung zu stark ausgeprägt ist, müssen zusätzlich auch andere Wege der Vermittlung gefunden werden. Wir haben aber in diesen Fällen ganz deutlich folgendes immer wieder zu bedenken: Zu unserer Beurteilung dessen, was Menschen mit einer geistigen Behinderung alles erfahren, erleben und begreifen können, bleibt nur die uns wahrnehmbare Rückmeldung in unsere eigene Wirklichkeit. Wir sind auf diese Reaktionen angewiesen und müssen sie zur Kenntnis nehmen. Wir haben uns zunächst in unserem Verhalten danach auszurichten, obwohl wir ahnen oder manchmal sogar wissen, dass oft im Innern dieser Menschen sich viel mehr abspielen kann, als sie nach außen zu zeigen vermögen. Und deswegen darf in der Behindertenpädagogik manches gewagt werden, was vielen Außenstehenden möglicherweise sinnlos erscheint. Das gilt auch für die Beschäftigung mit den Nahtoderfahrungen.

Welche Wege sind uns aber möglich, Rückmeldungen auf unsere Bemühungen zu erhalten, die uns zeigen: Wir haben ein Ziel erreicht? Dazu müssen wir uns zunächst im Klaren sein, welche Ziele bei der Behandlung der Nahtoderfahrungen im

Unterricht von Menschen mit einer geistigen Behinderung aus unserer Sicht möglich und erstrebenswert sind.

Unterrichtseinheiten ohne einen konkreten Anlass durchzuführen, halte ich für wenig ergiebig. Sehr sinnvoll ist es dagegen, einen Todesfall in der Lerngruppe, in einer Familie oder im Freundeskreis mit der Hilfe der Gedanken aus den Nahtoderfahrungen etwas erträglicher zu machen. Welche Mosaiksteine der Grenzerfahrung in Todesnähe eignen sich nun bei solchen Situationen in so einer speziellen Gruppe?

Die im Nahtod erlebten überschwänglichen Gefühle lassen sich eventuell, wenn auch in reduzierter Form, nacherleben. Dass man sich allem nur annähern kann, gilt nicht nur für Menschen mit Behinderungen, sondern für uns alle. Akustische Wahrnehmungen sind mit großer Wahrscheinlichkeit auch an Menschen mit einer geistigen Behinderung gut weiterzugeben. Das außerkörperliche Erleben ist durch Bilder für manchen anschaulich zu machen. Die Empfindungen in der Gegenwart des Lichtwesens können auch in Ansätzen vermittelt werden, natürlich nur in der wieder für uns alle ebenfalls begrenzten Weise. Die ethischen Normen und der damit verbundene Lebensfilm werden vermutlich kaum eine Rolle spielen. Sicherlich wird Menschen mit einer geistigen Behinderung auch ein Repertoire an wertvollen Verhaltensweisen in Familie, Schule und für das zukünftige Leben mitgegeben. Das hat aber mit der Vermittlung der Nahtoderfahrungen nichts zu tun, sondern gilt allgemein.

Alle eben genannten Erlebnismomente müssen Angst lindernd sein. Denn was Angst ist, wissen alle Menschen genau, jeder auf seine Weise, ob sie nun mit einer Behinderung leben oder ohne sie. Wie ist das aber alles zu erreichen? Welche Hilfsmittel sind dafür nötig?

Zunächst muss allen Kindern und Jugendlichen verdeutlicht werden, dass man ihnen etwas über einen nicht mehr unter uns Lebenden mitteilen möchte. Das kann vielleicht durch ein Bild, Blumen oder ein Licht im Klassenraum möglich gemacht werden. Dann aber ist es nach einigen Worten des Trostes nötig, die Kinder vor allem körperliche Erfahrungen machen zu lassen, damit sie die in den Nahtoderfahrungen gemachten Erlebnisse von Leichtigkeit, Schwerelosigkeit, Ruhe, Wohlbefinden und auch Glück nachvollziehen können. Hier bieten sich Möglichkeiten in Snoezelräumen je nach deren Ausstattung an. Es handelt sich dabei um Räume, die so eingerichtet sind, dass sie möglichst viele Sinne der Kinder auf angenehmste Weise ansprechen können. So lässt sich die Trauer auch von Kindern mit sehr schweren Behinderungen durch Körpererfahrungen, die den Gefühlen während einer Nahtoderfahrung ähnlich sind, vielleicht lindern. Genauere Untersuchungen sind hier in Zukunft aber noch nötig. Sicherlich ist es auch möglich, Elemente aus dem Gebiet der Musiktherapie hierbei zum Einsatz kommen zu lassen. Oder: Welche Möglichkeiten ergeben sich, wenn man gemeinsam einen Friedhof besucht und unmittelbar danach einen Snoezelraum aufsucht? Weiter: Kann man im Bereich des bildhaften Gestaltens Kindern und Jugendlichen hier helfen? Ich bin nur in der Lage, einige Anregungen zu geben, die ich teilweise mit Fachkollegen und -kolleginnen durchgesprochen habe. Eigene Erfahrungen konnte ich noch kaum sammeln. Die genaue systematische Erforschung der Erlebnisse in Todesnähe ist zudem noch eine sehr junge Wissenschaft. Da kann nicht erwartet werden, dass deren Bedeutung und Weitergabe in allen schulischen Bereichen schon ausreichend praktiziert und reflektiert worden ist. Das gilt für alle Schularten. Ein Junge einer 5. Klasse, der allerdings ohne Behinderungen lebte, sagte während meines Unterrichtes ganz spontan: „Eigentlich gehört das alles ja zur Allgemeinbildung!" Mir fiel dabei das Sprichwort ein: „Kindermund tut Wahrheit kund."

Ein unzerstörbarer Geist?

Ein ganz anderer Gedanke ist bei der Betrachtung, wie man Menschen mit einer geistigen Behinderung Erlebnisse in Todesnähe näherbringen kann, ebenfalls vorstellbar. Dazu muss ich etwas weiter ausholen und mit einer Geschichte beginnen. Ein ehemaliger Schüler von mir leitet in Schleswig-

Holstein ein Alten- und Pflegeheim. Nach einer Veranstaltung kam er zu mir und wollte von einem Ereignis berichten, das er selbst miterlebt hatte. In seinem Heim wurde seit Jahren eine Frau gepflegt, die unter der Alzheimer-Erkrankung litt. In den letzten beiden Lebensjahren habe sie auf ihre Umwelt eigentlich, so meinte er, gar nicht mehr reagieren können, sondern nur noch an die Decke gestarrt. Schließlich erlitt sie einen Herzinfarkt, war klinisch tot und wurde, da keinerlei anders lautende Verfügungen vorlagen, wiederbelebt. Nach ihrer Reanimation war sie für mehrere Stunden geistig völlig klar. Das kranke Hirn war als Störfaktor offenbar ausgeschaltet. Sie bedankte sich nun bei ihren Kindern, dass diese sie regelmäßig besucht hätten, obwohl sie sich nie hatte dafür dankbar zeigen können. Sie freute sich darüber, Medizinern und Pflegepersonal Dankesworte sagen zu können, und zeigte durch alle ihre Äußerungen, dass sie in den letzten beiden Jahren eigentlich alles in ihrer Umgebung „mitbekommen" hatte. Auch ihr Gefühlsleben war in dieser Zeit offenbar völlig intakt gewesen. In der folgenden Nacht beendete ein zweiter Infarkt ihr Erdenleben endgültig. Was ich, so fragte mich der Heimleiter, nun davon halten würde. Die Richtigkeit seiner Aussagen zweifelte ich nicht an. Was gab mir auch dazu die Berechtigung? Etwa ein medizinisches Dogma, dass nämlich nur ein intaktes Gehirn zu richtigen geistigen Wahrnehmungen und einem unversehrten Gefühlsleben fähig sei? Die einfachste und auch am ehesten einleuchtende Erklärung war für mich, dass trotz der massiven Schädigungen im Gehirn Geist und Fühlen dieser Frau in keiner Weise gelitten hätten. Haben solche Erfahrungen die Kraft, althergebrachte Theorien über die Zusammenhänge von Geist/Seele und Gehirn zu korrigieren?

V. E. Frankl berichtet übrigens von einem sehr ähnlichen Fall, den ich hier aus dem Gedächtnis zitiere. Ein Kollege verfiel ohne medizinisch erkennbaren Grund binnen kurzer Zeit so, dass er wie ein Säugling gepflegt werden musste. Eine Therapie war nicht möglich. Nach etlichen Monaten aber geschah das, womit keiner gerechnet hatte: Dieser Patient erholte sich plötzlich und wurde wieder ganz gesund. Frankl befragte ihn nun, wie er die vergangene Zeit erlebt habe. Und die

Antwort war: Nicht anders als das Leben vor der Erkrankung. Er habe wie im Leben vor der Erkrankung ebenso bei einem spannenden Fernseh-Krimi, der im Krankenzimmer gezeigt wurde, mitgeraten, wer wohl der Täter sein könne, habe bei Fußballspielen seiner Mannschaft die Daumen gedrückt usw. Frankl sah das als weitere Bestätigung seines Gedankens an, dass der Geist etwas Unzerstörbares sei, selbst wenn die Person die schwersten körperlichen und seelischen Leiden zu ertragen habe, auch selbstverständlich Störungen und Verletzungen des Gehirns. Frankl lehnt auch den Begriff „Geisteskrankheit" ab und spricht von „Erkrankungen des Gehirns". Und schließlich folgert er aus alledem, dass das Geistige unsterblich sei. Nahtoderfahrene können das alles nur voll bestätigen. Wie Frankl sich ein solches „Leben im Jenseits" vorstellt, macht er in dem kleinen Theaterstück „Synchronisation in Birkenwald - eine metaphysische Conférence" deutlich. Dort lässt er im Jenseits versammelte Geistesgrößen, Mitglieder seiner eigenen Familie und ehemals brutale Nationalsozialisten miteinander Gespräche führen.[123] Die Sichtweisen auf Ereignisse unseres Erdenlebens haben sich vollständig gewandelt. Auch das können Nahtoderfahrene aus ihrem eigenen Erleben heraus nur für richtig erklären, selbst wenn sie das „Jenseits" nur von ferne erblickt haben und noch nicht betreten konnten.

Frankl ist nicht der erste Denker, der den Geist für etwas gänzlich Unzerstörbares gehalten hat. Goethe z.B. war der gleichen Ansicht. Dieses Thema aber der Sache einigermaßen angemessen darzustellen, erfordert ein weiteres Buch. Und das ist jetzt erschienen. Der Freiburger Wissenschaftler Michael Nahm veröffentlichte 2012 sein Buch „Wenn die Dunkelheit ein Ende findet". Der Untertitel lautet „Terminale Geistesklarheit und andere ungewöhnliche Phänomene in Todesnähe". An einer Vielzahl von Beispielen zeigt Nahm, dass trotz oft schwerer Verletzungen und anderer Beeinträchtigungen des Gehirns gedankliche und emotionale Klarheit auf verschiedenste Weise offenkundig werden kann. Der Geist ist und bleibt unzerstörbar, auch wenn er sich uns oft nicht in dieser Weise zeigen kann. Für materialistisch denkende Naturwissenschaftler ist aber das Gehirn so grundlegend für geistig-seelische Prozesse, dass ohne dessen Funktionieren Geist -in welcher Form auch immer- unvorstellbar ist. Auch Pim van Lommels Ausführungen in seinem Werk „Endloses Bewusstsein" weisen an manchen Stellen in eine von Nahms Belegen vergleichbare Richtung.

4. Schlussgedanken

Als man damit begann, Nahtoderlebnisse systematisch zu erforschen und die ersten Ergebnisse der Öffentlichkeit zugänglich gemacht werden konnten, wurden in Presseorganen und im Großteil der Bevölkerung die Forscherinnen und Forscher zunächst als weltabgewandte Sonderlinge angesehen. Diejenigen, die solche Erlebnisse sogar selbst erfahren und davon berichtet hatten, sah man als Eigenbrötler an, die zum Glück - wie man meinte - nur ganz vereinzelt sich in merkwürdigen Daseinsformen herumgetrieben hatten. Die Phänomene selbst hielt man keiner weiteren Betrachtung für wert. Sie wurden mit Drogenerlebnissen gleichgesetzt. Auch von Betrug und Krankheit war die Rede. Eine große deutsche Wochenzeitung nannte die Art und Weise, wie E. Kübler-Ross die Vorkommnisse im Zusammenhang mit dem Sterben Aidskranker jetzt glaubte, deuten zu können, das Widerlichste, was je zu diesem Thema geschrieben wurde. Es passte nämlich alles, was sie berichtete, nicht in ein vom Materialismus bestimmtes Weltbild hinein.

In der griechischen Mythologie wird von einem Riesen, Prokrustes mit Namen, erzählt. Er besaß ein Bett, auf das er alle Menschen legte, derer er habhaft werden konnte. War ein Mensch nun zu kurz für das Bett, wurde er qualvoll in die Länge gezogen. War er zu lang, wurden ihm einfach Gliedmaßen abgehackt. Jeden machte Prokrustes auf diese Weise für sein Bett passend. Und in ähnlicher Weise, wenn auch nicht brutal wie im antiken Mythos, sollten nun auch die Nahtoderfahrungen mit den Erfordernissen, dem Weltbild der materialistischen Naturwissenschaft lückenlos in Einklang gebracht werden. Man erklärte die Sterbeforscher alle für unwissenschaftlich, ihr Arbeitsgebiet für unseriös. Was nicht in das Prokrustesbett herkömmlichen Denkens hineinpasste, durfte es nicht geben, und es wurde bei der Darstellung durch „exakte" Wissenschaftler z.B. einfach weggelassen. Die naturwissenschaftlich nicht fassbaren Fakten werden bis heute noch von einigen streng konservativ eingestellten Menschen insgesamt abgelehnt.

Dass es verschiedene Möglichkeiten ihrer Deutung gibt, darf nicht verwundern und ist auch nicht zu kritisieren. Da muss jeder für sich selbst die jeweiligen Argumentationen abwägen und seine Entscheidungen fällen. Nur eins steht heute fest: Das Phänomen existiert und es ist nicht irgendeine Belanglosigkeit von wenigen Sekunden oder Minuten. Es ist wie eine Geburt ein Urerlebnis. Und so etwas im Leben kennenzulernen oder davon zu erfahren, ist in meinen Augen lebensnotwendig. Viel Not kann dadurch nämlich gewendet werden. An die Stelle der Not tritt Hoffnung, Mut und Zuversicht. Meine Erfahrung hat mich nun folgendes gelehrt: Je mehr Menschen mit einem Sterbeerlebnis jemand kennt, desto geringer ist seine Skepsis dem allen gegenüber und desto offener ist er auch für Interpretationen aus unterschiedlichen Bereichen, auch aus dem der Theologie. Es sind Erlebnisse, die an die Erfahrungen von Mystikern erinnern.

Um Nahtoderlebnisse so zu verstehen, wie sie erlebt, gedeutet und dann auch auf unterschiedliche Weisen vermittelt werden können, ist eine erweiterte Sicht der Natur nötig. Die Forderung nach einer neuen, weiten Betrachtung von Natur haben schon früher auch diejenigen gestellt, die sich ganz anderen Grenzbereichen zugewandt hatten, welche sich ebenfalls nicht glatt in das herkömmliche Denken einordnen ließen. Ich denke da z.B. an C. G. Jungs Einstellung zu den Phänomenen der Parapsychologie, die ihm oft aus eigener Erfahrung bekannt waren und wegen derer er nicht zuletzt von seinem Lehrer Sigmund Freud (1856 - 1939) angegriffen wurde. Ich möchte den von R. Moody zitierten Satz des Kollegen mit einer Nahtoderfahrung noch einmal wiederholen und dann abwandeln: „Als Naturwissenschaftler müsste ich denken: so etwas gibt es nicht. Aber gegeben hat es das trotzdem."[124] Und nun meine neue Version: „Es gibt so etwas. Also muss ich als Wissenschaftler eine solche Sicht der Natur erarbeiten, dass auch diese Tatsachen in ihr Platz haben."

Hermann Hesse (1877 - 1962) schreibt über das Sterben in seinem berühmten Gedicht „Stufen" aus dem Roman „Das Glasperlenspiel":

„Es wird vielleicht auch noch die Todesstunde
Uns neuen Räumen jung entgegensenden,
Des Lebens Ruf an uns wird niemals enden...
Wohlan denn, Herz, nimm Abschied und gesunde!"

Diese Strophe ist mehr als nur schöne Poesie. Sie kündet von einer neuen Wirklichkeit. Ein Mensch mit einer Nahtoderfahrung wird wohl nur eine ganz kleine Veränderung anbringen wollen: Statt des Wörtchens „vielleicht" wird er sagen: „gewiss"!

6. Kapitel: Exkurse

1. Verwandte Themenbereiche

Wiedergeburt / Reinkarnation

Niemals habe ich in einer meiner Veranstaltungen das Thema der Reinkarnation von mir aus angesprochen. Aber immer wurde ich danach gefragt, ob sich aus den Erlebnissen der Nahtoderfahrungen nicht auch Folgen für die persönliche Einstellung zu der Möglichkeit mehrerer Erdenleben ergeben können. Haben wir mehrmals eine Chance, unsere Aufgaben auf dieser Erde zu erfüllen? Meine Zurückhaltung ist nicht dadurch begründet, dass ich eine solche Möglichkeit ablehne. Ich möchte nur eine so wichtige Frage nicht von mir aus als zusätzliches Thema in die Diskussion hineintragen und biete deshalb manchmal an, einen weiteren Vortrag zu eben diesem Thema auszuarbeiten und zu halten. Diese Bitte ist aber bisher nie an mich herangetragen worden. Offensichtlich genügte dem fragenden Publikum immer meine Antwort, die ich stets gebe: Ja, ich halte mehrere Erdenleben für möglich, vielleicht sogar für wahrscheinlich. Das ist mein persönlicher Glaube. Die dazugehörige ausgefeilte Dogmatik in anderen Denksystemen übernehme ich dabei aber nicht als zwangsläufige Notwendigkeit mit.

Berichten Nahtoderfahrene von ihren Erlebnissen, spielt der Wiedergeburtsgedanke allerdings so gut wie keine Rolle. Nur in seltenen Fällen wird erzählt, man habe während des Zustandes des klinischen Todes Erinnerungen an frühere Erdenleben gehabt. Hat jemand aber eine Nahtoderfahrung erlebt, so steht er diesem Gedankengut trotzdem fast immer positiv gegenüber. Er hat etwas von der Ewigkeit der Seele erkannt.

Meine eigene Haltung möchte ich begründen. Beweise kann ich nicht vorlegen, sondern nur begründete Hypothesen und deutliche Hinweise. Ein indifferentes „Kann sein, kann auch nicht sein" wird es angesichts dieser Zeichen allerdings schwer haben, sich zu behaupten. Einige außergewöhnliche Erlebnisse, die auf Reinkarnation hindeuten, sind mir persönlich mitgeteilt worden. Außerdem gibt es eine reichhaltige Literatur zum Thema. Erwähnenswert sind die Arbeiten von Ian Stevenson (1918 - 2007). In den letzten 40 Jahren seines Lebens hat er sich besonders um die Erforschung dieses Phänomens gekümmert. Zunächst von der Wissenschaft abgelehnt, erfreuen sich seine Bücher einer zunehmenden Anerkennung. Ursache dieser wachsenden Wertschätzung sind vor allem seine Liebe zur Genauigkeit und die stets spürbare weltanschauliche Neutralität seiner Untersuchungen.

Aber nun werde ich zunächst einige mir persönlich mitgeteilte Schilderungen referieren.

Eine inzwischen 30-jährige Frau wird als kleines Kind von ihrer Mutter in einer Sportkarre spazieren gefahren. Plötzlich dreht sich die kleine Tochter um und sagt: „Früher habe ich dich im Wagen geschoben, jetzt schiebst du mich!" Und dann nennt sie ihre Mutter mit genau dem liebevollen Spitznamen, der zwischen beiden in vertrauten Situationen gebräuchlich gewesen ist und den sonst keiner gekannt hat. Außerdem beschreibt die Kleine bis in Details hinein genau die Straße einer norddeutschen Großstadt, in der man gemeinsam vor mehreren Jahrzehnten gewohnt hat. Ich wurde von der Mutter nach meiner Meinung zu diesem Geschehen gefragt und sagte, dass ich Reinkarnation für die wahrscheinlichste Ursache halte. Die Tochter sei offenbar im früheren Leben die Mutter ihrer jetzigen Mutter gewesen. Natürlich gibt es mit der Hilfe von Phänomenen aus der Parapsychologie auch noch andere Erklärungsmöglichkeiten. Das Wissen vom Spitznamen und die genaue Schilderung der Straße habe das Kind telepathisch von der Mutter erhalten oder selbst abgezapft. Eine mögliche Hellsichtigkeit sei ebenfalls denkbar. All diese Erklärungen nehmen aber auf den Inhalt des Gespräches keine Rücksicht. Also sind sie für mich weniger wahrscheinlich als der Gedanke an eine Wiedergeburt.

Besonders beeindruckend finde ich es, wenn ein Mensch eine fremde Sprache spricht, die er nie gelernt hat. Einer meiner Freunde berichtete mir ein Ereignis aus seiner frühen Kindheit, das sein Vater ihm später mitgeteilt hatte. Er schlief nachts einmal sehr unruhig. Als der Vater nach dem Jungen schauen wollte, hörte er, wie der Kleine in vollkommen korrekter schwedischer Sprache eine Unfallsituation beschrieb. Der Fahrer eines Autos, in dem offenbar mehrere Personen saßen, solle gefälligst mit der Geschwindigkeit heruntergehen. Am Straßenrand stünden viele Bäume und er sei gerade dabei, die Kontrolle über sein Fahrzeug zu verlieren. Kurz vor dem Aufwachen sagte der kleine Junge noch hektisch und laut: „Oh, nun ist alles zu spät." Die Deutung dieses Ereignisses durch meinen Freund selbst lautete, dass er wohl als Schwede in einem früheren Leben einen Unfall nicht überlebt habe und deswegen noch einmal auf die Erde geschickt worden sei. Alle anders lautenden, auch hier möglichen Erklärungen sind wesentlich unwahrscheinlicher und wirken wie an den Haaren herbeigezogen. Oft werden solche anderen Kommentare geradezu herbeigesehnt, weil man aus weltanschaulichen Gründen Wiedergeburtsideen prinzipiell ablehnt. Übrigens: Schweden liebt dieser Freund auch heute noch ganz besonders.

Bezeichnend für Erinnerungen an mögliche frühere Leben ist, dass sie oft von Kindern im Kleinkindalter berichtet werden. In späteren Jahren verlieren sich diese Gedächtnisinhalte langsam wieder. Sie werden wohl durch die Eindrücke des gegenwärtigen Lebens überdeckt.

Nach den beiden mir selbst mitgeteilten Fällen soll noch ergänzend ein Bericht aus der Literatur zitiert werden. Er stammt von dem indischen Parapsychologen und Reinkarnationsforscher Hemendra Nath Banerjee, der viel mit I. Stevenson zusammengearbeitet hat. Gerhard Adler beschreibt diesen Fall:[125] „Im Alter von knapp zwei Jahren überrascht Ismail, 1956 geboren, seine Eltern mit der Bemerkung: ich habe es hier satt, ich will zurück zu meiner Frau und zu meinen Kindern. Im Laufe der Zeit entnehmen die Eltern den Berichten des Kindes eine kaum glaubliche Horrorgeschichte. Ismail nennt den Namen, unter dem er früher gelebt haben will, und er beansprucht nicht nur, mit diesem Namen gerufen zu werden, sondern er benennt auch seinen früheren Wohnort, beschreibt seine dortige Familie und schließlich sogar sein blutiges Ende durch einen Mord. Zahlreiche Details beschreiben seine berufliche und private Situation und die Art seines Todes. Tatsächlich wurde 1956 an jenem Ort ein Mann mit dem genannten Namen umgebracht. Zwei der am Mord Beteiligten waren gehenkt worden, der dritte starb im Gefängnis. Wenige Monate nach der Ermordung wurde Ismail geboren. Die Eltern erinnern sich an eine große Narbe am Kopf des Neugeborenen. Und die Mutter bezeugt, dass dieses Merkmal mit etwa zweieinhalb Jahren zu verschwinden begann. Um diese Zeit war es, dass sich Ismail mit dem Ermordeten identifizierte. Er forderte, zu seinem Haus gebracht zu werden. Schließlich erklärten sich die Eltern bereit, sich von dem Jungen das Haus am anderen Ende der Stadt zeigen zu lassen …, nicht zuletzt, um ihn davon zu überzeugen, dass er Unsinn rede. Es gelingt Ismail, ohne Umwege seine Eltern dorthin zu führen." Bei diesem Fall, der sich auch problemlos mit der Reinkarnationshypothese erklären lässt, fällt eine Besonderheit auf, der sich I. Stevenson ganz intensiv gewidmet hat: Es werden am Körper von wiedergeborenen Kindern Narben, Muttermale und andere physische Veränderungen sichtbar, die auf den Tod im früheren Leben hindeuten. Der Autor widmet diesem Phänomen ein ganzes Buch, dessen deutsche Übersetzung den Titel „Reinkarnationsbeweise" trägt. Da Stevenson diese Übersetzung ausdrücklich genehmigt hat, ist anzunehmen, dass er auch dem Titel zugestimmt hat. Das würde bedeuten, dass er diesen physiologischen Besonderheiten tatsächlich eine Art „Beweischarakter" zuschreibt.[126]

Spontane Erinnerungen von kleinen Kindern sind nur ein Weg, um sich dem Thema Wiedergeburt zu nähern. Die Rückführung in Hypnose ist eine weitere Möglichkeit. Auch auf diesem Weg sind beeindruckende Ergebnisse erzielt worden. Manchmal wirkten sie sogar wie eine Psychotherapie.

Weltweites Aufsehen erregten die Rückführungen einer Amerikanerin in ein früheres Leben in Irland. Dort sollte die amerikanische Hausfrau Virginia Tighe (1923 - 1995) in der Zeit von 1798 bis 1864 als Bridey Murphy gelebt haben. Viele Einzelheiten ihrer Angaben aus diesem Leben konnte man nachprüfen. Sie wurden bestätigt. Etliches ließ sich aber nicht klären. Eine große Zeitung in den USA entlarvte den Fall dann aber als absichtliches oder unbeabsichtigtes Betrugsmanöver. Jedoch auch diese „Entlarvung" erwies sich im Nachhinein als wenig seriös. Hier sieht man, dass sich Spontanerinnerungen von Kindern zur Klärung der Frage nach mehreren Erdenleben als besonders wertvoll erweisen. An Bedeutung gewinnen sie noch zusätzlich, wenn Körpermerkmale Ereignisse aus dem Vorleben bekräftigen können.

Es gibt in der Literatur viele glaubwürdige Zeugnisse über Vorleben in der Vergangenheit, die mittels Hypnose zustande gekommen sind. Aber immer muss man hier mit der Möglichkeit rechnen, dass sich einmal wirklich erlebte Begebenheiten mit anderem Gedankengut oder auch Suggestionen des Hypnotiseurs vermischen können. Besondere Sorgfalt in der Beurteilung aller Aussagen ist deshalb unabdingbar.

Mit den Nahtoderlebnissen haben diese Ereignisse und Gedanken vor allem eines gemeinsam: Sie sind zusätzliche Belege für die Glaubwürdigkeit der Hypothese, dass es eine Seele gibt, die sich im Tode vom Körper löst, also ohne ihn leben kann und sich, das ist jetzt ein neuer, zusätzlicher Gedanke, wieder mit einem anderen Körper zu vereinen vermag. Viele Fragen aus Philosophie, Theologie, aber auch aus dem Alltag lassen sich mit der Hilfe von Reinkarnation leichter lösen. „Das Problem der Gerechtigkeit und der Chancengleichheit angesichts des manifesten Unterschiedes zwischen Einzelmenschen und ganzen Völkern; die Beobachtung ganz unterschiedlicher Anlagen, die Verschiedenartigkeit der Bewusstseinsstufen und der Reifegrade von Menschen aus denselben Familien oder aus vergleichbaren Milieus gehören zu den Argumenten, die für die Plausibilität der Wiedergeburtslehre ins Feld geführt werden."[127] Möglicherweise können auch besonders hervorragende Begabungen, wie sie bei Wunderkindern z.B. im Bereich der Musik festgestellt werden, hier eine Begründung finden.

Bei vielen Naturvölkern hat die Reinkarnation eine große Bedeutung. Gleiches gilt auch für die in Indien entstandene Kultur. Auch in der Antike war Reinkarnation nicht fremd. Im christlichen Abendland wurde dem Glauben an wiederholte

Erdenleben der Boden entzogen, als auf dem 2. Konzil zu Konstantinopel (553) die Lehre des Kirchenvaters Origenes als Irrlehre verdammt wurde. Er war der Ansicht, dass die Seele auch schon vor der Geburt des Menschen existieren könne. Gedanken an eine Wiederverkörperung gab es nach dieser Verurteilung bis zur Zeit der Aufklärung jedenfalls im Einflussbereich der Kirchen nicht mehr. Als durch die Ideen der Aufklärung der Einfluss der Kirchen geringer wurde, gewann der Gedanke an mehrere Erdenleben wieder an Bedeutung. Lessing kann uns hier als ein Beispiel unter vielen anderen dienen. Er schrieb in seinem Werk „Erziehung des Menschengeschlechts": „Warum sollte ich nicht so oft wiederkommen, als ich neue Kenntnisse, neue Fertigkeiten zu erlangen geschickt bin? Bringe ich auf einmal so viel weg, dass es sich der Mühe wiederzukommen etwa nicht lohnet?" (§ 98 f.) Und Lessing beantwortet dann gleich die Frage, die man mir auch oft in diesem Zusammenhang gestellt hat: Warum wissen wir denn von diesen vorausgegangenen Leben nichts? Er fährt nämlich fort: „Die Erinnerung meiner vorigen Zustände, würde mir nur einen schlechten Gebrauch des gegenwärtigen zu machen erlauben." Viele Dichter und Denker schlossen sich Lessing an: Kant, Goethe, Schopenhauer, Friedrich d. Große, W. Busch und andere. In den Gedanken R. Steiners, des Begründers der Anthroposophie, spielen solche Ideen eine ganz zentrale Rolle.

Das heute immer wieder vorgetragene Hauptargument der Reinkarnations-Gegner lautet: Bisher hat die Wissenschaft eine (feinstoffliche?) Seele, die ohne den natürlichen Körper auch dessen Tod überdauert, nicht feststellen können. Ich persönlich kann mich dagegen folgenden Gedanken eines deutschen Psychiaters gut anschließen: „Wir meinen…, dass bei der Entscheidung dieser Frage die *Erfahrung* und nicht ein dogmatisches Vorurteil *das letzte Wort* sprechen wird. Gesetzt, jene würde den Beweis einer Reinkarnation erbringen, müsste sich das christliche Denken damit arrangieren – wie es dies schon in vielen anderen Fällen tat. Von vornherein ein Veto dagegen einzulegen und damit eine sachliche Erforschung zu erschweren, ja suspekt erscheinen zu lassen, erscheint untunlich. Im übrigen sind wir der Ansicht, dass das *eigentliche* und tiefste *Anliegen des christlichen Glaubens* davon in *keiner Weise* berührt werden würde." [128]

Nachtodeserfahrungen

Ein kleiner zusätzlicher Buchstabe genügt, ein „c", (vielleicht haben Sie ihn sogar zunächst gar nicht bemerkt?) und wir befinden uns in einem weiteren verwandten Themenbereich, der die Nahtoderlebnisse ganz eng tangiert. Die in Todesnähe erlebten Begegnungen mit bereits Verstorbenen, die kommen, um einen Sterbenden zu begleiten, sind eigentlich schon „Nachtodeserlebnisse". Aus dem „Jenseits" sind sie in die Schleuse zwischen dieser und der möglichen folgenden Welt gekommen, um nach ihrem eigenen Tod jetzt anderen zu helfen. Auch aus Kriegszeiten sind diese uns merkwürdig berührenden Erscheinungen bekannt. Ein Soldat fällt. Zu Hause, bei Mitgliedern der eigenen Familie erscheint er jetzt, entweder kurz vor seinem Tod, während des Sterbens oder im Moment danach. Das lässt sich in den meisten Fällen nicht eindeutig feststellen. Und er verabschiedet sich. Das kann einen Schreck auslösen, oft wird es aber als tröstlich empfunden.

Die ältesten Bezeugungen der „Auferstehung" Jesu finden sich in den Briefen des Apostels Paulus. Und Paulus berichtet nichts von einem leeren Grab, nichts von Szenen, die sich am Grabe Jesu ereignet haben. Er berichtet von mehreren Erscheinungen des Gekreuzigten nach dessen Tod. Und diese Berichte bedeuteten für Jesu Anhänger: Er lebt also! Das ist auch die eigentliche Osterbotschaft. J. Zink zeichnet nun in seinem Buch von der Auferstehung nach, wie man sich gut die Entstehung der Osterberichte in den später, d.h. nach den Paulusbriefen, verfassten Evangelientexten vorstellen kann. Man diskutierte über diese Erscheinungen: Wie ist so etwas überhaupt denkbar? Wie können wir uns so etwas eigentlich vorstellen? Und aus den vielerlei möglichen Antworten entstanden die Osterberichte der Evangelien. Paulus berichtet also, was damals geschehen ist, die Evangelientexte zeigen uns, wie man sich das Geschehen im Rahmen des damaligen Weltbildes und Denkens vorstellen konnte. Der Bericht von den Jüngern, denen Jesus auf dem Weg nach Emmaus erscheint (Lk 24, 13 ff.), ist diejenige Ostergeschichte, die den Erscheinungsberichten bei Paulus am nächsten kommt. Sie erzählt uns von einer echten „Nachtoderfahrung".

In dem Religionsunterricht in der Mittel- und Oberstufe weiterführender Schulen wird diese Deutung von Jugendlichen ohne große Schwierigkeiten angenommen. Und sie entspricht den wissenschaftlichen Erkenntnissen in der Bibelauslegung der letzten Jahrzehnte.

Ich möchte nun von einem Fall berichten, wo eindeutig nach dem Tod ein Mann Kontakt zu seinen Hinterbliebenen gesucht und gefunden hat. Manchmal werde ich nach Todesfällen zu seelsorgerlichen Gesprächen gebeten. Eine schon etwas ältere Frau hatte ihren Mann ganz plötzlich verloren. Er lag eines Morgens tot auf dem Teppich im Wohnzimmer. Ein Herzinfarkt hatte seinem Leben ein abruptes Ende gesetzt. Ein plötzlicher Tod ist für den Verstorbenen oft ein Segen. Eigentlich wünschen sich die meisten Menschen, so diese Welt verlassen zu können, ohne lange Krankheit, ohne Pflegebedürftigkeit und ohne längere Schmerzen ertragen zu müssen. Für Hinterbliebene ist aber ein solcher Tod oft besonders schmerzhaft, weil man sich auf ihn nicht hat einstellen können. So war es auch in dem Fall, von dem ich berichten möchte. Ich besuchte die Witwe dieses Mannes und versuchte, mit ihr in ein Gespräch zu kommen. Das gelang aber so gut wie gar nicht. Zu groß war offensichtlich noch die Trauer. In dieser Situation konnte ich auch unmöglich von mir aus beginnen, etwas über Nahtoderlebnisse zu berichten, die vielleicht tröstlich hätten sein können. Plötzlich bat mich die Frau, mir ein doch sehr merkwürdiges Erlebnis erzählen zu dürfen. Kaum dass sie ihren Mann tot im Wohnzimmer gefunden hatte, klingelte das Telefon. Ihre Tochter war am Apparat und fragte, ob etwas mit dem Vater sei. Er wäre ihr in der Nacht erschienen, hätte gesagt, er sei jetzt in einer anderen Welt und wolle versuchen, so gut es ginge, von dort aus hilfreich zu sein. Erschrocken und verwirrt sagte die Mutter, sie würde die Tochter später wieder anrufen, im Moment sei es ihr nicht möglich zu sprechen. Und sie legte den Hörer auf. Sofort klingelte das Telefon wieder. Dieses Mal meldete sich der Sohn und berichtete genau dasselbe. Nun fragte sie mich, ob ich damit etwas anfangen könne. Vorsichtig erkundigte ich mich, von wem wohl ihrer Meinung nach diese Erscheinungen gestammt hätten. „Gauben Sie von meinem Mann?", wollte sie wissen. Wer denn sonst noch in Frage käme, entgegnete ich. Keiner sonst. Und auch der Inhalt des Gesprochenen ließ keinerlei andere Deutung zu. Meine Erkundigung, wann ihr Mann wohl dieses alles zustande gebracht hätte, beantwortete sie mit einem fragenden: „Etwa nach seinem Tod?" Der Inhalt seiner Worte erlaubte auch hier keine andere Antwort. Das würde ja bedeuten, dass er eigentlich noch lebe, erwiderte sie. Und jetzt konnte ich ihr etwas über Nahtoderfahrungen sagen. Ein längeres Gespräch begann. Am Ende sagte sie mir, wie sehr tröstlich mein Besuch für sie gewesen sei. So kann ein echtes, wirkliches Nachtoderlebnis aussehen. In diesem Fall ist es auch nicht möglich, in sinnvoller Weise anderen Deutungen den Vorzug zu geben, die sich dann auf vielfältige Vorspiegelungen des Hirns oder irgendwelche Zufälle berufen müssten. Ich bemerke es ohnehin oft, dass man sich in den Momenten, in denen eine dem wissenschaftlichen Weltbild nicht mehr entsprechende Deutung von Ereignissen möglich ist, gern auf „Täuschungen des Gehirns" zurückzieht. Kann nicht auch das Hirn dieser Kritiker in die Irre gehen?

Der Theologe Karl Heim (1874 - 1958), der sich auch als Mathematiker einen Namen gemacht hat, berichtet in seinen Lebenserinnerungen von einem besonders beeindruckenden Nachtodeserlebnis, das ein kleines verstorbenes Mädchen hat stattfinden lassen.[129] Heim beruft sich dabei auf die Auskunft des Arztes Prof. Dr. Sugarew. Bei diesem erschien in seiner Sprechstunde besagtes Mädchen in einem rosa Kleid und bat um einen Hausbesuch bei ihrer schwer erkrankten Mutter. Nach anfänglicher Ablehnung folgte er aber doch dieser Bitte, trat bei der Mutter ein und erzählte ihr von dem Besuch ihrer Tochter und deren Anliegen. Er wurde daraufhin von der Mutter in ein Nebenzimmer geführt, in dem das zwei Tage zuvor verstorbene Mädchen in eben demselben rosa Kleid aufgebahrt lag, das er in seinem Sprechzimmer schon gesehen hatte.

Meistens werden Nachtodeserfahrungen nur von Einzelpersonen wahrgenommen, was ihnen auch den Vorwurf, es handele sich nur um Halluzinationen, eingebracht hat. Eine solche psychiatrische Deutung ist aber so gut wie ausgeschlossen, wenn mehrere Personen gleichzeitig den Kontakt mit einem Verstorbenen erfahren.[130] Eine Amerikanerin sitzt am Tage vor der Beerdigung ihres Vaters in einem Hotelzimmer. Dann berichtet sie folgendes: „Wie ich so dasaß und betete, hatte ich den Eindruck, als würde das Licht im Raum immer schwächer, und plötzlich war mein Vater da. Als er starb, war er achtzig, aber jetzt sah er eher wie ein Mann um die sechzig aus.

Farbiges Licht ging von ihm aus und hüllte ihn ganz und gar ein,… Er stand da und sagte zu mir: 'Sei stark und pass auf deine Mutter auf… Leb wohl.' Das Ganze dauerte nur ein paar Sekunden, dann war er wieder verschwunden.

Dann stand mein kleiner Sohn, der schon im Bett gelegen hatte, auf. Er kam zu mir gerannt und rief: 'Großvater! Großvater!' Ich beschwichtigte ihn: 'Großvater ist nicht mehr da.' Aber er ließ sich nicht beirren: ,Doch! Gerade eben war er noch hier!' Er hatte ihn also auch gesehen.‟ Solche Nachtodeserfahrungen sind häufiger, als man vermuten sollte. Sie wurden mir mehrfach berichtet. Da sie aber nicht in unsere herkömmlichen Denkschemata passen, schweigt man auch hierüber.

Oft erlebt man solche Nachtodeskontakte nicht in so dramatischer Form, wie es bei den eben berichteten Ereignissen der Fall war. Häufig handelt es sich nur um Gerüche, akustische Wahrnehmungen oder auch um intensive Träume. Spannend wird es, wenn z.B. Hunde in ein solches Nachtoderlebnis mit einbezogen werden können. Eine Schülerin berichtete mir, dass der Jagdhund ihres Großvaters die Familie einmal in großes Erstaunen versetzte. Dieser Großvater lag im Krankenhaus. Eine dramatische Krankheitsentwicklung war aber nicht vorherzusehen. Plötzlich springt dieser Hund auf, rennt zur Tür und begrüßt mit lautem Freudengebell eine Person, die für keinen anderen im Raum sichtbar ist. Er bellte so, wie er es immer tat, wenn der Großvater nach Hause kam. Dann lief er im Zimmer um irgendetwas herum und versuchte, daran hochzuspringen. Alles war von dem Freudengeheul des Tieres begleitet. Da klingelte das Telefon. Man rief vom Krankenhaus an und teilte der Familie mit, der Großvater sei wider alles Erwarten vor etwa 10 Minuten plötzlich verstorben. Hatte sich danach seine Seele nach Hause begeben, um dort Abschied zu nehmen, und wurde sie nur von dem Hund auf uns nicht nachvollziehbare Weise wahrgenommen? Einzelne Elemente dieses Erlebnisses erinnern an die Erzählung von H. v. Kleist „Das Bettelweib von Locarno".

Auch Kontakte, die durch medial begabte Menschen mit Verstorbenen hergestellt werden können, erinnern an Nachtoderfahrungen. Hier vermischen sich aber Wirklichkeiten aus anderen Welten mit Aussagen und Erfahrungen, die dringend einer kritischen Nachfrage und Betrachtungsweise bedürfen. Mir ist es nicht möglich, das im Rahmen dieses Buches in der hierzu notwendigen Ausführlichkeit darzustellen. Wenn mir nach Veranstaltungen etwas von solchen Dingen berichtet wird, höre ich mir alles an, sage dann, dass mir so etwas bekannt sei, vermeide aber meistens irgendwelche Kommentare. In meinem eigenen Freundes- und Bekanntenkreis haben sich aber auch in diesem Punkt glaubhafte Dinge zugetragen, die mich das Staunen gelehrt haben.

Dass man sich für solche Nachtoderfahrungen auch die Technik dienstbar machen kann, wurde einmal in einer Fernsehsendung demonstriert. In ein Gerät, das vor der Sendung von Technikern unter Aufsicht überprüft worden war, wurde ein Tonband eingelegt. Ein Notar hatte es neu und versiegelt vom Hersteller in das Sendestudio gebracht. Eine Frau aus dem Publikum bat nun über ein Mikrophon um Kontakt zu einem ihrer verstorbenen Verwandten. Danach wurde das Band zurückgespult und abgespielt. Plötzlich ertönte für alle gut hörbar die Frage: „Was willst du denn?" Die Frau schlug die Hände vor dem Kopf zusammen und stammelte nur: „Das war die Stimme meiner Mutter. Sie ist vor einem Jahr gestorben." Natürlich kann man in solchen Fällen Betrug nicht ausschließen, Ehrlichkeit und Wahrhaftigkeit aber auch nicht. Nachtoderfahrungen, auch sie sind am besten zu verstehen, wenn man die Hypothese einer Seelenenergie annimmt, die ohne den Körper leben kann.

2. Suizid

Ein besonders schwieriges Thema stellt der Suizid dar. Früher sprach man von „Selbstmord", heute eher von „Freitod". Problematisch ist hier eigentlich alles, sowohl für die, die ihn begangen haben, als auch für diejenigen, die ihn bei Angehörigen, Freunden oder anderen Personen miterleben mussten. Nach der Statistik des Jahresberichtes 2007 der Telefonseelsorge Berlin e.V. versucht in Deutschland alle drei Minuten ein Mensch, sich das Leben zu nehmen. Etwa 11.000 Menschen sterben jährlich durch Suizid. Die Dunkelziffer ist in diesem Bereich dazu wohl noch sehr groß.[131]

Moody selbst hatte große Sorgen, dass gefährdete Menschen, die sein Buch über die so glückhaft erlebten Nahtoderfahrungen lesen würden, möglicherweise sich selbst umbringen könnten. Es wäre nicht das erste Buch, das eine regelrechte Selbstmordwelle ausgelöst hätte. Nach dem Erscheinen von Goethes Roman „Die Leiden des jungen Werthers" nahmen sich infolge der Lektüre dieses Buches bekanntlich unzählige junge Männer das Leben, viele sogar, nachdem sie sich wie Werther gekleidet hatten. Mir selbst hatten Kolleginnen und Kollegen dringend davon abgeraten, über Nahtodeserfahrungen im Unterricht zu berichten. Auch sie befürchteten mögliche Suizide als Folge, zumal Jugendliche zwischen dem 15. und dem 20. Lebensjahr aus vielerlei Gründen eine besondere Risikogruppe darstellen. Aber mein Respekt gegenüber Schülerfragen und das eigene große Interesse an der Sache haben dazu geführt, diese gut gemeinten Ratschläge nicht zu befolgen. Die Lektüre über Nahtoderfahrungen hat keine Suizidwellen ausgelöst, auch nach meinem Unterricht nicht. Im Gegenteil! Diese Literatur wird heute vor allem in den USA dazu benutzt, um Menschen aus dem Gefahrenbereich einer Selbsttötung herauszuführen. Auch eignen sich diese Erfahrungsberichte besonders gut, um „misslungene" Suizidversuche seelisch aufzuarbeiten. Ich habe es mehrmals erlebt, dass mir von einzelnen Mädchen mitgeteilt wurde: Hätten wir diese Thematik der Grenzerfahrungen in Todesnähe nicht in aller Ausführlichkeit im Unterricht behandelt, so würde ich jetzt nicht mehr leben. Ich hätte einen Suizid begangen.

Von einem Fall möchte ich kurz berichten. Ein Mädchen aus einer 10. Klasse sprach mich während meiner Pausenaufsicht darauf an, was ich von einem Suizid halten würde. Wir standen erst am Anfang der Besprechung der Nahtoderlebnisse. Wie stets hatte ich am Beginn dieses Unterrichts darauf hingewiesen, dass diese Unterrichtsstunden keinesfalls einen Anreiz zum Suizid geben dürften. Ich hätte nun die junge Frau darauf verweisen können, in einigen Wochen würde auch der Suizid Thema des Unterrichts werden. Dann würde wohl diese Frage geklärt werden können. Das tat ich aber nicht. Sie war durch eine Sekte in zu große seelische, intellektuelle und auch finanzielle Not geraten und wusste weder ein noch aus. Ich gab ihr daraufhin in aller Eile und in sehr konzentrierter Form eine Kurzfassung dessen, was später noch ausführlich zu besprechen sein würde. Am nächsten Tag erfuhr ich von ihr, dass sie sich vor einen Zug geworfen hätte, wenn wir nicht miteinander ins Gespräch gekommen wären. Ihre Vorbereitungen zur Selbsttötung waren schon so weit fortgeschritten, dass sie genau wusste, welchen Zug zwischen Hamburg und Lübeck sie für ihre Handlung nehmen würde. Nun wirkte sie ausgeglichen und ihre suizidalen Gedanken waren verschwunden. Wie ist so etwas zu erklären? Wer sich über Nahtodeserfahrungen Gedanken macht, denkt gleichzeitig immer auch über den Sinn des eigenen Lebens nach. Besonders die Hinweise in der Literatur auf die geistige Auseinandersetzung mit dem persönlichen Leben in der Gegenwart des Lichtwesens machen es den Menschen deutlich, dass jedes Leben von einem Sinn durchdrungen ist, den es allerdings zu suchen gilt, damit er gefunden werden kann. So kann der Verzweiflung oft die Spitze genommen werden, getreu dem Gedanken Nietzsches: Wenn das Leben ein Wozu hat, kann man fast jedes Wie ertragen. Wer einen Suizid begeht, hat dieses Wozu seines Lebens nicht erkannt. Folglich ist es ihm schwer, zu schwer, das Wie dieser Existenz zu akzeptieren. Da Nahtoderfahrungen helfen, den Sinn und das Ziel des Lebens zu erschließen, wirken sie auch einer Suizidgefährdung entgegen. Fast alle, die eine Nahtoderfahrung gemacht haben, erklären hinterher, dass ein Suizid so gut wie immer *der* große Irrtum des Lebens sei. Dabei ist es einerlei, ob dieses Erlebnis durch einen Selbsttötungsversuch oder auf andere, „normale" Weise zustande gekommen ist.

Eine negative Beurteilung des Suizids ist in der Theologie heute noch durchgängig zu finden, auch wenn es begründete Ausnahmen von einer solchen Haltung gibt. Das Leben sei ein Geschenk Gottes und dürfe nicht einfach weggeworfen werden.

In der Philosophie ist ein so einheitliches Bild nicht zu finden. Mit jeweils unterschiedlichen Begründungen wird eine Selbsttötung oft verworfen. Beispiele hierfür sind Platon, Aristoteles und Kant. Nach deren Ansicht hat der Mensch Pflichten, dem Staate gegenüber bei Platon, sich selbst und der Gemeinschaft gegenüber bei Aristoteles, und bei Kant widerspricht eine Selbsttötung dem Sittengesetz. Und diese Pflichten sind nur im Leben zu erfüllen.

Spielt allerdings der Freiheitsgedanke eine beherrschende Rolle im Denken, wird dem Menschen auch das Recht zugesprochen, sein Leben selbst zu beenden. Der römische Philosoph Seneca (etwa 1 – 65 n.Chr.), übrigens der Lehrer von Kaiser Nero, ist hier zu nennen. Als Beispiel aus dem 20. Jahrhundert wähle ich den oben schon erwähnten Philosophen W. Kamlah, der unter bestimmten Bedingungen im Suizid die letzte Möglichkeit sieht, bis zum Lebensende so etwas wie Gelöstheit erleben zu dürfen.[132] „Nun ist der Fall denkbar..., dass einem Menschen der Verlust aller unabdingbaren Lebensbedingungen widerfährt, und zwar als unabänderlicher Verlust. Ein Mensch in dieser Lage kann im günstigen Falle noch gelassen, noch ruhig, noch dankbar zurückblickend sterben. Aber er kann nicht mehr leben, nicht mehr weiterleben, und ist daher berechtigt, freiwillig aus dem Leben zu gehen."

Aber ist ein Suizid, wie immer wieder behauptet wird, wirklich ein Akt der Freiheit? Ich möchte das bezweifeln. So gut wie immer handelt es sich nämlich um eine Tat in ausweglouser Lage, die eben einen Entschluss in wirklicher Freiheit gar nicht mehr möglich macht. Das Wort „Freitod" scheint mir ein Euphemismus zu sein. Dieser aus dem Griechischen stammende Begriff meint, dass wir mit einem wohlklingenden Wort etwas Unangenehmes oder auch Schreckliches zu umschreiben versuchen. „Freistellung von der Arbeit" bedeutet Kündigung und Arbeitslosigkeit. In der Hitlerzeit wurde die Tötung Tausender unheilbar Kranker und Behinderter als „Gnadentod" bezeichnet. Und der „Freitod" ist eine Handlung aus größter Not heraus, ein Akt der Verzweiflung. Die Freiheit im Denken, die angeblich den Freitod ermöglichte, hat nur dazu geführt, dass man solche Handlungen nicht mehr moralisch verurteilt. Das bedeutet aber nicht, dass man sie gutheißt und billigt. Sie bleiben im höchsten Maße problematisch.

Nun gibt es Situationen, in denen der Suizid hohen ethischen Zielen dient. Ein Widerstandskämpfer nimmt sich in Gefangenschaft das Leben, weil er fürchtet, unter Folter Informationen zu geben, die andere Menschen in große Gefahren bringen werden. Oder ein anderes Beispiel: Der christliche Dichter Jochen Klepper, verheiratet mit einer Frau jüdischen Glaubens, nimmt sich zusammen mit seiner Frau und der Tochter 1942 das Leben, weil Frau und Tochter droht, in eines der vielen Konzentrationslager deportiert zu werden. In solchen unmenschlichen Situationen Maßstäbe einer Beurteilung, welcher Art auch immer, anlegen zu wollen, ist nicht möglich.

Der Widerstandskämpfer gegen das Regime der Nazis und Theologe Dietrich Bonhoeffer (1906 - 1945) berichtet von einem Gewissenskonflikt, der ihn, nachdem er eine Entscheidung getroffen hatte, nie mehr loslassen sollte. Am Vorabend ihrer Deportation in den Osten kamen zwei ältere Damen jüdischen Glauben zu ihm und baten darum, er möge ihnen bei der Entscheidung einen seelsorgerlichen Rat geben, ob es ihnen erlaubt wäre, sich unter diesen verzweifelten Umständen selbst zu töten. Bonhoeffer glaubte, es nicht verantworten zu können, ihnen zuzuraten. Sie werden wohl einige Tage später umgebracht worden sein. Auch hier verbietet sich jeder Kommentar eines Außenstehenden.

Eine besondere Aktualität hat die Frage des Suizids in letzter Zeit dadurch erhalten, dass immer häufiger diskutiert wird, ob man sich mit Hilfe eines anderen Menschen in ausweglosen Situationen ein Mittel verabreichen lassen darf, das dann den Tod herbeiführt. Juristisch handelt es sich hier um „Beihilfe zum Selbstmord", die straffrei ist. Die „Gesellschaft für humanes Sterben" oder der Verein „Dignitas" werden in diesem Zusammenhang oft genannt. Wer diese Organisationen in Anspruch nimmt, begeht, das muss ganz klar gesagt werden, einen Suizid, auch wenn andere dabei behilflich sind. Ich werde nie einen Menschen verurteilen, der sich aus Verzweiflung dazu entschließt, auf diesem Wege aus dem Leben zu scheiden. Er sollte aber folgendes vorher bedenken und auch auf sachliche Weise mitgeteilt bekommen: Die Gedanken der Sterbeforschung werden bei Diskussionen über den Suizid nie mit einer einzigen Silbe erwähnt. Und eigentlich gibt es keinen Menschen, der uns hier hilfreichere Auskünfte geben könnte, als diejenigen, die dem Tod schon so nahe gekommen sind wie sonst niemand. Die Sorgen und Probleme, die einen hier auf Erden in den Suizid getrieben haben, bleiben nämlich nach Aussagen der Nahtod-Erfahrenen auch in der Schleuse zwischen dem „Hier und dem Dort" zunächst einmal bestehen. Man nimmt sie sozusagen mit. So lautet jedenfalls die fast einhellige Aussage aller, die eine Nahtoderfahrung gemacht haben. Ein Suizid „bringt also nichts". In den Diskussionen über die Praxis des selbst herbeigeführten Todes erfährt man häufig etwas über medizinische Möglichkeiten und juristische Probleme, aber kaum etwas über den Seelenzustand derer, die einen solchen Schritt gesucht und durchgeführt haben, um aus dem Leben zu scheiden.

Über einzelne Details der Nahtoderfahrungen von Suizidenten gibt es nur wenige und auch keine einheitlichen Berichte. Von Schönem - wie oben berichtet -, aber auch von äußerst Problematischem und Schmerzhaftem wird hier erzählt. Gefühlswelten, die einer Depression ähnlich sind, werden manchmal geschildert. Statt von Ruhe und Frieden ist oft von Angst die Rede. Einsamkeit erfährt der Mensch in bisher nicht gekannter Intensität. Ein sich selbst umbringender Mensch erahnt oder erlebt vielleicht schon in der Schleuse zwischen dem „Hier und dem Dort" die Leiden seiner Hinterbliebenen, die Vorwürfe, die sich einstellen, deren schlechtes Gewissen und vieles mehr. Solche negativen Aspekte waren in den ersten veröffentlichten Nahtodberichten nie genannt worden. Waren sie aus Scham derer, die so etwas erlebt hatten, oder aus anderen Gründen von ihnen verschwiegen worden? Eines ist aber ganz sicher: „Alle haben gesagt, nach dem, was sie jetzt erlebt hätten, würden sie nie wieder an einen Selbstmord denken." Moody fragte einen Mann, ob er sich vorstellen könne, jemals wieder einen Suizid versuchen zu wollen. Und seine Antwort lautete: „Nein … Ich werde das nicht noch einmal tun."[133] Den Menschen, denen zu einer Selbsttötung verholfen wird, nimmt man vielleicht noch die letzte Möglichkeit eines Glückes, das Nahtoderfahrungen bereiten können. Sie werden wohl mit einiger Wahrscheinlichkeit auch sagen, wenn sie auf der „anderen Seite" angekommen sind: „Das war falsch." Eine endgültige Beurteilung dieser schwierigen Problematik ist aber wohl keinem möglich, vor allem keinem Außenstehenden.

In der Therapie von suizidgefährdeten Menschen sollte immer darauf hingewiesen werden, dass nach Auskunft derer, die so etwas schon erlebt haben und deshalb authentisch Bericht geben können, das Bewusstsein nicht stirbt, sondern erhalten bleibt. An den großen persönlichen Problemen der Patienten kann aber offenkundig nur dann etwas geändert werden, wenn sie weiterleben. Aber auch bei dieser Aussage bin ich mir selbst nicht sicher, ob sie als allgemeingültig anzusehen ist.

Was ist zu tun, damit der Wunsch gerade alter und kranker Menschen nach einem Suizid gar nicht erst entsteht? Das Gedankengut der Sterbeforschung sollte ihnen auf keinen Fall vorenthalten werden. Es ist nämlich auch für sie tröstlich. Je früher im Leben aber man Menschen über die Erlebnisse im Sterben informiert, desto wertvoller können solche Auskunft gebenden Gespräche für das Leben sein. Das alles gehört, wie oben schon beschrieben, auch in den Bereich der Schule hinein. Aber für solche Botschaften ist es nie zu spät. Mein ältester Zuhörer ist 95 Jahre alt gewesen, mein jüngster war neun.

Von medizinischer Seite ist auch vieles machbar, um die Angst vor Alter, Krankheit und dem Ende des Erdenlebens zu nehmen.

Jeder Mensch, der dessen bedarf, sollte die Möglichkeit haben, sich durch die Mitarbeiterinnen oder auch Mitarbeiter eines Hospizdienstes betreuen zu lassen. Auch müssen erheblich mehr Palliativstationen zur Verfügung stehen. Besonders wichtig aber scheint mir zu sein, dass Palliativmedizin zum Pflichtfach für künftige Mediziner gemacht und an jeder Universität gelehrt wird. In einer Veranstaltung der Hospizbewegung in Elmshorn/Holstein sagte vor etwa zwei Jahren ein Facharzt für Palliativmedizin: Nur 20% aller Mediziner sind von ihrem Fachwissen her in der Lage, Sterbende richtig zu behandeln. Er nannte und erklärte dann viele, sich stets wiederholende Behandlungsfehler seiner Kolleginnen und Kollegen. Ich konnte das alles gar nicht glauben. In einem Artikel der Süddeutschen Zeitung vom 3.3.2009 („Nutzlose Patientenverfügung") wurden aber völlig gleichlautende Aussagen gemacht. An diesem Punkt anzusetzen, scheint mir auch für die Suizidprophylaxe, also die einem Suizid vorbeugenden Maßnahmen, eine sehr wichtige Sache zu sein. Und wenn dabei dann auch noch die Gedanken der Nahtodesforschung eingesetzt werden können, ist das für alle hilfreich. Blicke hinter den Horizont sind keine Träumerei, sondern helfen bei den Bemühungen, den Lebensalltag gut zu bestehen.

„Suizid, Depression und Nahtoderfahrung" wäre ein Thema, das eines gesonderten Kapitels wert ist. Vieles ist aber dazu schon gesagt worden. Deswegen kann ich mich hier ganz kurz fassen. Nahtodeserfahrungen oder die Kenntnis von ihnen verhindern oft Selbsttötungen. Und wenn ein Mensch trotz aller Bemühungen, ihn davor zurückzuhalten, durch einen Suizid diese Erde verlassen hat, gelten für ihn die Worte, die ein nahtoderfahrener Psychiater einmal gesagt hat: „Nach seinem Glauben sei in Gottes Wesen viel mehr Vergebung, Verständnis und Gerechtigkeit, als wir Menschen es uns vorstellen können; Gott werde sich auch dieser Schwierigkeiten annehmen in all seiner Liebe und Weisheit. Was ein Selbstmörder von uns als seinen Mitmenschen braucht, ist keine Verurteilung, sondern Liebe und Verständnis.[134] Im übrigen soll man jeden Menschen, der an Depressionen leidet, darauf hinweisen, dass diese Krankheit mit gutem Erfolg zu behandeln ist. Eine Vielzahl von gut wirkenden Medikamenten steht uns heute zur Verfügung.

Wird diese Behandlung durch eine zusätzlich begleitende Psychotherapie unterstützt, kann man den meisten Menschen, die an einer Depression leiden, mit großer Sicherheit helfen.

3. Negative Nahtoderfahrungen?

Es gibt sie auch, die negativen, als leidvoll erlebten Nahtoderfahrungen. Und deshalb soll jetzt noch einiges über diesen Themenbereich mitgeteilt werden. Bisher war fast nur von Glück, Erhabenheit, Freude, einem großen Wissenszuwachs, von einem Nach-Hause-Kommen usw. gesprochen worden. Und wenn es auch diese mindestens als negativ erlebten Nahtoderfahrungen[135] gibt, erhebt sich sofort die bange Frage: Wie viele Menschen erleben denn nun ein belastendes, erschreckendes Widerfahrnis in der Todesnähe? Da muss ich zunächst mit einer Enttäuschung aufwarten: Statistik vermag auch hier nichts Wesentliches auszusagen. Trotzdem werden immer wieder Zahlen genannt, wird immer wieder gerechnet. Manche dieser Erfahrungen werden, ich sagte es schon, als negative Erlebnisse beschrieben, wenn auch ihre Wirkungen durchaus dem gleichkommen, was Erfahrungen im Grenzbereich sonst auch mit sich bringen. Welcher Seite sind sie nun zuzurechnen? Barbara Rommer, eine amerikanische Internistin, die sich besonders diesem Thema zugewandt hat, schrieb das Buch „Der verkleidete Segen". Auch solche erschreckenden Erfahrungen werden also letztlich als Segen angesehen, aber in einer verkleideten Form. Sollte man sie nicht allein deswegen der positiven Seite zurechnen? Rommer meint „Nein"; denn sie werden ja zunächst als etwas Problembeladenes angesehen. Sie selbst rechnet 17,7% dazu, P. Atwater 14%, andere amerikanische Autoren 1% und einem der besten Kenner, K. Ring, ist noch kaum ein solcher Mensch begegnet. Ich selbst habe bei meinen vielen Gesprächen auch noch keinen kennengelernt.[136] Zahlen besagen hier also wirklich nur wenig. Wenden wir uns den Inhalten zu.

Im Rahmen des „Lebensfilmes" hat nun jeder Mensch auch Schweres, Schmerzhaftes, Peinliches oder sonst irgendwie Unangenehmes zur Kenntnis zu nehmen, zu erleben und zu ertragen. Das bedarf auch keiner weiteren Erklärung: Wir sind eben alle nur Menschen. Angemerkt sein soll aber hier doch schon, dass bei religiös besonders rigoroser Erziehung statt von einer „Beurteilung" manchmal auch von einer „Verurteilung" die Rede ist.

193

Einige Erfahrungen in Todesnähe verlaufen zunächst friedlich, so wie wir es schon kennen. Trotzdem wirken sie, wohl als Folge einer falschen Interpretation, Angst auslösend. Ursache dafür ist wahrscheinlich, dass diese Menschen noch nie etwas von den Erfahrungen in der Todesnähe gehört haben und gleichzeitig immer alles im Leben unter Kontrolle haben wollten. Nun sind sie verwirrt über das Geschehen. Denn ihnen wird deutlich, dass sie sich eben nicht ständig unter Kontrolle haben können. Ihnen geschieht etwas, ohne dass sie es geplant oder gar gewollt hatten. Irritierend kann hier m. E. auch wirken, dass die Erfahrungen so überraschend sind, dass die Menschen für kurze Zeit fürchten, ihren sonst klaren Verstand zu verlieren. Die beste Vorbeugung gegen solche Deutungen des Geschehens scheint mir darin zu bestehen, rechtzeitig eine möglichst intensive Aufklärungsarbeit über dieses menschliche Urerleben zu leisten. Es gibt eben auch ein Schicksal, und dazu gehört, dass wir uns auf Blicke hinter den Horizont einzustellen haben.

Ängstigt uns im Nahtoderleben eine Leere, so haben wir diese auch schon vorher im Leben erfahren. Die Notwendigkeit einer Suche nach Sinn im Leben und diesen dann auch zu praktizieren, scheint mir hier die beste Vorsorge zu sein, um dem zu entgehen. Menschen, die einen Suizidversuch hinter sich haben, beklagen besonders häufig diese unangenehme Form des Nahtoderlebnisses.

Höllenartige Szenarien werden auch beschrieben. Auffallend ist, dass auch hier eine übertrieben fromme Erziehung oft als Ursache ausgemacht werden konnte. Ist die Höllenangst nämlich eines der am häufigsten angewendeten Erziehungsmittel, so scheint sich dieses furchtbare Gefühl so in die Seele einzubrennen, dass es sich in Todesnähe sofort zu Wort meldet. Das ist aber kein Blick hinter den Horizont, sondern ein letztes Aufflackern einer grausam irdischen Lebenssicht. Das geschieht alles vor dem Horizont. Ein Hinweis dafür ist z.B. die Tatsache, dass sich die immer wieder genannten Schwierigkeiten bei der rechten Wortfindung für das Erleben hier so gut wie gar nicht finden. Die Hölle kann mit unserem irdischen Vokabular gut beschrieben werden, handelt es sich dabei doch nur um Ausgeburten menschlicher Phantasien, seien es nun Bilder des großen Italieners Dante oder Sequenzen aus einem billigen Gruselfilm. Einen eindringlichen Appell aus B. Rommers Buch möchte ich hier seiner großen Wichtigkeit wegen wörtlich wiedergeben. Zunächst erzählt eine Patientin: „Ich wuchs mit der Vorstellung auf, dass die Hölle unten, in der Mitte der Erde sei. Man hatte mir gesagt, man würde wie in einer sehr dunklen Höhle eine Treppe hinuntersteigen und dort würden Feuer brennen. Man hatte mich gelehrt, mir den Teufel als ein haariges männliches Wesen vorzustellen, mit Hörnern, einem Schwanz und einem Dreizack." Das alles ist geschehen im 20. Jahrhundert! Und Rommer fährt fort: „Wenn man eine unschuldige junge Seele mit der Drohung von Hölle und Fegefeuer programmiert … wird sie (das) dann auch bei einem Nahtod, Tod oder in einer anderen traumatischen Situation erleben. Bitte, bitte, tut euren Kindern das nicht an!"[137] Es gibt die Hölle in der ursprünglichen jüdisch-christlichen Tradition als teuflisch-göttlichen Strafort übrigens wirklich nicht[138]. Wir können sie uns aber selber auf der Erde bereiten.

So gut wie allen als negativ erlebten Nahtoderfahrungen ist aber eines gemeinsam: Auch sie verändern den Menschen zum Guten hin. Auch sie werden schließlich zum Segen. Nur: Das wäre in vielen Fällen ohne die Verkleidung dieses Segens ebenso möglich gewesen.

Die sehr, sehr kleine Zahl der zunächst als negativ erlebten Nahtoderfahrungen braucht uns also nicht zu beunruhigen. Man sollte daran eigentlich gar nicht denken. In den allermeisten Fällen erlebt der Mensch in der Todesnähe so gut wie nur Erhabenes und Schönes. Das wird auch dann der Fall sein, wenn er jetzt noch nicht daran zu glauben vermag. Die Fülle der Berichte über das Wunder der Nahtodeserfahrungen darf jeden von uns dazu veranlassen, dem Moment des Verlassens dieser Erde, dem Übergang in die andere Wirklichkeit, mit großer Hoffnung entgegenzusehen. Am Ende unserer irdischen Existenz werden wir wie ein Schmetterling aus dem Kokon heraustreten und heimkehren. Das ist die Botschaft der Blicke hinter den Horizont.

Anmerkungen

1) Vergl. hierzu: Braunschweig, Hans: Bauer Gottschalk und seine Vision im Wirkungsfeld der Augustiner von Neumünster; Sonderdruck für Schleswig-Holsteinische Geschichte; Neumünster 2003

2) Zitiert nach: Hirsch, Eike Christian: Mein Wort in Gottes Ohr; Hamburg 1995, S. 92

3) In: Elsaesser-Valarino, Evelyn: Erfahrungen an der Schwelle des Todes - Wissenschaftler äußern sich zur Nahtodeserfahrung; Genf/München 1995, S. 89

4) Hampe, Johann Christoph: Sterben ist doch ganz anders; Stuttgart 1980

5) So lautet der Titel eines Buches von Eckart Wiesenhütter; Gütersloh 1976

6) Bienek, A. / Hagedorn, H.-B. / Koll, W. (Hg): Ich habe ins Jenseits geblickt; Neukirchen-Vluyn 2006, S. 22

7) Moody, Raymond A.: Leben nach dem Tod; Reinbek 1988; S. 36 (Moody 1)

8) Hampe, a.a.O. S. 29 ff.

9) a.a.O. S. 45 ff.

10) Moody 1 a.a.O. S. 35

11) Kübler-Ross, Elisabeth: Jedes Ende ist ein strahlender Beginn; Güllesheim 2005

12) Ewald, Günter: Ich war tot; Augsburg 1999, S. 22

13) Vergl. den Bericht von A. Serwaty in „Dem Tod so nah…" von Volker Läpple und Kurt W. Schmidt (Hg), Frankfurt a.M. 2005, S. 11

14) Jung, Carl Gustav: Erinnerungen - Träume - Gedanken; Olten 1971, S. 293

15) Sabom, Michael B.: Erinnerung an den Tod; Berlin 1987

16) Viele weitere Beispiele finden sich in der Literatur!

17) Kübler-Ross, Elisabeth: Über den Tod und das Leben danach; Neuwied 1992, S. 13 f.

18) Schröter-Kunhardt, Michael: Nah-Todeserfahrungen aus psychiatrisch-neurologischer Sicht; in: „ Dem Tod so nah…" Frankfurt/ Main 2005, a.a.O. S. 44 ff.

19) Moody, Raymond A.: Nachgedanken über das Leben nach dem Tod; Reinbek 1986 (Moody 2), S. 134

20) Kübler-Ross: (1992) S. 67 f.

21) a.a.O. S. 36 f.

22) Moody 1, S. 37
23) Faulstich, Joachim: Das innere Land; München 2003, S. 84
24) Otto, Rudolf: Das Heilige; München 1963
25) Moody 1, S. 66
26) Ring, Kenneth: Den Tod erfahren, das Leben gewinnen; Bern, München, Wien 1984, S. 81 f.
27) Eibach, Ulrich: Nahtoderserlebnisse – Blick ins „Jenseits"? In: Ich habe ins Jenseits geblickt, A. Bieneck, H.-B. Hagedorn, W. Koll (Hg); Neukirchen-Vluyn 2006, S. 226
28) Moody, Raymond A.: Das Licht von drüben; Reinbek 1989, S. 29 (Moody 3)
29) Vergl. sein Buch: Ich war klinisch tot; München 1985
30) Vergl. Viktor E. Frankl: Der Wille zum Sinn; Bern 1972, S. 11
31) Viele Beispiele finden sich hierzu bei K. Ring (1984), S. 95 ff.
32) a.a.O. S. 92
33) Wichtige Gedanken zu diesem Problem bei: Küng, Hans: Der Anfang aller Dinge, Naturwissenschaft und Religion; München 2005
34) Vergl. dazu viele Beispiele in: Michels, Johannes: Berichte von der Jenseitsschwelle; München 2008
35) Elsaesser-Valarino (1995), S. 75
36) Elsaesser-Valarino: Engelchens Land; Goch 2004
37) a.a.O. S. 137 ff.
38) Fromm, Erich: Haben oder Sein; Stuttgart 1976
39) a.a.O. S. 25
40) a.a.O. S. 88
41) Ring, K. (1984) S. 94
42) Kamlah, Wilhelm: Philosophische Anthropologie; Zürich 1972, S. 52 ff.
43) a.a.O. S. 53 ff.
44) Fromm, a.a.O. S. 169 f.
45) v. Dithfurth, Hoimar: Wir sind nicht nur von dieser Welt, Hamburg 1981, S. 151 ff.
46) Niemz, Markolf H.: Lucy im Licht; München 2007, S. 143
47) Weigl, Hanspeter; Auf der Suche nach der unsterblichen Seele; München 1999, S. 11

48) Eersel, Patrice van: Sterben - Der Weg in ein neues Leben; Bern, München, Wien 1987, S. 22 f.
49) Froböse, Rolf: Die geheime Physik des Zufalls, Quantenphänomene und Schicksal; Norderstedt o.J. – Die jeweiligen Zeitungsartikel enthalten gleichlautende Auszüge aus diesem Buch.
50) Wer sich hier genauer informieren will, dem sei das Buch von R. Froböse empfohlen.
51) Niemz, Markolf H.: Lucy mit c; 2006; s.a.: Lucy im Licht; München 2007
52) Niemz, 2006, S. 137
53) a.a.O. S. 19
54) a.a.O. S. 8
55) Serwaty, Alois: Nahtoderfahrung – eine Grenzerfahrung aus persönlicher Sicht, S. 13
56) van Eersel a.a.O. S. 7 – 18
57) Fauth, Ulrich: Nahtoderfahrungen – eine Annäherung aus der Sicht des Intensivmediziners; in: „Dem Tode so nah…" a.a.O. S. 22
58) Jung, Carl Gustav: Seele und Tod; in: Bender, Hans, (Hg): Parapsychologie; Darmstadt 1966, S. 413 ff.
59) Schröter-Kunhardt, 2005, S. 48 f.
60) Eibach, Ulrich: a.a.O. S.206 f.
61) Jakoby, Bernhard: Die Brücke zum Licht; München 2002, S. 75
62) van Eersel, a.a.O. S. 117
63) Mehr dazu im Kapitel über den Suizid!
64) An allen Einzelheiten Interessierte verweise ich auf den schon zitierten Aufsatz von Schröter-Kunhardt, 2005
65) a.a.O.
66) van Laack, Walter: Wer stirbt, ist nicht tot; Aachen 2003, S. 29
67) Der Vortrag wurde 2007 in Garmisch-Patenkirchen gehalten, veröffentlicht auf DVD des „Auditorium Netzwerk"; 2008
68) Hoppe, Christian: Nahtoderlebnisse - Blick ins Jenseits? Erschienen in: Durch den Tunnel; Hg G. Souvignier, Goch 2007, S. 93
69) Vgl. die Arbeit von M. Sabom
70) Schröter-Kunhardt, 2005

71) a.a.O. S. 35
72) a.a.O. S. 38
73) Diesen Schritt vollzieht Schröter-Kunhardt erst zum Schluss seines Aufsatzes, a.a.O. S. 62 ff.
74) a.a.O.
75) Niemz, 2006, S. 19
76) Wiesenhütter, Eckart,: Blick nach drüben; Gütersloh 1976
77) Ders.: Grundfragen unserer Existenz; Regensburg 1974, S. 96
78) Eccles, John C. , Zeier, Hans: Gehirn und Geist; München 1980, S. 194
79) Planck, Max: Wissenschaftliche Selbstbiographie; Leipzig 1948, S. 22
80) Zink, Jörg: Auferstehung – Und am Ende ein Gehen ins Licht; Stuttgart 1999, S. 66
81) Zitiert nach Weigl, Hanspeter: Auf der Suche nach der unsterblichen Seele; München 1999, S. 141
82) K. Ring, (1984), S. 122
83) Weigl, a.a.O. S. 148
84) Weigl, a.a.O. S. 152
85) Kant, Immanuel: Kritik der reinen Vernunft; Hg W. Weischedel, Darmstadt 1956 ff., S. 395
86) Kant, Immanuel: Kritik der praktischen Vernunft; Hg W. Weischedel, Darmstadt 1956 ff.
87) Er lautet: „Handle so, dass die Maxime deines Willens jederzeit zugleich als Grundlage einer allgemeinen Gesetzgebung gelten könne!" K.d.p.V. § 7.
88) Zitiert nach: Rorarius, Winfried: Seele Tod Unsterblichkeit; Gütersloh 1979, S. 149
89) a.a.O. S. 155
90) Zitiert nach: Bentele, August: Worte tröstlicher Gewissheit, St. Gallen o.J., S. 23
91) Hösle, Vittorio: Die Philosophie und die Wissenschaften; München 1999, s. d. Kp. über die Theologie
92) Moody 2, S. 71 ff.
93) Küng, Hans: Ewiges Leben?; München 1982, S. 36
94) vgl. W. Thiede; Thanatologie und Theologie, in: Glaube und Denken, Jahrbuch der Karl-Heim-Gesellschaft 2001, S. 112

95) Vergl. hierzu: Drewermann, E.: Ich steige hinab in die Barke der Sonne; Olten 1989

96) Zahrnt, Heinz: Mutmaßungen über Gott; München 1994, S. 234 ff.

97) Vergl. zum Folgenden: Vorgrimler, Herbert: Geschichte der Hölle; München 1994

98) Zink, a.a.O. S. 83

99) Harnack, Adolf v.: Das Wesen des Christentums; zum 1. Mal erschienen Leipzig 1900, bisher letzte Veröffentlichung 2007

100) Vergl. a.a.O. 4. Vorlesung

101) a.a.O.

102) Stein, Christine: Einmal Himmel und zurück, S. 37 f.

103) Wiesenhütter (1976) S. 18

104) Vergl. Moody 1, S. 81 ff.

105) Looser, Gabriel: Die Seele ins Licht begleiten; München 2001, S. 55 ff.

106) Zitiert nach Bentele, a.a.O. S. 19

107) van Eersel, a.a.O. S. 114

108) a.a.O.

109) Zitiert nach Bentele, a.a.O. S. 10

110) Kast, Verena: Trauern. Phasen und Chancen des psychischen Prozesses; Stuttgart 1982

111) Moody 2, a.a.O. S. 134

112) Kübler-Ross, E.: Über den Tod und das Leben danach; Melsbach 1985, S. 11

113) Ennulat, Gertrud: Kinder in ihrer Trauer begleiten; Basel-Wien 1998, S. 24

114) Andersen, Hans Christian: Märchen Band 1; Frankfurt-Wien- Zürich o.J., S. 276 ff.

115) Waller, Friederike (Hg): Alles ist nur Übergang – Gedichte und Texte über das Sterben; Frankfurt/M. 1988

116) s. Anmerkung 106

117) Zink, a.a.O. S. 83

118) Zitiert nach: Kösters, Paul-Heinz: Deutschland deine Denker; S. 83

119) Kamlah, Wilhelm; a.a.O. S. 175 ff.

120) Küng, Hans: Projekt Weltethos; München-Zürich 1990

121) Vergl. hierzu: Daut, Volker: Leben mit Duchenne Muskeldystrophie; Bad Heilbronn 2005, S. 150

122) v. Harnack, Adolf: a.a.O. S. 49 ff.
123) Frankl, Viktor. E.: ...trotzdem Ja zum Leben sagen;
    München 1979, S. 151 ff.
124) s. Anmerkung 19
125) Adler, Gerhard: Seelenwanderung und Wiedergeburt;
    Freiburg, Basel, Wien 1980, S.80
126) Stevenson, Ian: Reinkarnationsbeweise; Grafing 1999
127) Adler, a.a.O. S. 125
128) Rorarius, a.a.O. S. 269
129) Heim, Karl: Ich gedenke der vorigen Zeiten; Hamburg
    1957, S. 304 ff.
130) Guggenheim, B. und J.: Trost aus dem Jenseits, Bern,
    München, Wien 1997, S. 264
131) Telefonseelsorge Berlin e.V. – Jahresbericht 2007
132) Kamlah, Wilhelm; a.a.O. S. 175 f. und S. 182
133) Moody 2, a.a.O. S. 64
134) Moody 2, a.a.O. S. 68
135) Vergl. zum Folgenden: Rommer, Barbara: Der
    verkleidete Segen; Goch 2004
136) a.a.O. S.45 f.
137) a.a.O. S.107 f.
138) Vergl. Vorgrimler, a.a.O.

Literaturverzeichnis

Adler, Gerhard: Seelenwanderung und Wiedergeburt;
Freiburg, Basel, Wien 1980

Andersen, Hans Christian: Märchen; Frankfurt-Wien- Zürich
o.J.

Bentele, August (Hg): Worte tröstlicher Gewissheit; St.
Gallen o.J.

Bieneck, A./ Hagedorn, H.-B./ Koll, W.(Hg) :
Ich habe ins Jenseits geblickt; Neukirchen-Vluyn 2006

Braunschweig, Hans: Bauer Gottschalk und seine Vision im
Wirkungsfeld der Augustiner von Neumünster;
Sonderdruck der Zeitschrift für Schleswig-Holsteinische
Geschichte; Neumünster 2003

Condrau, Gion: Der Mensch und sein Tod; Zürich 1991

Daut, Volker: Leben mit Duchenne Muskeldystrophie; Bad
Heilbronn 2005

Dithfurth, Hoimar v.: Wir sind nicht nur von dieser Welt;
Hamburg 1981

Drewermann, Eugen: Ich steige hinab in die Barke der
Sonne; Olten 1989

Eccles, John C. und Zeier, Hans: Gehirn und Geist; München
1980

Eccles, John C.: How the Self controls its Brain; Berlin,
Heidelberg 1994

Eersel, Patrice van: Sterben - Der Weg in ein neues Leben;
Bern, München, Wien 1987

Eibach, Ulrich : Nahtodeserlebnisse – Blick ins „Jenseits"? in: „Ich habe ins Jenseits geblickt", Bieneck, Hagedorn, Koll (Hg); Neukirchen-Vluyn 2006
Elsaesser-Valarino, Evelyn: Engelchens Land; Goch 2004

Elsaesser-Valarino, Evelyn: Erfahrungen an der Schwelle des Todes; Wissenschaftler äußern sich zur Nahtodeserfahrung; Genf/München 1995

Ennulat, Gertrud: Kinder in ihrer Trauer begleiten; Basel-Wien 1998

Ewald, Günter: „Ich war tot"; Augsburg 1999

Ewald, Günter: Nahtoderfahrungen; Kevelaer 2006

Faulstich, Joachim: Das Innere Land; München 2003

Fauth, Ulrich: Nahtoderfahrungen – eine Annäherung aus der Sicht des Intensivmediziners; in: „Dem Tode so nah..." Läpple, V., Schmidt, K.W. (Hg); Frankfurt/M. 2005

Frankl, Viktor E.: ...trotzdem Ja zum Leben sagen; München 1979

Frankl, Viktor E.: Der Wille zum Sinn; Bern 1972

Fromm, Erich: Haben *oder* Sein; Stuttgart 1976

Guggenheim, Bill und Judy: Trost aus dem Jenseits; Bern, München, Wien 1997

Hampe, Johann Christoph: Sterben ist doch ganz anders; Stuttgart 1980

Harnack, Adolf v.: Das Wesen des Christentums; München, Hamburg 1964

Heim, Karl: Ich gedenke der vorigen Zeiten; Hamburg 1957

Hirsch, Eike Christian: Mein Wort in Gottes Ohr; Hamburg 1995

Hösle, Vittorio: Die Philosophie und die Wissenschaften;
München 1999

Hoppe, Christian: Nahtoderlebnisse - Blick ins Jenseits?; in:
Durch den Tunnel; Georg Souvignier (Hg), Goch 2007, S. 89 ff.

Hüther, Gerald: Die vergebliche Suche der Hirnforscher nach
dem Ort, an dem die Seele wohnt ; Vortrag und Seminar
aus dem Jahr 2007

Jakoby, Bernhard: Die Brücke zum Licht; München 2002

Jankovich, Stefan v.: Ich war klinisch tot; München 1985

Jung, Carl Gustav: Erinnerungen - Gedanken - Träume; Olten
1971

Jung, Carl Gustav: Seele und Tod; in: Parapsychologie,
Entwicklung, Ergebnisse, Probleme; Hans Bender (Hg);
Darmstadt 1966, S. 413 ff.

Kamlah, Wilhelm: Philosophische Anthropologie; Zürich 1972

Kant, Immanuel: Kritik der praktischen Vernunft;
W. Weischedel (Hg), Darmstadt 1956 ff.

Kant, Immanuel: Kritik der reinen Vernunft;
W. Weischedel (Hg), Darmstadt 1956 ff.

Kösters, Paul-Heinz: Deutschland deine Denker; Hamburg 1980

Kübler-Ross, Elisabeth: Jedes Ende ist ein strahlender Beginn;
Güllesheim 2005

Kübler-Ross, Elisabeth: Über den Tod und das Leben danach;
Neuwied 1992

Küng, Hans: Der Anfang aller Dinge, Naturwissenschaft und Religion; München 2005

Küng, Hans: Ewiges Leben?; München 1982

Küng, Hans: Projekt Weltethos; München, Zürich 1990

Laack, Walter van: Wer stirbt, ist nicht tot!; Aachen 2003

Lommel, Pim van: Endloses Bewusstsein; Düsseldorf 2009

Looser, Gabriel: Die Seele ins Licht begleiten; München 2001

Michels, Johannes: Berichte von der Jenseitsschwelle; München 2008

Moody, Raymond A.: Das Licht von drüben; Reinbek 1989

Moody, Raymond A.: Leben nach dem Tod; Reinbek 1988

Moody, Raymond A.: Nachgedanken über das Leben nach dem Tod; Reinbek 1986

Nahm, Michael: Wenn die Dunkelheit ein Ende findet; Amerang 2012

Niemz, Markolf H.: Lucy im Licht; München 2007

Niemz, Markolf H.: Lucy mit c; Norderstedt 2005

Otto, Rudolf: Das Heilige; München 1963

Planck, Max: Wissenschaftliche Selbstbiographie; Leipzig 1948

Ring, Kenneth; Elsaesser-Valarino, Evelyn: Im Angesicht des Lichts; Kreuzlingen/ München 1999

Ring, Kenneth: Den Tod erfahren, das Leben gewinnen; Bern, München, Wien 1984

Rommer, Barbara: Der verkleidete Segen; Goch 2004

Rorarius, Winfried: Seele Tod Unsterblichkeit; Gütersloh 1979

Sabom, Michael B.: Erinnerung an den Tod; Berlin 1987

Schröter-Kunhardt, Michael: Das Jenseits in uns; in „Psychologie heute" 1993, Heft 6, S. 64 ff.

Schröter-Kunhardt, Michael: Nah-Todeserfahrungen aus psychiatrisch-neurologischer Sicht; in: "Dem Tod so nah...", Läpple, V.; Schmidt, K.W. (Hg) Frankfurt/M. 2005

Serwaty, Alois: Nahtoderfahrung – eine Grenzerfahrung aus persönlicher Sicht; in: Durch den Tunnel; Georg Souvignier (Hg), Goch 2007, S. 11 ff.

Stein, Christine: Einmal Himmel und zurück; in: Nahtod und Transzendenz, A. Serwaty und J. Nicolay (Hg); Goch 2007

Stevenson, Ian: Reinkarnationsbeweise; Grafing 1999

Stevenson, Ian: Wiedergeburt; Grafing 1989

Telefonseelsorge Berlin e.V. – Jahresbericht 2007

Thiede, Werner: Thanatologie und Theologie. Zur Frage der Relevanz der Erforschung von Todesnähe-Erfahrungen für die christliche Eschatologie, in H. Schwarz (Hg): Glaube und Denken, Jahrbuch der Karl-Heim-Gesellschaft 2001, S. 111-137

Vorgrimler, Herbert: Geschichte der Hölle; München 1994

Waller, Friederike (Hg): Alles ist nur Übergang; Frankfurt/M. 1988

Weigl, Hanspeter: Auf der Suche nach der unsterblichen Seele; München 1999

Wiesenhütter, Eckart: Blick nach drüben; Gütersloh 1976

Wiesenhütter, Eckart: Grundfragen unserer Existenz;
Regensburg 1974

Zahrnt, Heinz: Mutmaßungen über Gott; München 1994

Zink, Jörg: Auferstehung – Und am Ende ein Gehen ins Licht;
Stuttgart 1999

Danksagungen

Beim Schreiben des Buches haben mir viele freundliche Menschen geholfen, denen ich allen zu großem Dank verpflichtet bin.

Kordelia Horvath hatte die Idee dazu und hat mich mit ***Hartmut Rinsch*** zu diesem Projekt überredet. Beide haben - jeder auf seine Weise - die Entstehung des Textes mit großer Zuverlässigkeit von Beginn an bis zum Schluss begleitet und mir immer wieder beim Schreiben Mut gemacht.

Weiterführende, gute Gespräche zur 2. Auflage führte ich mit einigen Freunden. Besonders zu danken habe ich Dr. ***Brigitte Wittig*** und Prof. Dr. ***Hans-Georg Wittig***.

Viel Technisches ist zu bedenken gewesen:

Michael Veuskens hat mit viel Geduld am Layout gearbeitet und die Widrigkeiten des Schreibprogrammes in den Griff bekommen. Außerdem halfen ***Winfried Wissmach*** und ***Martin Gebhardt*** bei vielen Computerfragen.

Der Bischöfin von Hamburg und Lübeck, ***Kirsten Fehrs***, danke ich für ihr sehr einfühlsames Vorwort.